Lysa TerKeurst
Liebe braucht Grenzen

Über die Autorin

Lysa TerKeurst ist eine bekannte Bestsellerautorin und Rednerin. Sie leitet ihre eigene Organisation *Proverbs 31 Ministries* und hat mittlerweile 15 Bücher geschrieben. Eine halbe Million Frauen liest ihre Online-Andachten. Sie lebt in der Nähe von Charlotte, North Carolina. Ihre fünf Kinder sind mittlerweile erwachsen und haben eigene Familien.

LYSA TERKEURST

LIEBE BRAUCHT GRENZEN

Wie du deine Beziehungen gesund gestaltest

Aus dem Englischen von Elke Wiemer

GerthMedien

Die amerikanische Originalausgabe erschien im Verlag
Thomas Nelson, Nashville, Tennessee, unter dem Titel
„Good Boundaries and Goodbyes". Published by arrangement
with HarperCollins Christian Publishing, Inc.
© 2022 by Lysa TerKeurst
© 2025 der deutschen Ausgabe by Gerth Medien
in der SCM Verlagsgruppe GmbH, Berliner Ring 62, 35576 Wetzlar

Wenn nicht anders angegeben, wurden die Bibelzitate
der folgenden Übersetzung entnommen: *Neues Leben. Die Bibel,*
© 2002 und 2006 SCM R. Brockhaus
im SCM-Verlag GmbH & Co. KG, Witten.
Weitere verwendete Bibelübersetzungen:
Einheitsübersetzung der Heiligen Schrift,
© 2016 Katholische Bibelanstalt GmbH, Stuttgart (EÜ)
Gute Nachricht Bibel, durchgesehene Neuausgabe.
© 2018 Deutsche Bibelgesellschaft, Stuttgart (GN)
Hoffnung für alle™,
Copyright © 1983, 1996, 2002, 2015 Biblica, Inc. (Hfa)
Neue Genfer Übersetzung – Neues Testament und Psalmen.
Copyright © 2011 Genfer Bibelgesellschaft (NGÜ)

1. Auflage 2025
Bestell-Nr. 821040
ISBN 978-3-98695-040-8

Bearbeitung: Nicole Schol
Umschlaggestaltung: Andreas Sonnhüter • grafikbuero-sonnhueter.de
Umschlagillustration: Shutterstock, Nadia Snopek
Satz: Uhl+Massopust, Aalen
Druck und Verarbeitung: GGP Media GmbH, Pößneck
Printed in Germany

www.gerth.de

INHALT

Ich widme die Botschaft dieses Buches jeder couragierten Frau, die einige schwere, aber mutige Entscheidungen treffen muss, um das Chaos hinter sich zu lassen und ein gesundes und authentisches Leben zu führen. An dich habe ich bei jedem einzelnen Wort gedacht, als ich dieses Buch geschrieben habe.

Vergiss nicht: Wenn du zutiefst liebst, kannst du auch zutiefst verletzt werden. Aber nur weil du verletzt werden könntest, bedeutet das ja noch lange nicht, dass du dich davor fürchten müsstest, anderen nahezukommen. Es bedeutet vielmehr, dass du die ungeheure Fähigkeit besitzt, andere wirklich zu lieben, weil du es wagst, einem Menschen dein verletzliches Innerstes zu öffnen. Verstaue die Liebe nicht im hintersten Winkel deines Herzensschranks wie einen alten Pulli, den du nicht mehr anziehen willst. Gesunde Grenzen helfen dir zu erkennen, wie du andere lieben kannst, ohne dich dabei selbst zu verlieren.

Tausende meiner eigenen Tränen haben die Tinte auf den Seiten dieses Buches verwischen lassen. Ich habe sie geweint, während ich Gott versprach, diese Botschaft zu verfassen, wenn er mir helfen würde, sie selbst auch zu leben. Und dass ich alles tun würde, damit du diese Worte einmal lesen kannst. Es ist eine Ehre, dich hier kennenzulernen. Machen wir uns also gemeinsam an die Arbeit.

Ohne Liebe können wir keine gesunden Grenzen setzen

Hallo zusammen! Ich möchte gern so viel in diese ersten Worte packen, damit ich gleich die richtige Atmosphäre schaffe. Ich wünschte, ich könnte dir deinen Lieblingskaffee servieren, dir eine Decke geben, eine Schachtel Taschentücher auf den Couchtisch legen und die passende Musik anstellen. Und dann könnten wir uns gegenseitig erzählen, wie es gerade in unserem Leben so läuft.

Ich würde viel lieber direkt mit dir über all das hier sprechen. Oder es dir wenigstens als handgeschriebenen Brief schicken. Das Thema hat etwas zutiefst Persönlich-Menschliches, und ich möchte nicht, dass das im Schwarz-Weiß dieser Seiten und gedruckten Buchstaben verlorengeht. Wir nehmen dieses Buch *beide* in die Hand, während wir herauszufinden versuchen, wo es in den wichtigsten Beziehungen in unserem Leben rundläuft und wo nicht.

Und weil Beziehungen etwas Lebendiges sind, sind sie wie die Luft in unseren Lungen – mal werden diese weit und dann wieder ziehen sie sich wegen möglicher Missverständnisse zusammen. Beziehungen sind etwas Wunderbares, voller Liebe und Frust, gewoben aus Angst und all den anderen Eigenheiten, die wir jedes Mal mitbringen, wenn wir versuchen, einer anderen Person nahezukommen. Denn: Wenn uns geliebte Menschen nahekommen, kommen sie auch unseren

Problemen nahe. Und auch wir stehen plötzlich ihren Problemen gegenüber.

Wenn wir uns einander öffnen, werden wir umso verwundbarer, je enger die Verbindung wird. Je verwundbarer wir uns machen, desto ungeschützter sind die verletzlichen Stellen in unserem Innersten. Und das ist riskant. Wenn wir es wagen, anderen einen ehrlichen Blick in unser Innerstes zu gewähren, besteht die Gefahr, dass wir auch sehr verletzt werden. Wenn wir es wagen, ein großes Risiko einzugehen, riskieren wir auch, sehr enttäuscht zu werden. Wenn wir es wagen, uns zu verschenken, könnten wir auch ausgenutzt werden. Und wenn wir es wagen, gegen unsere Natur zu handeln und das zu werden, was andere brauchen, könnten wir uns selbst dabei verlieren.

Zu lieben und geliebt zu werden – das ist das schönste Gefühl, das ich je erlebt habe.

Zu verletzen und selbst verletzt zu werden – das ist das schrecklichste Gefühl, das ich je erlebt habe.

Diese Erfahrung haben wir wahrscheinlich beide schon gemacht. Auf unterschiedliche Weise, mit unterschiedlichen Personen und in unterschiedlichem Maße haben wir beide schon erlebt, was es heißt, zu lieben und verletzt zu werden.

Wir hoffen das Beste und fürchten das Schlimmste und versuchen immer wieder herauszufinden, wie wir unsere Beziehungen auf eine gute Art und Weise gestalten können. Wir leben unser Leben mit den Menschen, die wir lieben. Und diejenigen, die uns lieben, leben ihr Leben mit uns.

Wir lachen zusammen, pflegen Beziehungen, beenden Beziehungen, streiten und versöhnen uns, entfernen uns voneinander und kommen wieder zusammen. Und wir denken, wie gut wir es doch mit dieser Person haben. Bis wir unserer Seelsorgerin irgendwann eine Nachricht mit dem Emoji eines zerbrochenen Herzens schicken: „Ich brauche dringend Hilfe... Alles geht den Bach runter. 💔" Vielleicht verwenden wir aber auch andere Worte und andere Emojis, die man hier nicht abdrucken kann.

Es läuft eben nicht immer so glatt wie in den schönen Weihnachtsfilmen von *Hallmark*.

In diesen Filmen genießen die Menschen den Segen der Vorhersehbarkeit – am Ende wird immer alles gut. Dort kommt es nie vor, dass man dauernd Grenzen setzen muss, weil auch die Schwierigkeiten nicht von Dauer sind. Wenn die Geschichte erst einmal eine positive Wendung genommen hat, dann bleibt bis zum Abspann auch alles gut.

Nachdem ich zu viele von diesen Filmen geschaut hatte, habe ich vergangene Woche Freundinnen eine Nachricht geschickt. Ich wollte versuchen, diese unrealistischen Geschichten zu korrigieren. In meiner Nachricht stand Folgendes:

Erste Szene: Schneeflocken rieseln sanft auf die Menschen der Stadt herab, die lächeln, lachen, Schlittschuh laufen. Mitten unter den vergnügten Menschen: ein Mädchen, das ihre Kundschaft bedient. Sie hat einen richtig fiesen Chef. Da lässt sie sehnsuchtsvoll ihren Blick schweifen. Sie sucht etwas, weiß aber nicht recht, was. Plötzlich taucht ein eingebildeter, sehr gut aussehener Mann mit Gitarre auf. Insgeheim ist er der Prinz eines fernen Landes. Aus Versehen schüttet sie Wasser über ihn. Er schreibt ein Lied für sie. Die beiden verlieben sich.

Letzte Szene: Sie wird Prinzessin.

Aber natürlich wissen wir alle, dass das nicht realistisch ist. Das Leben hat nicht immer ein Happy End. Deshalb sollte das Drehbuch eigentlich eher so aussehen:

Erste Szene: Gleiche Szene, aber: Sie schüttet das Wasser über ihn, er platzt vor Wut, gibt ihr kein Trinkgeld, verlangt, dass sie gefeuert wird. Als sie traurig nach Hause geht, murmelt sie vor sich hin...

irgendwas mit einem „Idioten". Außerdem wird sein Schloss zwangs-versteigert und er muss schon bald als Aushilfskraft im gleichen Res-taurant arbeiten wie sie. Sie wird schließlich zur Geschäftsführerin befördert und zeigt ihm seine Grenzen auf, weil er den Kassenab-schluss nach Feierabend nicht richtig macht. Dann entdeckt sie Dinge, die sie dazu veranlassen, ihn zu feuern, denn: Er greift in die Kasse.

Letzte Szene: Sie kommt zu Wohlstand, kauft das Schloss und lädt ihre Freundinnen ein, gemeinsam darüber nachzudenken, was bei ihm wohl schiefgegangen ist und wie er sie nur bestehlen konnte! Doch die letzte Szene zeigt sie nachdenklich: Sie zweifelt immer wieder an sich selbst und wünscht sich insgeheim, dass alles ganz anders verlaufen wäre.

Ich vermute, dass *Hallmark* mich wahrscheinlich nie als Dreh-buchautorin engagieren wird.

Aber ich brenne darauf, das, wie ich glaube, fehlende Puz-zlestück in die Geschichte meiner eigenen Beziehungen einzu-setzen: gesunde Grenzen.

Jetzt würde ich dir gern direkt in die Augen schauen, weil ich dir etwas wirklich Wichtiges sagen muss: In diesem Buch geht es nicht darum, sich von jemandem zu trennen oder Be-ziehungen den Rücken zu kehren. Es geht darum, wie man Menschen auf gesunde Art und Weise lieben kann. Und es geht darum, angemessene Grenzen und Rahmenbedingungen zu kommunizieren, damit die Liebe tragfähig und von Dauer ist. Liebe schließt Grenzen nicht aus. Ganz im Gegenteil. Wir set-zen Grenzen, damit wir wissen, wie wir uns verhalten sollen, wenn wir unsere Mitmenschen wirklich lieben wollen, ohne uns selbst dabei zu verlieren. Gesunde Grenzen helfen uns, die Sache mit der Liebe selbst dann nicht aufzugeben, wenn Bezie-hungen untragbar werden und wir uns der Notwendigkeit einer Trennung stellen müssen.

Auf jeder Seite dieses Buches werden wir uns ganz ehrlich der Frage stellen, welche gesunden und ungesunden Aspekte wir selbst in uns tragen, aber auch die Beziehungen, in die wir uns von ganzem Herzen investieren. Manchmal ist es gar nicht so leicht, zwischen „gesund" und „ungesund" zu unterscheiden. Deshalb ist es wichtig, Gott hier um Rat zu bitten – und wenn wir es mit komplizierten Situationen zu tun haben, wo es um Abhängigkeit und Missbrauch geht, auch Fachleute. (Lies dazu bitte „Hol dir Hilfe" auf Seite 261.)

Schließlich ist es Gottes Wille für uns, dass wir ihn und unsere Mitmenschen lieben. Genau das hat uns Jesus gelehrt und vorgelebt: „So gebe ich euch nun ein neues Gebot: Liebt einander. So wie ich euch geliebt habe, sollt auch ihr einander lieben" (Johannes 13,34).

Aber wir können bei uns selbst und bei anderen keine negativen, zerstörerischen Verhaltensmuster dulden und das dann als „Liebe" bezeichnen. Und wir können nicht stolz darauf sein, in Beziehungsdingen treu und geduldig zu sein, wenn wir in Wirklichkeit nur eine Verzerrung dessen pflegen, was Gott „Liebe" nennt. Ich will dir mit diesem Buch nicht dabei helfen, anderen ihre Fehler aufzuzeigen – wir sollten auch uns selbst ehrlich betrachten. Wir sollten unsere Motive und Denkweisen unter die Lupe nehmen.

> *Wir können keine negativen, zerstörerischen Verhaltensmuster dulden und das dann als „Liebe" bezeichnen.*

Und ich will dich auch nicht dazu überreden, dich vorschnell, rücksichtslos und unüberlegt in eine Scheidung zu stürzen. Sprüche 15,22 erinnert uns daran, dass wir viele Ratgeber brauchen, um kluge Entscheidungen zu treffen. Mir geht es ebenfalls nicht darum, Menschen dazu zu ermutigen, Beziehungen vorschnell zu beenden, nur weil es gerade mal etwas schwierig ist oder der andere eine schwere Zeit durchmacht.

Aber wir sollten auch nicht auf der anderen Seite vom Pferd fallen und um jeden Preis an einer zerstörerischen, schädlichen oder missbräuchlichen Beziehung festhalten. (Siehe auch „Wichtige Anmerkungen zum Thema ‚Missbrauch‘", Seite 262.) Du wirst schon bald merken, dass Grenzen uns helfen können, nicht in Extreme zu verfallen und uns mehr an der Art von Liebe zu orientieren, die Gott für Beziehungen im Sinn hat.

Liebe muss aufrichtig sein. Liebe muss sicher sein. Liebe muss für jeden das Beste wollen.

Und Liebe muss Gott respektieren, damit zwei Menschen die schönste Beziehung in ihrer ganzen Fülle und Freiheit erleben.

Wenn ich 1. Korinther 13,4–7 lese, dann erinnert mich das daran, wie Gott sich die reinste Form der Liebe vorstellt. Folgendes will ich im Hinblick auf diese Bibelstelle im Hinterkopf behalten:

Liebe ist nicht respektlos und unehrlich.
Liebe rechtfertigt kein mutwilliges Verhalten und keine Selbstsucht.
Liebe freut sich nicht, wenn etwas Böses geschieht.
Liebe braucht Wahrheit.
Liebe führt zu Respekt, Freundlichkeit und Mitgefühl.

Lass uns immer an den Grund für gesunde Grenzen denken, während wir uns jetzt auf den Weg machen. Grenzen schützen die Liebe und verhindern, dass Beziehungsstörungen diese Liebe zerstören. Grenzen helfen uns zu sagen, was gesagt werden muss, zu tun, was getan werden muss, und klarzustellen, was akzeptabel ist und was nicht. Liebe sollte uns zusammenbringen und nicht auseinanderreißen.

Und denk immer daran, dass wir ohne Liebe keine gesunden Grenzen setzen können. Wenn wir aus Wut und Bitterkeit heraus Grenzen setzen, führt das nur zu Kontrolle und Manipulation. Wenn wir Grenzen als Strafe einsetzen, macht uns das nur selbst zu Gefangenen. Aber wenn wir aus Liebe heraus Grenzen setzen, gibt das Beziehungen die Chance zu wachsen, denn echte Bindung entwickelt sich nur in der Sicherheit von gesunden und ehrlichen Beziehungen.

> *Liebe sollte uns zusammenbringen*
> *und nicht auseinanderreißen.*

Ich habe dieses Buch nach einer Scheidung geschrieben, die ich eigentlich nicht wollte, und deshalb fürchte ich immer, dass es so wirken könnte, als wollte ich andere von mir stoßen. Aber so ist es nicht. Ich will heute mehr als je zuvor den Menschen in meinem Umfeld mit Liebe begegnen. Ich weiß aber, wie zerstörerisch es sein kann, sich wegen mangelnder Grenzen mit kaputten Beziehungen abzuquälen. Ich weiß, wie es sich anfühlt, wenn man wie gelähmt ist, weil ein anderer Entscheidungen trifft, die einem immer wieder das Herz brechen, und man nicht weiß, was man tun soll. Ich weiß, wie frustrierend es ist, wenn man zwar sagt, dass sich etwas ändern muss, aber nicht weiterweiß, wenn der andere bei den notwendigen Veränderungen nicht mitmacht. Ja, manche Beziehungen werden untragbar und man sollte dann nicht nur gesunde Grenzen setzen, sondern den anderen auch tatsächlich loslassen – aber was auch geschieht: Du brauchst nicht zu jemandem zu werden, der du nie sein wolltest.

Wenn wir verletzt sind, helfen uns gesunde Grenzen und das Beenden einer Beziehung, nicht in einem Zustand ständigen Verletztseins steckenzubleiben.

Ich habe dieses Buch geschrieben, um dir dabei zu helfen zu entdecken, dass gesunde Grenzen den Weg ebnen können, damit sich die wahrhaftigste und reinste Form der Liebe in den

Beziehungen entwickeln kann, die so großen Einfluss darauf haben, wer wir sind und was wir wirklich wollen.

> *Wenn wir verletzt sind, helfen uns gesunde Grenzen und das Beenden einer Beziehung, nicht in einem Zustand ständigen Verletztseins steckenzubleiben.*

Während wir uns in diesem Buch mit gesunden Grenzen beschäftigen und mehr über das Loslassen erfahren, findest du am Ende jedes Kapitels einen Abschnitt, der „Jetzt wird's praktisch" heißt. Hier fasse ich das, was wir gelesen und gelernt haben, zusammen und füge noch ein paar Fragen und Bibelstellen zum Nachdenken hinzu. Es ist mir wichtig, dass das hier nicht nur ein Buch zum reinen Lesen ist, sondern dass du es auch auf dich wirken lässt, damit ringst und es durchbetest. Und wenn du dann beschließt, dass du wirklich etwas verändern willst, dann solltest du den entscheidenden Schritt tun und es in die Praxis umsetzen.

Es wird nicht leicht sein, den Inhalt dieses Buches auf dein Leben anzuwenden, aber es wird wahrscheinlich einer der wertvollsten Schritte hin zu emotionaler Gesundheit und besseren Beziehungen sein, die du machen kannst. Und das Beste daran ist, dass du nicht allein bist. Ich bin bei dir und vertraue gemeinsam mit dir darauf, dass Gott uns bei jedem Wort und jedem Schritt begleiten wird. Hin und wieder kommt auch mein Seelsorger Jim Cress zu Wort, der immer wieder seine therapeutischen Erkenntnisse einstreuen wird.

Jetzt wird's praktisch

VERGISS NICHT
(Sätze, an denen du dich festhalten kannst)

- Wir können keine negativen, zerstörerischen Verhaltensmuster dulden und das dann als „Liebe" bezeichnen.
- Liebe muss Gott respektieren, damit zwei Menschen die schönste Beziehung in ihrer ganzen Fülle und Freiheit erleben.
- Grenzen schützen die Liebe und verhindern, dass Beziehungsstörungen diese Liebe zerstören.
- Liebe sollte uns zusammenbringen und nicht auseinanderreißen.
- Wenn wir aus Liebe heraus Grenzen setzen, gibt das Beziehungen die Chance zu wachsen, denn echte Bindung entwickelt sich nur in der Sicherheit von gesunden und ehrlichen Beziehungen.
- Wenn wir verletzt sind, helfen uns gesunde Grenzen und das Beenden von Beziehungen, nicht in einem Zustand ständigen Verletztseins steckenzubleiben.

NIMM ES AN
(Bibelstellen, über die du nachdenken kannst)
„So gebe ich euch nun ein neues Gebot: Liebt einander. So wie ich euch geliebt habe, sollt auch ihr einander lieben." Johannes 13,34

Die Liebe ist geduldig und freundlich. Sie ist nicht neidisch oder überheblich, stolz oder anstößig. Die Liebe ist nicht selbstsüchtig. Sie lässt sich nicht reizen, und wenn man ihr Böses tut, trägt sie es nicht nach. Sie freut sich niemals über Ungerechtigkeit, sondern sie freut sich immer an der Wahrheit. Die Liebe erträgt alles, verliert nie den Glauben, bewahrt stets die Hoffnung und bleibt bestehen, was auch geschieht. 1. Korinther 13,4–7

(Fragen, mit denen du dich beschäftigen kannst)

- Hast du schon mal darüber nachgedacht, dass es eigentlich ein Akt der Liebe ist, wenn du gesunde Rahmenbedingungen für deine Beziehungen aufstellst? Inwiefern verändert dieser Gedanke hier am Anfang des Buches vielleicht deine Sicht des Themas?

- Was hat dich in der Vergangenheit dazu bewogen, Grenzen zu setzen oder Beziehungen zu beenden? Denk in Ruhe darüber nach und schreib deine Antworten auf.

- In einer Beziehung, in der Chaos, Frust und Verletzungen an der Tagesordnung sind, kann eine extreme Reaktion noch mehr Probleme verursachen. Manche Menschen neigen dazu, sich allein die Schuld an der Situation zu geben und das Verhalten des anderen herunterzuspielen. Oder, im Gegenteil, dem anderen die alleinige Schuld zu geben, ohne einen kritischen Blick auf sich selbst zu werfen. In diesem Buch wollen wir beide Extreme vermeiden. Ehrliche Selbstbetrachtung ist also immer eine gute Übung. Deshalb möchte ich dich einladen, dich jetzt mit den folgenden Fragen zu beschäftigen. Es kann hilfreich sein, diese noch einmal durchzugehen, bevor du Grenzen setzt oder eine Beziehung beendest:

  - „Hatte ich unrealistische Erwartungen?"
  - „Bin ich zu schnell beleidigt?"
  - „Habe ich im Hinblick auf diese Beziehung schon mal über meine eigenen Versäumnisse nachgedacht?"
  - „Habe ich mit einem Ratgeber, einer Mentorin oder Seelsorgerin gesprochen?"

GEBET

Herr, ich wünsche mir von ganzem Herzen, andere so zu lieben und wertzuschätzen, wie du uns liebst und wertschätzt. Aber ehrlich gesagt machen es mir diese herausfordernden Beziehungsdynamiken manchmal unheimlich schwer zu erkennen, was wirklich Liebe ist. Deshalb bitte ich dich, mich hier zu führen und mir zu helfen, den richtigen Weg einzuschlagen, während ich diese nächsten Seiten lese. Zeige mir, wie ich meine engsten Beziehungen sowohl mit Nachsicht als auch mit einem gesunden Sinn für die Realität angehen kann. Amen.

Kapitel 1

Du bist nicht verrückt (du kannst sie lieben, aber nicht ändern)

„Du kannst kein Vertrauen aufbauen, wenn dieses Vertrauen immer wieder enttäuscht wird." Dieser Gedanke schoss mir durch den Kopf, während ungeheure Wellen der Trauer die noch wunden Stellen meines Herzens überrollten. Ich schwankte zwischen dem Verlangen, diese Worte hinauszuschreien und sie zurückzunehmen und hinunterzuschlucken.

Bis zu diesem Augenblick hatte ich sie nur in mein Tagebuch schreiben können. Aber dann, in einem unvorhergesehenen Moment schmerzhafter Ehrlichkeit, sprach ich sie laut aus. Zunächst gegenüber meinem Seelsorger und später gegenüber dem Mann, mit dem ich seit fast drei Jahrzehnten verheiratet war.

„Du kannst kein Vertrauen aufbauen, wenn das Vertrauen immer wieder enttäuscht wird." Es war ein Schlag in die Magengrube. Manchmal kann es schrecklich sein, die Wahrheit auszusprechen. Aber noch viel schlimmer ist es, wenn die Wahrheit dir ins Gesicht starrt und du sie verleugnest.

Ich liebte ihn. Ich schätzte unsere langen Gespräche über das Leben und die Liebe und sogar all die alltäglichen Dinge, die eine enge Beziehung eben so ausmachen. Als alles noch „normal" war, dachte ich, dass diese Beziehung immer ein wichtiger Teil meines Lebens sein würde. Aber dann veränderten sich die Dinge, sie verschlimmerten sich, und schließlich stand alles

Kopf. Lügen waren gängiger als die Wahrheit. Aus einer zweiten Chance wurde eine dritte, vierte und fünfte, um dem anderen die Möglichkeit zu geben, das Unrecht wiedergutzumachen.

Versprechungen wurden gemacht.

Und eine Zeitlang wurden sie auch gehalten. Aber gerade als ich dachte, es ginge wieder aufwärts, wurden die Versprechen erneut gebrochen.

Das Problem ist, dass Vertrauen etwas sehr Zerbrechliches ist und schwer zurückzugewinnen. Die Rückschläge sind schrecklich und lähmend. Und wenn das Vertrauen bis zum Zerbrechen beansprucht wird, bohren sich die Knochensplitter wie Dolchstiche ins Herz.

Ich sehnte mich mit jeder Faser meines Seins nach einer gesunden, blühenden Ehe. Aber die Realität machte Veränderungen nötig.

Die Sucht kehrte zurück und mit ihr die Übertretung klar gesteckter Grenzen. Das konnte ich nicht ignorieren, und ich konnte auch nicht so tun, als machte es mir nichts aus. Jedes Mal, wenn ich wieder neue Beweise dafür erhielt, zog sich in mir alles wegen des Schmerzes und der heftigen Flashbacks zusammen. Mein Seelsorger nennt sie „Trigger" (Auslöser). Jedes Mal, wenn so etwas in mir ausgelöst wurde, wurde ich in die Zeit zurückversetzt, als ich Suchtverhalten noch nicht verstand. Ich verstand nicht, dass gute Menschen wirklich schlimme Dinge tun können, wenn die Sucht sie kontrolliert. Ich dachte, ich würde verrückt.

Wenn ich wieder Anzeichen für die Sucht entdeckte, gellten mir schreckliche Warnungen in den Ohren: „Du bist nicht sicher. Es passiert schon wieder. Alles war nur eine Lüge. Es wird dich wieder völlig umhauen. Das wirst du nicht überstehen."

Ich schüttelte den Kopf. Ich krümmte mich zusammen und aus meinem tiefsten Inneren brach ein Schluchzen hervor. Ich hatte all die Liebe und Vergebung gegeben, die ich zu geben hatte, und es war nicht genug gewesen. Jemandem seine Liebe zu schenken, ist etwas ungeheuer Schönes. Liebe zu empfangen, etwas ungeheuer Erfüllendes. Aber damit diese Liebe wahrhaft und dauerhaft gedeihen kann, braucht sie den Schutz des Vertrauens. Ohne Vertrauen stirbt die Liebe ab. Und deshalb musste ich es sagen: „Du kannst kein Vertrauen aufbauen, wenn das Vertrauen immer wieder enttäuscht wird."

Als ich diese Worte aussprach, hatte ich das Gefühl, mir eine der schlimmsten Niederlagen meines Lebens einzugestehen. Ich hatte die falsche Vorstellung, dass man als Christ unter allen Umständen immer das Beste vom anderen annehmen muss. Dass es lieblos ist, Grenzen zu setzen. Dass es ehrenwert und lobenswert ist, unter allen Umständen an einer Beziehung festzuhalten. Heute glaube ich das nicht mehr.

Inzwischen glaube ich, dass wir das ehren sollten, was Gott Ehre macht. Und dabei dürfen wir das gute Gebot von Liebe und Vergebung nicht damit verwechseln, dass wir Dinge zulassen und vertuschen, die Gott keine Ehre machen. Wenn das schlimme Verhalten eines anderen uns praktisch schon auffordert zu gehen, dann sollten wir auch ernsthaft darüber nachdenken.

Mein Seelsorger Jim Cress hat einmal ein Kissen genommen und es zwischen mein Gesicht und seines gehalten. Er sagte: „Wenn du mit dieser Person sprichst, muss alles, was du sagst, zuerst an der Sucht vorbei. Du sprichst gar nicht mit dem Menschen, den du liebst."

Ich wusste, dass Jim recht hatte. Ich versuchte immer wieder, mit der irrationalen Sucht zu reden – aber es gab nur zwei Dinge, die ich für den Betroffenen sein konnte: In seinen Augen war ich entweder ein Ermöglicher oder ein Feind. Der Ermöglicher wird manipuliert. Der Feind wird angelogen. Aber weder in der Manipulation noch in der Lüge verbirgt sich auch nur ein Hauch Liebe. Liebe atmet Vertrauen. Die Sucht nimmt der Liebe die Luft zum Atmen, bis sie schließlich erstickt.

Ich war zwar nicht diejenige, die sich für ein Leben mit der Sucht entschieden hatte, aber ich war diejenige, die jetzt eine Grenze gezogen hatte, die nicht mehr überschritten werden durfte. Doch tief in meinem Inneren wusste ich, dass sie wieder überschritten werden würde, genau wie viele andere Male zuvor.

Mir war inzwischen bewusst, dass er sich so in seine zahlreichen Süchte verstrickt hatte, dass ich nicht länger mit dem Mann sprach, den ich liebte.

Seine Augen sahen zwar so aus wie die Augen, in die ich unzählige Male geschaut hatte, aber sein wahres Ich war nicht mehr da. Er konnte nicht sehen, was ich sah. Er würde nicht hören, was ich ihm sagte. Obwohl wir keinen Meter voneinander entfernt waren, tat sich zwischen uns ein Abgrund auf.

Wir dürfen das gute Gebot von Liebe
und Vergebung nicht damit verwechseln,
dass wir Dinge zulassen und vertuschen,
die Gott keine Ehre machen.

Gesundes kann sich nicht mit Ungesundem verbinden.

Also musste ich entweder ungesund werden und den Kreislauf weiter unterstützen, oder ich musste an den Grenzen festhalten, auf die wir uns geeinigt hatten. Als es in unserer Beziehung einmal bergauf gegangen war, hatten wir schriftlich festgehalten, welche Dinge in unserer Beziehung zukünftig annehmbar sein sollten und welche nicht. Und jetzt war die Realität dieser gebrochenen Versprechen niederschmetternd.

Ich wollte mir nicht eingestehen, dass die Sucht zurückgekehrt und wieder an die Oberfläche gekommen war. Wenn ich mir das eingestand, war ich gezwungen, den Mann, den ich liebte, wieder seinen eigenen Entscheidungen zu überlassen. Um diesem Wahnsinn ein Ende zu bereiten, würde ich seine Hand loslassen müssen. Ich musste das loslassen, was einen so großen Teil meines Lebens ausgemacht hatte. Ich musste aufhören, immer wieder in die Bresche zu springen, um ihn zu retten. Und dann musste ich mich selbst ermahnen, jeden Tag tausendfach schmerz- und angsterfüllt Luft zu holen. Ich wusste, dass ich mich eines Tages im Spiegel anstarren und fragen würde: *Was wäre, wenn ich ihn noch ein Mal rette und dann endlich alles anders wird? Oder wenn ich ihn nicht rette und etwas ganz Schreckliches passiert? Werde ich das für den Rest meines Lebens bereuen? Kann ich sonst irgendetwas tun?*

Aber Dank der klugen Ratschläge, die ich bekommen hatte, wusste ich, dass ich nichts tun konnte. Und das kam mir wie eine beschämende Niederlage vor. Es ist schwer, die Verantwortung für etwas zu übernehmen, das du dir nicht selbst ausgesucht hast. Ich wusste, dass ich für die Konsequenzen einer Sucht, die nicht meine eigene war, eigentlich auch nicht verantwortlich war. Aber wenn dein Leben so eng mit dem eines anderen verwoben ist, dass man eins ist, kann es einen in den Wahnsinn treiben, zusehen zu müssen, wie jemand Entscheidungen trifft, von denen man weiß, dass sie ihn zerstören werden. Selbst wenn die Entscheidungen nicht die eigenen sind, sondern die dieser Person, haben die Konsequenzen doch Auswirkungen auf alle Menschen, die diese Person lieben. Es ist wie bei einer Handgranate: Man muss nicht derjenige sein, der den Sicherungsstift herauszieht, um schwere Verletzungen von den Splittern oder Trümmern davonzutragen.

Man kann mit einem Menschen, der in einer Sucht gefangen ist, genauso wenig vernünftig argumentieren, wie man eine scharf gemachte Granate überreden kann, nicht zu explodieren. Wenn der Stift herausgezogen wurde, setzt das eine Kettenreaktion in Gang, die Verwüstungen anrichtet. Die meisten Menschen mit Suchtproblemen bringen abstruse Rechtfertigungen hervor, die keinen Sinn ergeben. Sie nehmen keinerlei Rücksicht auf andere, sondern glauben tatsächlich, dass ihre Entscheidungen nur sie allein betreffen.

Sie spüren deinen Schmerz nicht.

Sie wollen deine Tränen nicht sehen.

Sie werden dir erzählen, der blaue Himmel sei orange ... und das orangefarbene Auto sei grün ... und in ihrem Glas sei ein bestimmtes Getränk, während du genau weißt, dass es etwas ganz anderes ist. Und wenn sie dich ohne einen Hauch von Reue anlügen, fragst du dich, ob die Wahrheit sich auch bereits aus eurer Beziehung verabschiedet hat.

Wenn du mitspielst, wirst du immer mehr zu der Überzeugung gelangen, dass du das Problem bist. Wenn du dich ihnen widersetzt, werden sie dafür sorgen, dass du das Gefühl hast, es liegt definitiv an dir.

So oder so hast du verloren.

Und ich habe verloren ... meine Gesundheit, mein emotionales Gleichgewicht und – auch wenn ich es mir nicht eingestehen wollte – meine Ehe.

Und so blieb mir nur noch die Wahl, ob ich zwar verlieren, dabei aber noch bei Verstand bleiben wollte.

Mir ist klar, dass es vielleicht nicht immer so schwerwiegende Probleme wie eine Sucht sind, die deine Ehe so ungeheuer schwierig machen. Es gibt so viele Gründe, weshalb aus gesunden Beziehungen langsam, aber sicher ungesunde werden. Oder auch aus erfüllenden Beziehungen frustrierende.

Beziehungen sind so lange etwas Wunderbares, bis sie es nicht mehr sind. Aber die meisten von uns sind nicht gut genug gewappnet, um zu wissen, was zu tun ist, wenn wir merken, dass wir etwas ändern müssten, aber der Partner nicht mitziehen kann oder will.

Oder du hast ein Problem mit einer Person, die dir wichtig ist, und weißt nicht, wie du die Sache ansprechen oder notwendige Grenzen kommunizieren sollst.

Oder es geht um eine Autoritätsperson, und du hast das Gefühl, dass Grenzen hier nicht funktionieren werden.

Oder es geht um ein Familienmitglied, das im gleichen Haushalt lebt, und obwohl du etwas Abstand brauchst, scheint es dir nicht wirklich möglich, Grenzen zu setzen.

Jede Beziehung kann einmal schwierig sein, aber sie sollte uns nie schaden. Ich glaube, wenn es Beziehungen gibt, bei denen du weißt, dass etwas nicht stimmt, aber du kommst beim besten Willen nicht dahinter, was du tun könntest, wirst du die Lösung in diesem Buch finden. Ich weiß, wie es sich anfühlt, wenn sich dein ganzer Körper anspannt, dein Herz rast und du dein Gegenüber in Gedanken anschreist: „Hör auf!" Du hast für dieses Verhalten oder diese Situation gebetet. Du hast das Gespräch mit dieser Person gesucht. Du hast versucht, es irgendwie zu lösen. Du hast vielleicht sogar versucht, es zu beseitigen. Aber letzten Endes hat nichts funktioniert.

Du bist jetzt an einem Punkt, an dem du weißt, dass du der Person vergeben kannst. Und du kannst sie lieben. Du willst auch die Beziehung wirklich retten und wünschst dir, dass es besser wird. Du hast Dinge verändert. Du hast auf kluge Ratschläge gehört und alles getan, was in deiner Macht stand. Aber schließlich ist dir eines klar geworden: Wenn dein Gegenüber nichts ändern will, kannst du dein Gegenüber nicht ändern. Und jetzt fragst du dich insgeheim langsam, ob vielleicht du diejenige bist, die hier verrückt ist.

Vielleicht hat es dir das Herz gebrochen. Vielleicht bist du traurig. Vielleicht hast du Angst oder bist wütend. Vielleicht konzentrierst du dich ganz darauf, etwas zu kitten, das einfach nicht zu kitten ist. Und vielleicht bist du sogar völlig darauf fixiert, die Sache zu verstehen.

Aber du bist nicht verrückt. Wenn du Rauch riechst, dann gibt es auch ein Feuer.

Und dann kannst du nur zwei Dinge tun: entweder das Feuer löschen oder dich selbst in Sicherheit bringen.

Grenzen zu setzen kann helfen, ein Feuer zu löschen, bevor es alles zerstört. Aber wenn das Feuer sich ausbreitet, musst du dich vor dem Rauch und den Flammen in Sicherheit bringen. Manchmal bleibt uns eben nichts anderes übrig, als den anderen gehen zu lassen.

Ich hoffe, dass du bald verstehen wirst, dass Grenzen nicht nur eine gute Idee sind, sondern sie sind sogar *Gottes Idee*. Bei allem, was Gott getan hat, gab es von Anfang an Grenzen. Über die Details sprechen wir noch in den nächsten Kapiteln. Aber denk mal darüber nach: Gott hat sogar bei der Schöpfung dem Meer eine Grenze gesetzt. Zu biblischen Zeiten war das Meer für die Menschen ein Symbol für Chaos. Und die Grenze für das Meer war die Sandküste, die Gott geschaffen hat und die das Chaos nicht überschreiten darf (Jeremia 5,22).

Wo das Chaos überhandnimmt, fehlt es gewöhnlich an gesunden Grenzen. Chaos sollte nicht der Normalfall sein. An der Ursache für das Chaos können wir zwar nicht immer etwas ändern, aber wir sollten uns um das kümmern, was wir ändern können. Eines solltest du vorab wissen: Es ist nicht unchristlich, gesunde Grenzen zu setzen. Es ist nicht unchristlich, von anderen zu verlangen, dass sie dich anständig behandeln, und umgekehrt gilt das natürlich auch für uns. Es ist nicht unchristlich, Falsches als falsch zu bezeichnen und Verletzungen beim Namen zu nennen. Wir können das mit Respekt, Freundlichkeit und Liebe tun, aber wir sollten falsches Verhalten erkennen, wissen, wie wir damit umgehen können und ab wann es nicht mehr vernünftig oder sicher ist, an einer Beziehung festzuhalten.

Für dieses Buch gilt übrigens das Gleiche wie bei meinen anderen Büchern: Ich schreibe hier über etwas, das ich selbst am meisten hören muss. Es ist für mich immer noch eine Herausforderung, Grenzen zu setzen und einzuhalten. Ich habe gelernt, dass Grenzen nicht dazu da sind, Gottes Absichten für Beziehungen zu perfektionieren, sondern sie sind ein Mittel, um sie zu schützen.

Ich muss lernen, das in meinem Leben umzusetzen, und du vielleicht auch.

Wir werden uns aber auch damit beschäftigen, wann es Zeit ist, zu gehen oder den anderen ziehen zu lassen. Wir alle haben schon Beziehungen erlebt, die nicht so lange gehalten haben, wie wir uns das erhofft hatten. Für die meisten von uns ist das Ende dann sehr verwirrend, frustrierend und manchmal auch unheimlich traurig. Vielleicht hast du dich auch wie ich schon gefragt, ob an der Beendigung einer Beziehung überhaupt etwas Gutes dran sein kann.

Wenn du bei all dem Fragen und Zweifel hast, stehst du damit nicht allein.

Mit Gottes Hilfe habe ich in diesem tränenreichen Kampf durch dieses Buch hindurch einen Weg gefunden – einen Weg, wie man andere wirklich lieben kann, ohne sich selbst dabei zu verlieren.

Ich will gleich zu Beginn zugeben, dass dieser Weg, auf dem wir lernen, Grenzen zu setzen und einzuhalten, nicht immer einfach sein wird. Wir müssen uns mit einigen schwierigen Aspekten wie Fehlverhalten, Verzweiflung und sogar Misstrauen auseinandersetzen. Wir müssen uns vornehmen, uns morgens nach dem Aufwachen immer wieder neu zu verpflichten, unsere Grenzen zu überprüfen und zu überlegen, wie wir sicher sein können, dass wir sie mit dem gleichen Maß an Gnade, Liebe und Nachsicht für uns und für die Menschen einhalten können, mit denen wir in Beziehung stehen.

> *Wo das Chaos überhandnimmt, fehlt es*
> *gewöhnlich an gesunden Grenzen.*

Mitgefühl ist für mich wirklich wichtig, wenn ich über Grenzen nachdenke. Wenn wir in einer schwierigen Beziehung stecken oder sogar in einer, die nicht länger tragbar ist – vor allem, wenn Abhängigkeiten dabei eine Rolle spielen –, brauchen wir ein gewisses Maß an Mitgefühl. Denn manchmal wird das ungesunde Verhalten der Betroffenen tatsächlich von unterschwelliger Scham oder mangelndem innerem Frieden verursacht. Oft ist es auch beides.

Damit will ich nicht sagen, dass wir aus Mitgefühl über ihr Verhalten hinwegsehen oder es unterstützen und so in Situationen verharren sollen, wo uns Schaden zugefügt wird. Vielmehr will ich damit ausdrücken, dass wir wahrscheinlich mit etwas Abstand Mitgefühl haben können mit dem, was auch immer die eigentliche Ursache für die Scham und das Chaos in ihrem Inneren ist, das sie dann zu solch ungesunden Verhaltensweisen getrieben hat. Wir wollen ja nicht, dass wir wegen der Verletzungen, die sie uns zugefügt haben, unser wahres Ich unterdrücken oder verlieren. Wir sind weder grausam noch gemein, und deshalb wollen wir beim Setzen von Grenzen Grausamkeit oder Gemeinheiten auch nicht zulassen.

Außerdem will ich Mitgefühl zeigen, weil auch mein Leben nicht so perfekt ist, dass ich nie ungesunde Verhaltensweisen oder Reaktionen an den Tag lege. Ich habe selbst genug Probleme, an denen ich arbeiten und die ich mithilfe meines Seelsorgers überwinden muss. Und Mitgefühl zu zeigen und gleichzeitig Grenzen zu setzen, ist eine der wichtigsten Lektionen, die ich lernen muss.

Wenn du also bereit bist, diese Dinge aufzuarbeiten – und ich meine wirklich *arbeiten* –, dann bin ich es auch. Wir stehen das zusammen durch, und ich würde mich mit niemandem lieber an meiner Seite daranmachen und mich zu der Heilung hindurchkämpfen, nach der wir uns so verzweifelt sehnen.

Und ich glaube, ich werde jetzt mal tief durchatmen und mir noch eine Tasse Kaffee holen. Hoffnungsvoll klemme ich mir meine Bibel unter den Arm und mache mich gemeinsam mit dir auf den Weg.

Eine Anmerkung von meinem Seelsorger Jim zum Thema „Trigger"

Es gibt zwei unterschiedliche Arten von Triggern: innere und äußere. Mit „Trigger" ist eine Stimulation gemeint, die entweder durch einen inneren Gedanken oder die äußere Handlung eines anderen ausgelöst wird. Sowohl innere als auch äußere Trigger rufen eine Reaktion hervor, durch die sich ein schmerzliches Ereignis aus der Vergangenheit anfühlt, als passiere es gerade erst. Es scheint fast so, als würden wir an den „Ort des Geschehens" zurückversetzt werden.

Der „fühlende" Teil unseres Gehirns (auch als limbisches System bekannt) ist so gepolt, dass er in unserer Zukunft nach Sicherheit und Zuversicht sucht. Anders ausgedrückt: Das Gehirn versucht vorherzusagen, was als Nächstes geschieht.

Ein Trigger macht dich also nervös, weil er einen inneren Alarm auslöst, der dir zu verstehen gibt, dass etwas nicht stimmt oder nicht sicher ist.

Aber der Trigger ist nicht das Hauptproblem. Das Hauptproblem ist das unverarbeitete Trauma in dir. Wenn dich also etwas „triggert", dann weist das entweder auf etwas in deiner Vergangenheit hin, das noch nicht geheilt ist, oder auf ein neues traumatisches Erlebnis in der Gegenwart.

Wenn es ein aktuelles traumatisches Erlebnis ist und du dich in unmittelbarer Gefahr befindest, wirst du das Verlangen verspüren, dich in Sicherheit zu bringen. Wenn der Auslöser von einem traumatischen Erlebnis in der Vergangenheit herrührt, kannst du lernen, dich nicht von der Angst gefangen nehmen zu lassen. Dazu musst du in die Vergangenheit zurückgehen und an dem arbeiten, was noch nicht geheilt ist. Aber dabei brauchst du auch festen Boden unter den Füßen. Halte inne. Hol tief Luft und sag: „Ich weiß genau, was hier passiert. Das habe ich schon mal erlebt. Ich befinde mich nicht in unmittelbarer Gefahr.

Es gibt einen Ausweg und ich kann mir Hilfe holen. Ich kann durch dieses Gefühl etwas lernen, aber ich muss deshalb nicht in Panik verfallen."

Und ganz gleich, mit welchem Trigger du es zu tun hast: Denk immer daran, dass du die Kraft hast, ihm Widerstand zu leisten. Wenn die Dinge um dich herum außer Kontrolle geraten, kannst du eine Auszeit nehmen. Du kannst dich zurückziehen. Du kannst andere bitten, dir zu helfen, das zu verarbeiten. Du kannst einen Plan aufstellen. Du kannst etwas in deinen Kalender eintragen, auf das du dich freuen kannst. All das wird dir helfen, dich nicht in den unangenehmen Gefühlen und Situationen zu verlieren, die dir Kummer und Probleme bereiten.

Jetzt wird's praktisch

VERGISS NICHT

- Du kannst kein Vertrauen aufbauen, wenn es immer wieder enttäuscht wird.
- Wir dürfen das gute Gebot von Liebe und Vergebung nicht damit verwechseln, dass wir Dinge zulassen und vertuschen, die Gott keine Ehre machen.
- Gesundes kann sich nicht mit Ungesundem verbinden.
- Jede Beziehung kann einmal schwierig sein, aber sie sollte uns nie schaden.
- Grenzen sind nicht nur eine gute Idee, sie sind *Gottes Idee*.
- Wo das Chaos überhandnimmt, fehlt es gewöhnlich an gesunden Grenzen.
- Es ist nicht unchristlich, von anderen zu verlangen, dass sie dich anständig behandeln.

NIMM ES AN

„Ich, der Herr, habe dem Meer die Sandküste als Grenze gesetzt, eine ewige Grenze, die das Wasser nicht überschreiten kann. Die Wellen mögen brausen und brüllen, aber sie können die Grenze, die ich gesetzt habe, nicht überwinden.“ Jeremia 5,22

DENK NACH

- Was geht dir durch den Kopf, wenn du Folgendes liest: „Du kannst kein Vertrauen aufbauen, wenn das Vertrauen immer wieder enttäuscht wird"?
- Wo hast du gedacht, es sei unchristlich, von anderen zu verlangen, dass sie dich anständig behandeln?

GEBET

Vater im Himmel, auch wenn die Person, die mich verletzt, mein Herz gebrochen, meine Tränen oder meine Gefühle verursacht hat, das nicht zur Kenntnis nimmt, weiß ich doch, dass du das alles siehst. Du erinnerst mich daran, dass du mich siehst und liebst. Ich bin nicht allein. Ich weiß, dass du mich auf dieser Entdeckungsreise, auf der ich lernen werde, dass Grenzen nicht nur eine gute, sondern deine Idee sind, bei jedem Schritt führen wirst. Ich will trotz allem sanft und demütig sein, aber auch entschlossen und offen für alles, was du mir zeigen willst. Zeige mir, was du auf den nächsten Seiten für mich ganz persönlich bereithältst. Amen.

Kapitel 2

Die Probleme, mit denen wir alle kämpfen, beim Namen nennen

Ich wusste einfach nicht mehr, was ich tun sollte. Ganz gleich, wie sehr ich mir wünschte, dass diese Freundschaft funktionierte, sie tat es einfach nicht. Teilweise lief es wirklich gut. Aber es gab Aspekte, die nicht in Ordnung waren, und diese traten regelmäßig zutage. Es kostete mich so viel emotionale Energie, den Problemen immer wieder aus dem Weg zu gehen, dass es zunehmend schwieriger wurde, die guten Seiten zu genießen. Wir waren seit unserer Kindheit befreundet, aber unser jeweiliges Leben hatte sich drastisch weiter auseinanderentwickelt.

Es war wie ein Urlaub am Meer, bei dem man sich darauf freut, am Strand spazieren zu gehen. Das hat etwas so Beruhigendes für mich. Aber wenn ich dann in einen Dorn trete, durchkreuzt das erst einmal die Schönheit des Strandes. Nachdem ich auf einem Bein herumgehüpft bin und den Stachel herausgezogen habe, gehe ich erst mal sehr viel vorsichtiger weiter, doch ich kann den Strand immer noch genießen.

Aber wenn am Strand überall Stachelgräser wachsen, erwarte ich nicht länger, dass der Sandspaziergang entspannend ist, sondern konzentriere mich nur noch darauf, nicht in einen Dorn zu treten. Der Strand sieht immer noch schön aus. Der Sand sieht immer noch einladend aus. Doch wenn er sich im Grunde nur noch als schmerzhaft entpuppt, dann ist es vernünftig, die eigenen Erwartungen der Realität anzupassen. Wenn die Stachelgräser nicht ausgerissen werden, ist es keine erholsame Erfahrung, am Strand spazieren zu gehen. Bei Stachelgräsern ist das offensichtlich.

In dieser Freundschaft war es weniger offensichtlich. Ich wusste, dass es Stacheln gab. Ich wusste, dass sie wehtun. Aber statt mir einzugestehen, dass der Schmerz, den ich empfand, auf die Stacheln zurückzuführen war, machte ich mich selbst fertig und warf mir vor, ich sei zu empfindlich. Doch ich würde ja auch niemandem, der in Stachelgräser getreten ist, sagen, dass es eben seine Schuld ist oder die seiner Füße. Aber genau das tat ich mit mir selbst, als ich durch die schwierige Beziehungsdynamik verletzt wurde.

Bei anderen Gelegenheiten war ich dann so wütend und frustriert, dass ich versuchte, die einzelnen Pflanzen des Stachelgrases auszureißen. Mir war nicht klar, dass die Stacheln ja die Samen in sich tragen, aus denen wieder neue Pflanzen wachsen. Mit anderen Worten: Diese Pflanzen vermehren sich. Es ist nicht nur so, dass Stachelgräser nicht von allein verschwinden, sie werden auch noch immer schlimmer. Man muss eben die Wurzel ausreißen.

Es hat lange gedauert, bis ich mir das eingestanden habe.

Zuerst dachte ich, ich sei das Problem. Warum war ich so frustriert? Wahrscheinlich musste ich einfach lernen, geduldiger zu sein. Also versuchte ich das. Aber es wurde nicht besser. Dann dachte ich, ich müsste an meiner Erwartungshaltung arbeiten. Vielleicht stellte ich zu hohe Ansprüche? Dann fand ich heraus, dass sich hinter Erwartungen manchmal verborgener, schwelender Groll verbirgt. Autsch! Also habe ich das Ganze anders formuliert und nannte es nicht länger „Erwartungen", sondern „Wünsche und Bedürfnisse". Das half – zumindest eine Weile lang.

Dann dachte ich, ich verbringe vielleicht zu viel Zeit mit meiner Freundin. Aber als ich versuchte, auf Abstand zu gehen, warf sie mir vor, ich investierte zu wenig in diese Beziehung und sei distanziert. Dann versuchte ich, das zu tun, was ihr an dieser Beziehung angeblich fehlte, aber ihr fehlte ständig etwas anderes. Und was war eigentlich mit meinen eigenen Bedürfnissen? Ich wusste einfach nicht, wie ich meine Bedenken äußern sollte.

Wenn ich versuchte, ihr zu erklären, dass sich ein paar Dinge ändern müssten, kamen sogar meine besten Argumente bei ihr falsch an. Vor der Unterhaltung hatte in meinen Gedanken alles so vernünftig geklungen, aber dann war die Situation emotional so geladen, dass meine Gedanken schräg klangen. Ich konnte auch bei all ihren gedanklichen Verrenkungen nicht mithalten. Das Ganze ging dann so aus, dass ich mich entschuldigte und es bedauerte, die Sache überhaupt angesprochen zu haben.

Ich trat also nicht nur gelegentlich mal auf einen Stachelgrashalm. Jetzt hingen die Dornen mit schöner Regelmäßigkeit an mir und stachen mich ins Herz, selbst wenn ich gar nicht mehr am Strand war.

In meinem Kopf drehte sich dauernd alles. Ich sagte mir immer wieder, es sei möglich, das Problem in den Griff zu bekommen. Mal war ich wütend auf meine Freundin und mal war ich wütend auf mich selbst. Und dann wurde alles ein bisschen besser. Wenn es gut lief, war es richtig gut. Wenn sie nett war, war sie richtig nett. Wenn man mit ihr Spaß haben konnte, dann hatten wir jede Menge Spaß.

Aber dann äußerte sie plötzlich in einem Telefongespräch oder bei einem gemeinsamen Mittagessen oder wenn wir uns einfach nur Nachrichten schrieben irgendwelche Erwartungen, und ich wusste, dass der Teufelskreis wieder von vorne anfangen würde. Es war, als hätte ich nie versucht, diese Probleme überhaupt anzusprechen.

Gut, großartig, verwirrend, schlechter, ganz schlecht. Ich fühlte mich wegen mir mies. Ich fühlte mich wegen ihr mies. Ich hatte keine Lust mehr, irgendetwas zu fühlen. Ich starrte an die Decke. Dann war wieder alles gut, großartig, verwirrend, schlechter, ganz schlecht. Ich fühlte mich noch mieser. Ich hatte ein noch mieseres Gefühl bei ihr. Ich wollte am liebsten überhaupt nichts mehr fühlen. Ich starrte an die Decke. Und so ging das immer weiter. Jahrelang.

Schließlich musste ich erkennen, dass ein Teil des Problems darauf zurückzuführen war, dass ich ständig versuchte, das Problem zu lösen. Albert Einstein soll einmal gesagt haben: „Wenn ich eine Stunde Zeit hätte, um ein Problem zu lösen, würde ich 55 Minuten damit verbringen, über das Problem nachzudenken und fünf Minuten über die Lösung." Ich machte es genau umgekehrt. Ich verbrachte so viel Zeit damit, die einzelnen Probleme lösen zu wollen, dass ich mich überhaupt nicht auf die Suche nach dem zugrundeliegenden Problem begeben hatte.

Das Problem bestand nämlich nicht darin, dass meine Bedürfnisse und Wünsche nicht erfüllt wurden. Meiner Freundin ging es wahrscheinlich ebenso. Es lag auch nicht daran, dass wir nicht versucht hätten, über unsere Bedürfnisse und Wünsche zu sprechen. Das eigentliche Problem war, dass ich es bereute, ihr so viel emotionalen Zugang zu mir gegeben zu haben. Wenn du beim Lesen gern Sachen anstreichst, dann streich doch das Wort „Zugang" leuchtgelb an. Das ist nämlich wichtig. Es ist vor allem dann wichtig, wenn wir schon knietief in einer engen Beziehung stecken und langsam das Gefühl haben, nicht gehört zu werden, nicht mehr sicher zu sein, nicht beachtet oder ausgenutzt zu werden oder die Konsequenzen von Entscheidungen tragen zu müssen, die wir nicht in der Hand haben.

Bei so vielen anderen Dingen in unserem Leben sind wir uns bewusst, dass wir den Zugang dazu sorgfältig schützen müssen.

Bei unserem Haus, unserem Auto, unserem Bankkonto, unseren Social-Media-Accounts und sogar unseren Konten bei Streaminganbietern ist uns das völlig klar. Wir haben den

Schlüssel. Wir haben Passwörter. Es wäre nicht klug, anderen Zugriff darauf zu geben, wenn wir uns nicht sicher sind, dass sie verantwortungsvoll damit umgehen. Ich habe noch nie gehört, dass jemand gesagt hätte: „Sie ist so egoistisch und außerdem eine schlechte Christin. Sie gibt ihre Schlüssel und Passwörter nicht mal an ihre Nachbarschaft weiter." Nur weil jemand in unserer Nähe wohnt, können wir noch lange nicht davon ausgehen, dass der Betreffende auch verantwortungsvoll mit einem freien Zugang zu allem, was uns wichtig ist, umgehen würde.

Wenn wir unseren Nachbarn unseren Haustürschlüssel geben, dann heißt das, dass wir darauf vertrauen, dass sie damit verantwortungsvoll umgehen. Und wenn irgendwas darauf hindeutet, dass unser Nachbar mit dem Zugang, den wir ihm gewährt haben, nicht verantwortungsvoll umgeht, wissen wir, dass es besser wäre, den Zugang wieder einzuschränken.

Was den Schutz meines Herzens angeht, war ich nicht so klug. Und vielleicht ist das für viele von uns ein Problem.

In Sprüche 4,23 (ELB) heißt es: „Behüte dein Herz mehr als alles, was zu bewahren ist; denn von ihm aus sind die Ausgänge des Lebens." Dieser Vers wird oft herangezogen, wenn es um Liebesbeziehungen und sexuelle Reinheit geht. Aber ich glaube, er lässt sich auch anwenden, wenn es darum geht, das Herz in anderen Beziehungskontexten zu schützen. Es ist interessant, dass das hebräische Wort für „bewahren", *mischmar*, eine aktive Handlung beschreibt, die etwas schützt und bewacht.[1] Das bedeutet, dass „bewahren" etwas Aktives ist und nichts Passives. Wir versuchen nicht, uns *vor* der Liebe zu schützen. Wenn wir lieben, riskieren wir, verletzt zu werden. Vielmehr versuchen wir, uns *für* die Liebe zu schützen. Wir wollen uns nicht vom Schmerz und dem Chaos ungesunder Beziehungsmuster so auffressen lassen, dass wir nicht länger ein Kanal für Gottes Liebe sind, sondern für den Schmerz.

Liebe kann bedingungslos sein, aber der emotionale Zugang in einer Beziehung sollte das nie sein. Gott liebt uns, aber er hat Grenzen aufgestellt, und zwar, dass die Sünde uns von ihm trennt. Nachdem Adam und Eva seine Anweisung außer Acht gelassen hatten, hatten sie nicht länger den gleichen Zugang zu Gott. Was mit freiem Zugang zu Gott und nur einer Grenze angefangen hat, hat sich durch die Sünde geändert. Und wenn ich in der Bibel lese, stelle ich eines fest: Je mehr die Menschen sündigten, desto stärker wurde ihr Zugang zu Gott eingeschränkt und umso mehr Grenzen wurden ihnen gesetzt. In 1. Mose 2 gab es nur eine Grenze, aber am Ende der fünf Bücher Mose und der Propheten sind es 613.[2]

Liebe kann bedingungslos sein, aber emotionaler Zugang in einer Beziehung sollte das nie sein.

Wenn wir dann weiter in der Bibel lesen, stellen wir fest, dass der Zugang zu Gott immer stärker eingeschränkt wird und an Bedingungen geknüpft ist. Seine Liebe ist bedingungslos, aber der Zugang zu ihm ist es nicht.

Hier sind einige wichtige Bibelstellen zum Nachdenken:

Die Hand des Herrn ist nicht zu kurz, um euch zu helfen, und er ist nicht taub, dass er euch nicht hören würde. Nein, eure Sünden sind eine Schranke, die euch von Gott trennt. Wegen eurer Sünden verbirgt er sein Antlitz vor euch und will euch nicht mehr hören. Jesaja 59,1–2

Hätte ich in meinem Herzen böse Gedanken, dann hätte der Herr mich nicht erhört. Psalm 66,18

Man beachte, dass einmal von Sünde die Rede ist und einmal von bösen Gedanken. Als ich mich intensiver mit diesen Versen beschäftigt habe, stellte ich fest, dass der zweite Vers mehr auf die Absicht oder die innere Haltung abzielt als auf die Tat selbst. Es geht also nicht nur um das, was jemand tut oder nicht tut; es geht darum, worauf diese Taten hinweisen. Ich glaube, an diesem Punkt kann es wirklich verwirrend werden: Wir wissen, dass jemand etwas tut, das uns verletzt, aber wir können es nicht klar als Sünde benennen. Es kann sogar sein, dass sich die Beziehung etwas „seltsam" anfühlt – als sei etwas nicht ganz in Ordnung. Deshalb bin ich so dankbar, dass in der Bibel auch die innersten Gedanken angesprochen werden, und das spricht die verletzenden Dinge in Beziehungen an, die sich nicht klar als Sünde benennen lassen. Lies die obigen Verse noch mal, und achte darauf, dass beides – Sünde und böse Gedanken – Konsequenzen nach sich zieht, die Einfluss darauf haben, wie viel Zugang Gott in dieser Beziehung zulässt.

Hier geht es schlicht auch um verletzende Verhaltensmuster. Eine verletzende Äußerung allein kann man als Fehler bezeichnen. Aber ein sich wiederholendes Muster von verletzenden Äußerungen oder lieblosen Einstellungen oder sogar ungerechtfertigten Erwartungen ist weit mehr als nur ein Fehler. Diese Verhaltensmuster verzerren schlicht, worum es bei einer Beziehung wirklich geht. Warum ist es so wichtig, das zu verstehen? Weil es am Ende zu einer missbräuchlichen Beziehung kommen kann, wenn man schädlichen Verhaltensmustern auf Dauer keinen Riegel vorschiebt.

Ich bin kürzlich auf Christianity.com über einen Artikel gestolpert, der diese gefährliche Entwicklung sehr gut zusammenfasst: „Anhaltende böse Gedanken führen zu unzulässigen Wünschen, die wiederum zu einer verdrehten Denkweise führen. Römer 1,28–32 beschreibt diese Abweichungen sehr drastisch."[3] Als ich meine Bibel aufschlug, um nachzulesen, was dort steht, war ich schockiert darüber, wohin diese Entwicklung tatsächlich führen kann:

> *Wenn man schädlichen Verhaltensmustern*
> *auf Dauer keinen Riegel vorschiebt, kann es zu*
> *einer missbräuchlichen Beziehung kommen.*

Da sie sich weigerten, Gott anzuerkennen, überließ er sie ihren verwerflichen Gedanken, sodass sie tun, was sie nie tun sollten. Ihr Leben ist voller Unrecht, Schlechtigkeit, Habgier, Bosheit, Neid, Mord, Streit, Betrug und Hinterlist. Sie reden hinter dem Rücken über andere und verleumden ihre Mitmenschen; sie hassen Gott und sind unverschämt, stolz und großspurig. Sie sind voller Ideen, wenn es darum geht, Böses zu tun, und ihren Eltern sind sie ungehorsam. Sie sind uneinsichtig, halten ihre Versprechen nicht und sind lieblos und unbarmherzig. Sie wissen genau, dass Menschen, die sich so verhalten, nach dem Gesetz Gottes den Tod verdient haben, aber sie lassen sich nicht davon abbringen und freuen sich sogar noch darüber, wenn andere genauso handeln wie sie.

Ich weiß, dass das schwer zu verdauen ist, und du denkst vielleicht: *Wow, Lysa, ich will doch nur ein paar Beziehungen verstehen, in denen es gerade nicht rundläuft. Ich hab nicht wirklich Lust, mich mit bösen Gedanken und Sünde zu befassen.* Das kann ich nachvollziehen. Aber es ist wichtig, dass wir verstehen, welche Auswirkungen beides hat, damit wir uns und unser Innerstes angemessen schützen können.

Wie ich schon sagte: Grenzen sind nicht nur eine gute Idee, sie sind *Gottes Idee*.

Ich hatte ja schon erwähnt, dass Gott von Anfang an gewisse Grenzen gesetzt hat. Aber wie wäre es mit einem Beispiel, bei dem Gott den Zugang zu etwas mithilfe von Grenzen verhindert? Als der Tempel gebaut wurde, waren diejenigen, die den weitreichendsten Zutritt hatten (die Hohepriester) auch zu größtmöglicher Reinheit und Verantwortung aufgefordert, damit sie das Allerheiligste überhaupt betreten durften. Wenn sie die Grenzen, die Gott hier gesetzt hatte, übertraten und sich in das Allerheiligste begaben, ohne angemessen gereinigt und geheiligt zu sein, führte das zu ihrem Tod.

Als Jesus für unsere Sünde starb, passierte zweierlei: Uns wurde vergeben *und* von uns wird verlangt, dass auch wir anderen vergeben und um Vergebung bitten. Fehlverhalten, für das man nicht um Vergebung bittet, zieht immer noch Konsequenzen nach sich. Gott will allen Menschen seine Liebe schenken, aber nicht alle Menschen haben Zugang zum ewigen Leben mit ihm. Warum nicht? Weil die Sünde uns von ihm trennt. Wenn wir unsere Schuld also nicht einsehen und eine Kehrtwende vollziehen und wenn wir das, was Jesus Christus durch seinen Tod am Kreuz möglich gemacht hat, nicht annehmen, dann wird uns unsere Sünde für immer von Gott trennen.

Und wenn wir diesen Gedanken zu Ende denken, erkennen wir, dass Sünde und böse Gedanken nicht nur die Trennung von Gott nach sich ziehen, sondern auch die Trennung von anderen Menschen.

In diesem Punkt sollten wir also Gottes Beispiel folgen: Wir sollten ein gewisses Maß an Verantwortungsbewusstsein voraussetzen, bevor wir anderen Zugang zu unserem Leben gewähren. Wenn sie das nötige Verantwortungsbewusstsein nicht besitzen, wird es negative Auswirkungen auf uns haben, wenn wir ihnen zu viel Zutritt zu uns und unserem Leben gewähren.

Lies den letzten Satz bitte noch einmal und lass ihn auf dich wirken. Das ist die Spannung, mit der wir alle in unseren Beziehungen zu kämpfen haben und die nie so richtig greifbar ist: Wir haben Personen, die nicht das nötige Verantwortungsbewusstsein besitzen, zu viel Zugang gewährt.

Aber was wäre, wenn wir in Zukunft in dieser Hinsicht erst einmal für uns die folgenden Fragen klären: Haben wir von anderen verlangt, dass sie mit dem Zugang, den wir ihnen zu unserem Leben gewähren, verantwortungsvoll umgehen? Und ziehen wir auch die nötigen Konsequenzen, um sie zur Verantwortung zu ziehen, wenn sie unsere Grenzen verletzen?

Wenn wir ihnen Zugang zu unserem Innersten geben, sie aber nicht bereit oder fähig sind, auch das nötige Maß an Verantwortung aufzubringen, dann liegt dort das eigentliche Problem. Ich habe in der Vergangenheit den Fehler gemacht zu versuchen, die andere Person dazu zu bringen, mehr Verantwortungsbewusstsein zu entwickeln. Und wenn die oder der Betreffende nicht dazu bereit war, hatte ich das Gefühl, beziehungstechnisch nicht weiterzukommen.

Deshalb habe ich jetzt etwas verändert: Da ich die Entscheidungen der anderen nicht kontrollieren kann, kontrolliere ich jetzt, wie intensiv ich den anderen Zugang zu meinem Leben gebe. Und ich begrenze ihn auf das Maß, das dem Verantwortungsbewusstsein entspricht, zu dem sie fähig sind. Oder mit anderen Worten: Ich setze jetzt Grenzen.

> *Wir sollten ein gewisses Maß an Verantwortungsbewusstsein voraussetzen, bevor wir anderen Zugang zu unserem Leben gewähren.*

Grenzen zu setzen bedeutet, dass wir verantwortungsbewusst genug sind, um den Zugang, den andere zu uns haben, auf das Maß zu begrenzen, in dem sie fähig sind, verantwortungsvoll damit umzugehen. Menschen, die verantwortungslos mit unserem Herzen umgehen, sollten auch nicht viel (oder keinen) Zugang dazu haben. Und das Gleiche gilt für den Zugang zu allen möglichen anderen Bereichen – physisch, emotional, geistlich und finanziell.

So sind die Beziehungen in unserer Familie zum Beispiel sehr eng – in vielen Bereichen. Meine Töchter und ich lieben es zum Beispiel, Kleidung miteinander zu teilen. Aber wir mussten eine Regelung für den Zugang zu unseren Kleiderschränken aufstellen. Ein völlig freier Zugang funktionierte nicht und führte zu viel Frust, wenn etwas verschwunden war oder beschädigt zurückkam. Wenn wir jetzt etwas anziehen wollen, das einer anderen gehört, erkundigen wir uns erst, ob wir es ausleihen können, und teilen auch mit, wann wir es zurückbringen werden. Wir mussten also den gegenseitigen Zugang zu unserem Kleiderschrank mithilfe dieser Regeln anpassen, damit wir weiterhin respektvoll miteinander umgehen. Und letztlich auch, damit die Dynamiken in unseren Beziehungen gesund bleiben.

Vielleicht hast du eine Freundin, mit der du sehr viel Zeit verbringst, und du erzählst ihr Details über schwierige Situationen, die du durchlebst. Aber sie verplappert sich immer wieder und erzählt anderen Dinge von dir, die diese einfach nicht erfahren sollten. Je häufiger das vorkommt, desto weniger fühlst du dich bei ihr sicher. Und obwohl du das Problem ansprichst, passiert es immer wieder. Wenn du also nicht willst, dass andere Details über dich erfahren, die du nicht mit ihnen teilen willst, musst du einschränken, wie viel Zugang deine Freundin zu den persönlicheren Bereichen deines Lebens erhält. Dazu gehört vielleicht auch, dass du dir vorher überlegst, über welche Themen du mit ihr sprechen willst, wenn ihr euch trefft. Und von dieser Entscheidung solltest du dann auch in einem schwachen Augenblick nicht abweichen.

> *Menschen, die verantwortungslos mit unserem Herzen umgehen, sollten auch nicht viel (oder keinen) Zugang dazu haben.*

Oder vielleicht hast du darauf vertraut, dass dein Mann jedes Jahr die Autoversicherung und auch einige andere überweist, ohne dass du ihn erst daran erinnern musst. Aber während ihr im Urlaub seid, erfahrt ihr plötzlich, dass die Versicherung in Kürze gekündigt wird, wenn die Rechnung nicht innerhalb einer Woche bezahlt wird. Nach einem ernsten Gespräch darüber, was passiert wäre, wenn die Versicherung gekündigt worden wäre, und der Feststellung, dass auch andere Rechnungen in Verzug sind, wird euch beiden klar, dass du eine aktivere Rolle bei der Bezahlung der Rechnungen übernehmen solltest. Das bedeutet natürlich nicht, dass das gegenseitige Vertrauen in eurer Ehe allgemein beschädigt ist, aber es macht deutlich, dass sich etwas verändern muss, damit die Spannungen in diesem Bereich nicht noch weiter zunehmen. Das heißt nicht, dass dein Partner nicht länger Zugriff aufs gemeinsame Konto haben darf. Aber weil er nicht verantwortungsvoll mit den Rechnungen umgegangen ist, musst du Schutzmaßnahmen ergreifen, sodass er nicht länger für das Zahlen der Rechnungen verantwortlich ist. Das ist mit einem eingeschränkten Zugang gemeint. Vielleicht beschließt ihr letztlich beide, dass es besser ist, wenn du wieder die Verantwortung für das Haushaltsbudget übernimmst. Dann hat dein Partner wieder die Möglichkeit, sich weiterzuentwickeln und in anderen Bereichen Verantwortung zu übernehmen.

Unterm Strich heißt das: Gott setzt Grenzen, um die vertraute Beziehung zu ihm zu schützen, und nicht, um diese zu beeinträchtigen. Und wir sollten es genauso machen. Wie das aussehen kann, darum geht es hier.

Am Ende dieses Kapitels möchte ich dir drei Dinge mitgeben. Erstens: Du bist nicht die Einzige, die mit diesem Problem zu kämpfen hat. Ich kenne niemanden, der das, worüber wir hier gesprochen haben, wirklich im Griff hat. Nur weil deine Beziehungen gerade ein wenig schwierig sind, bedeutet das noch lange nicht, dass du beziehungsunfähig bist.

Zweitens: Das alles ist zum Teil deshalb so schwierig, weil wir oft schon verletzt sind, wenn wir merken, dass wir Grenzen setzen müssen. Ja, du bist verletzt worden und ich ebenfalls. Doch während wir die Verletzung (unsere und die von anderen) zwar eingestehen wollen, wollen wir nicht, dass irgendetwas von dem, was in diesem Buch steht, diesen Schmerz noch weiter vertieft. Deshalb: Grenzen sollten nicht als Waffen missbraucht werden. Sie sollen dazu beitragen, dass das Gefühl, sicher zu sein, in einer Beziehung Priorität hat.

Und drittens und letztens besteht ein großer Unterschied zwischen schwierigen Beziehungen und destruktiven Beziehungen. Auf diesen Unterschied werden wir später noch eingehen. Doch schon jetzt gilt: Wenn du missbraucht wirst, hol dir bitte sofort Hilfe von ausgebildeten Fachleuten.

Wenn deine Beziehungsprobleme sich für dich nicht wie bloße Stachelgräser anfühlen, sondern schon wie ein heftiger Sturm, dann sei ganz ehrlich zu dir. Ja, wir brauchen gesunde Grenzen – aber manchmal müssen wir uns auch aus einer Beziehung verabschieden. In diesem Buch werde ich beides ansprechen.

Zusammen werden wir das schaffen. Und am Ende werden wir besser ausgerüstet sein und in der Lage, andere zu lieben, ohne uns dabei selbst zu verlieren. Besser können wir Gottes Vorstellung von Liebe gar nicht umsetzen. Und nur darum geht es hier.

Eine Anmerkung von Jim zum Thema „Zugang gewähren"

Wenn wir jemandem Zugang zu unserer Person gewähren, ohne von dem Betreffenden ein gewisses Maß an Verantwortung zu verlangen, führt das letzten Endes zum Bruch. Wenn ich dir unbegrenzten Zugang zu mir gewähre, du aber nicht verantwortungsvoll damit umgehst, werden entweder ich oder du diese Beziehung beenden. Wenn einer das Gefühl hat, sich ständig ausleben zu müssen, hat er die Beziehung schon aufgegeben. Denk dran: Wenn es keine klaren Regeln gibt – wenn du deinem Gegenüber keine Grenzen setzt –, wird die andere Person dein Leben bestimmen. Es ist dir vielleicht nur nicht bewusst.

Jetzt wird's praktisch

VERGISS NICHT

- Liebe kann bedingungslos sein, aber der emotionale Zugang in einer Beziehung sollte das nie sein.
- Wenn man schädlichen Verhaltensmustern auf Dauer keinen Riegel vorschiebt, kann es zu einer missbräuchlichen Beziehung kommen.
- Wir sollten ein gewisses Maß an Verantwortungsbewusstsein voraussetzen, bevor wir anderen Zugang zu unserem Leben gewähren.
- Menschen, die verantwortungslos mit unserem Herzen umgehen, sollten auch nicht viel (oder keinen) Zugang dazu haben.

NIMM ES AN

Behüte dein Herz mehr als alles, was zu bewahren ist; denn von ihm aus sind die Ausgänge des Lebens. Sprüche 4,23 (ELB)

Da sie sich weigerten, Gott anzuerkennen, überließ er sie ihren verwerflichen Gedanken, sodass sie tun, was sie nie tun sollten. Ihr Leben ist voller Unrecht, Schlechtigkeit, Habgier, Bosheit, Neid, Mord, Streit, Betrug und Hinterlist. Sie reden hinter dem Rücken über andere und verleumden ihre Mitmenschen; sie hassen Gott und sind unverschämt, stolz und großspurig. Sie sind voller Ideen, wenn es darum geht, Böses zu tun, und ihren Eltern sind sie ungehorsam. Sie sind uneinsichtig, halten ihre Versprechen nicht und sind lieblos und unbarmherzig. Sie wissen genau, dass Menschen, die sich so verhalten, nach dem Gesetz Gottes den Tod verdient haben, aber sie lassen sich nicht davon abbringen und freuen sich sogar noch darüber, wenn andere genauso handeln wie sie. Römer 1,28–32

- Erkläre folgendes Prinzip mit eigenen Worten: „Liebe kann bedingungslos sein, aber der emotionale Zugang in einer Beziehung sollte das nie sein."
- Wie könnte es aussehen, wenn du von anderen das Maß an Verantwortung fordern würdest, das auch dem Maß an Zugang entspricht, den du ihnen zu deinem Leben gewährst?

GEBET

Gott, zeige mir, was ich tun soll, während ich über die Beziehungen nachdenke, die mir zu schaffen machen. Erinnere mich daran, dass Grenzen dazu dienen, Vertrautheit zu schützen, und nicht, sie einzuschränken. Vater, ich will meine tiefsten Ängste und Befürchtungen bezüglich meiner schwierigen Beziehungen an dich abgeben. Ich will darauf vertrauen, dass du mich ganz klar in die richtige Richtung führst. Danke für alles, was du mir hier ganz persönlich zeigst. Amen.

Kapitel 3

Es geht nicht um die Probleme, sondern um das, wofür sie stehen

Beziehungen scheitern oft nicht wegen der Gespräche, die geführt wurden, sondern wegen der Gespräche, die *nicht* geführt wurden, aber hätten geführt werden müssen.

Gespräche eröffnen uns die Möglichkeit, das anzusprechen, was gut oder nicht gut läuft. Aber vor allem helfen sie uns, gesunde Verhaltensmuster zu etablieren, statt ungesunde hinzunehmen. Auf einer Skala bewegen sich Beziehungen entweder zur konstruktiven oder zur destruktiven Seite hin. So habe ich das in meinem Tagebuch festgehalten:

GESUND   **GESTÖRT**

konstruktiv ◆ aufbauend • erfüllend • gleichgültig/stagnierend • schwierig • schädlich ➡ destruktiv

Natürlich kann man die verschiedenen Abstufungen auf der Beziehungsskala auch noch mit vielen anderen Worten beschreiben. Aber erfahrungsgemäß wird uns irgendetwas immer auf die negative Seite von „schwierig" über „schädlich" hin zu „destruktiv" ziehen, wenn wir keine Spielregeln aufstellen.

Das Problem ist die dysfunktionale Beziehung.

Und lass mich eines gleich von vornherein zugeben: Ich habe es in der Vergangenheit oft nicht gewagt, dieses Wort bei Beziehungsproblemen auszusprechen. Wenn man eine Beziehung als „gestört" oder auch „dysfunktional" bezeichnet, klingt das irgendwie so beleidigend, was gewöhnlich dazu führte, dass ich gleich in die Defensive ging. Aber inzwischen habe ich gelernt, den Begriff einfach stehenzulassen, ihn mit schiefgelegtem Kopf zu betrachten und mich selbst herauszufordern, über einige Dinge nachzudenken. Ich muss nämlich gestehen: Ich habe hier oder da so meine Macken. Andere Menschen, die ich kenne, haben das auch. Menschen sind generell nicht perfekt. Es sollte uns daher keine Angst machen, zuzugeben, dass es Dysfunktionen gibt. Aber es sollte uns Sorgen machen, wenn jemand so tut, als seien diese Macken und Probleme normal.

Allein die Tatsache, dass wir uns unserer Störungen bewusst sind, bringt sie aber noch nicht in Ordnung. Wenn wir uns nach gesünderen Beziehungen sehnen, müssen wir bereit sein, diese Dinge anzusprechen.

Ähem, damit meine ich mich selbst.

> *Beziehungen scheitern oft nicht wegen der Gespräche, die geführt wurden, sondern wegen der Gespräche, die nicht geführt wurden, aber hätten geführt werden müssen.*

Ich erinnere mich noch an eine Situation, als meine Schwester zu Besuch kam. Wir hatten gerade Renovierungsarbeiten an den elektronischen Leitungen in unserem Haus beendet. Aus irgendeinem Grund funktionierte unser Warmwasserboiler jetzt nur, wenn man die Strahler hinterm Haus einschaltete. Wenn man also gerade gemütlich unter der Dusche stand und jemand das Außenlicht ausschaltete – *uuh!* –, dann wurde es sehr schnell sehr kalt und man schrie auf, wand sich und rief nach unten, jemand solle das Licht gefälligst wieder einschalten.

Ich kann mir gut vorstellen, was du jetzt wahrscheinlich denkst. Ich habe doch bestimmt sofort einen Elektriker gerufen, damit der sich um diese elektrische Störung kümmert, oder?

Das sollte man meinen. Aber: nein.

Ich nahm mir bloß vor, alle unsere Gäste darauf aufmerksam zu machen, dass das Außenlicht Tag und Nacht an sein musste, wenn sie warm duschen wollten. Ich informierte meine Familie über diese Tatsache. Ich überlegte sogar, ob ich ein Schild ins Badezimmer hängen sollte.

Hallo! Störung!

Meine Schwester sah mich schief an und sagte: „Lysa, du weißt aber schon, dass das echt schräg ist, oder? Du weißt doch, dass ein Elektriker das reparieren könnte, oder?"

Ja und nein.

So rein sachlich betrachtet wusste ich wahrscheinlich, dass ein Elektriker das Problem beheben könnte. Aber es gab einen Grund, warum ich mich sofort für eine andere Lösung entschied: Einen Elektriker zu beauftragen, würde Geld kosten. Geld, das wir, als ich klein war, nicht gehabt hatten. Deshalb hatte sich in mir der Gedanke festgesetzt, dass Notlösungen und Problemen aus dem Weg zu gehen besser war, als Geld auszugeben, um diese Probleme zu beheben.

Es war doch nicht schlimm, wenn ich auf diese seltsame Weise zu meiner warmen Dusche kam.

Aber hier geht es eben nicht nur um Außenlicht und warmes Wasser, sondern um das, wofür diese Situation mit dem Licht und dem Wasser steht.

Es geht darum, dass wir oft gar nicht mehr merken, wie dysfunktional manche Dinge geworden sind. Wir reagieren so, als sei alles ganz normal, obwohl es das überhaupt nicht ist. Eine Störung bedeutet, dass etwas nicht richtig funktioniert. Oder mit anderen Worten: Etwas beeinträchtigt den normalen Ablauf der Dinge, wie er eigentlich sein sollte.

Eine Mutter sollte sich zum Beispiel um ihr Kind kümmern. Aber wenn das Kind sich um die Mutter kümmern muss, ist etwas offensichtlich gestört. Ein anderes Beispiel: Wenn von einem Ehepartner erwartet wird, dass er nicht nur der Partner ist, sondern den anderen in gewisser Hinsicht auch rettet. Oder wenn das Wohlergehen einer Freundin davon abhängt, dass ihr Gegenüber ihr ständig ein gutes Gefühl vermittelt.

Aber bei Beziehungen sollten wir auch im Hinterkopf behalten, welche Rolle die Verzerrung, mit der wir uns in Kapitel 2 beschäftigt haben, bei den Störungen spielt, die festzustellen sind. Mir gefällt der Kommentar von Luis Villareal, der sich zum Zusammenhang zwischen Störung und Verzerrung äußert:

Wegen des Sündenfalls (1. Mose 2–3) kam es bei uns allen zu einem gewissen Maß an Verzerrung oder Störung. Unsere Wahrnehmung, unser Denken, unsere Gefühle oder unser Verhalten sind nicht immer sehr gesund. Als Folge davon interagieren emotionale Verzerrungen wie verborgene Ängste, Scham, geringes Selbstwertgefühl, Pessimismus, Depression und Perfektionismus (um nur einige wenige zu nennen) sehr dynamisch und beeinflussen unsere zwischenmenschlichen Interaktionen in Ehe und Familie.[1]

Und ich möchte noch hinzufügen, dass diese Verzerrungen sich auf alle Arten von Beziehungen auswirken können.

Wenn die Fakten verzerrt werden, fördert das Missstände. Unsere persönlichen Probleme lösen sich in Beziehungen nicht auf magische Weise auf. Oft kollidiert unsere mangelnde Selbsterkenntnis mit der mangelnden Selbsterkenntnis unseres Gegenübers und wir stehen vor einer Entscheidung: Wir können diesen Konflikt dazu nutzen, uns unserer eigenen Probleme bewusster zu werden, oder wir ignorieren, was unser Gegenüber sagt, und halten an unserer Überzeugung fest, dass schon alles von allein besser wird. Aber das wird es nicht. Es ist gesund, das Problem auf angemessene Weise anzusprechen. Wenn wir das Problem ignorieren, erhöht das nur die Wahrscheinlichkeit, dass die Beziehung dysfunktional wird.

Wenn im Rahmen einer Beziehung die Wahrheit verdreht, geleugnet oder teilweise ignoriert wird, um so Verhaltensweisen unter den Tisch zu kehren, die angesprochen werden müssten, besteht aber die Möglichkeit, dass es nicht nur zu bloßen Schwierigkeiten kommt. Die Beziehung könnte sogar zerstörerisch werden. Wir laufen dann Gefahr, dass falsche Verhaltensmuster als akzeptabel toleriert werden, weil sie mit der Zeit immer weniger alarmierend wirken, bis sie uns schließlich ganz „normal" vorkommen.

Nun war mein Heißwasserproblem natürlich bloß eine Unannehmlichkeit, aber verborgene Störungen in Beziehungen und im eigenen Leben können wirklich schädlich sein. Ich habe zum Beispiel den Fehler gemacht, unfassbar viel Energie darauf zu verwenden, es anderen recht zu machen – auch wenn ich es besser nicht getan hätte. Ich habe versucht, anderen Menschen zu helfen und ihr Leben in Ordnung zu bringen. Ich habe versucht, mich selbst zu verbiegen, um Konflikte zu vermeiden. Ich habe mich um die Probleme anderer gekümmert und mich dann besonders selbstlos gefühlt, weil ich eine ach so gute Freundin war. Ich war schlicht einfach davon ausgegangen, dass andere das gleiche Verständnis davon hatten, wie man eine Beziehung pflegt, wie man sich um andere kümmert und wie man mit Problemen umgeht. Aber am schlimmsten war, dass ich mich dabei selbst verraten habe. Schließlich wusste ich doch, dass mit der Beziehung etwas nicht stimmte, ließ mich aber von dem anderen vom Gegenteil überzeugen.

Wenn die Fakten verzerrt werden,
fördert das Missstände.

Im letzten Kapitel habe ich ja davon erzählt, dass ich anfing, mich darüber zu ärgern, dass ich meiner Freundin so viel Zugang zu meinem Leben gewährt hatte. Ich will einmal genauer definieren, was ich eigentlich mit „Zugang" meine.

Ich ärgerte mich ehrlich gesagt weder über meine Freundin noch über die Freundschaft. Ich ärgerte mich über das, was diese Freundschaft mit mir machte. Ich hatte zugelassen, dass meine Freundin einen so wichtigen Platz in meinem Herzen und meinen Gedanken einnahm, dass ihre Worte und Taten für mich sehr viel Gewicht hatten. Das ging schließlich sogar so weit, dass es sich negativ auf mein Wohlbefinden auswirkte, wenn sie etwas Verantwortungsloses sagte oder tat. Ich erkannte dadurch irgendwann, dass ich einen Hang zur Co-Abhängigkeit hatte, der mir nicht bewusst gewesen war. Mit anderen Worten: Wenn sie ein Problem mit mir hatte, hatte auch ich ein Problem mit mir.

Die enge Verbundenheit zwischen uns bekam in dem Augenblick einen Knacks, als sie mir ihre Ansichten aufdrückte, statt mir wirklich zuzuhören und mir zu helfen, die Dinge zu verarbeiten, die ich gerade durchmachte. Fast nach jedem Gespräch fühlte ich mich missverstanden und verurteilt und bedauerte, dass ich ihr von meinen Problemen erzählt hatte. Sie bezeichnete das Ganze aber als „mich zur Rechenschaft ziehen, um eine gute Christin zu sein". Doch durch die Seelsorge begann ich zu erkennen, dass das nicht ihre wahre Absicht war. In Wahrheit zwang sie mich so dazu, die Dinge auf ihre Weise zu tun, sonst würde sie ihre Missbilligung nicht nur mir gegenüber, sondern auch anderen gegenüber kundtun. Und letztlich erkannte ich, dass ich ihr einen zu intensiven Zugang zu meiner Person gewährt hatte, ohne von ihr das entsprechende Maß an verantwortungsvollem Handeln zu verlangen.

Das war eine gute Erkenntnis. Aber es war nicht genug, sich das nur bewusst zu machen. Ich musste aktiv werden.

Wie definieren und bestimmen wir also das Maß an Verantwortung, über das wir so viel gesprochen haben?

Als ich gerade dabei war, dem auf die Spur zu kommen, schickte mir eine Freundin diesen Vers: „Auf einen Freund kann man sich immer verlassen, und ein Bruder ist dazu da, dass man einen Helfer in der Not hat. Nur ein unvernünftiger Mensch bürgt für einen anderen und kommt für seine Schulden auf" (Sprüche 17,17–18).

Auf den ersten Blick dachte ich, dass es in Vers 17 nur darum geht, dass Freunde in guten Zeiten für dich da sind, aber Blutsverwandte sind immer für dich da – in guten wie in schlechten Zeiten. Aber dieser Vers kann auch bedeuten, dass es Freunde gibt, die sowohl in guten als auch in schlechten Zeiten für einen da sind, und zwar so sehr, dass sie wie Familie sind.

Diese Art von emotionaler Nähe ermutigt dazu, dass jeder dem anderen intensiv Einblick in das eigene Leben gewährt. Und das ist an sich keine schlechte Sache. Damit das funktioniert, muss man jedoch verstehen, was jeder vom anderen braucht. Nur so kann man eine für beide Seiten gesunde und respektvolle Beziehung aufrechterhalten. Das habe ich gemeint, als ich sagte, dass das Maß an Verantwortung des anderen dem Maß des Zugangs entsprechen muss. Dazu darfst du zum Ausdruck bringen, was dir das Gefühl gibt, respektvoll oder respektlos behandelt zu werden, dich in einer sicheren oder unsicheren, einer gesunden oder ungesunden Beziehung zu befinden. Deine Definition davon bestimmt, was du von deinen engsten Vertrauten brauchst. Für mich erfordert das:

- Vertrauen
- Aufrichtigkeit
- Transparenz
- Zartgefühl
- Teamgedanke – wir legen einander Rechenschaft ab und suchen gleichzeitig die Nähe des anderen.

Du kannst dir gern meine Liste nehmen, um darüber nachzudenken, was du unter einem „verantwortungsvollen Zugang" zum anderen verstehst.

Nachdem ich das für mich selbst durchdacht hatte, wusste ich: Es hätte mir in der Freundschaft, von der ich hier spreche, geholfen, wenn meine Freundin selbst offener über ihre eigenen Probleme gesprochen hätte. Wenn sie von ihren Problemen erzählt hätte, statt nur mich zu kritisieren, hätte das den Weg zu einem mitfühlenderen Miteinander bereiten können. Wir hätten uns vielleicht mehr wie Freundinnen gefühlt, die beide so ihre Probleme haben und einander helfen, ohne den anderen zu verurteilen.

Aber jetzt noch mal zurück zu dem Vers aus Sprüche 17. Werfen wir einen Blick auf Vers 18. Auf den ersten Blick scheint er da ziemlich zusammenhangslos zu stehen und im Widerspruch zu Vers 17 zu sein. Nach dem Motto: Sei so lange für deine Freundin da, bis sie in finanziellen Schwierigkeiten steckt und du für ihr Autodarlehen bürgen sollst – dann hau lieber ab. Aber es soll meines Erachtens kein krasser Widerspruch sein. Und es geht auch nicht nur um Finanzen. In dem Beispiel hier geht es zwar um eine finanzielle Bürgschaft, aber das Prinzip lässt sich auch auf andere, ähnlich schwerwiegende Probleme übertragen. Die Menschen zu Zeiten der Bibel konnten sehr gut verstehen, dass es verantwortungslos und auch riskant sein konnte, für die Schulden eines anderen geradezustehen, weil das auf Kosten der eigenen Familie ging.

Derek Kidner, ein bekannter Alttestamentler, hat darauf hingewiesen, dass die Verse 17 und 18 zusammengehören. Es ist verständlich, dass man einem guten Freund aus der Klemme helfen will. Aber es ist unklug, in einer solchen Situation nicht auch verantwortungsvoll und vernünftig zu handeln. Sonst könnte das zu „einer unvernünftigen Bürgschaft werden, die den Empfänger zur Unbesonnenheit verleitet und beide in den Ruin führt".[2]

Achte einmal genau auf die Formulierung in Vers 18: „Nur ein unvernünftiger Mensch bürgt für einen anderen und kommt für seine Schulden auf."

Mit „unvernünftig" ist nicht nur ein dummer Mensch gemeint. Damit ist auch jemand gemeint, der klug ist, aber in Beziehungsdingen nicht klug handelt. Es fehlt ihm ein gesundes Urteilsvermögen. Und das kann uns allen passieren, vor allem, wenn wir uns in einer Beziehung emotional stark engagieren. „Auch wenn es manchmal sehr schwer sein kann, Nein zu sagen, wenn jemand Hilfe braucht, ist eine unüberlegte Übereinkunft immer noch eine unüberlegte Übereinkunft, auch wenn es schwierig ist, sich nicht einzumischen oder zu helfen."[3]

*Gesunde Beziehungen erfordern
gute Grenzen.*

Und genauso ist und bleibt es unklug, ein hohes Maß an Zugang zum eigenen Leben zu gewähren, auch wenn es schwerfällt, Grenzen zu setzen.

Was ich uns allen also mit auf den Weg geben möchte, ist, wie wichtig es ist, ein angemessenes Maß an Verantwortungsbewusstsein zu fordern und in Beziehungen unsere Vernunft nicht außen vor zu lassen. Genau dann können wir nämlich verantwortungsvolle Beziehungen pflegen.

Und wollen wir das nicht alle? Gesunde Beziehungen erfordern gute Grenzen. Und im nächsten Kapitel werden wir entdecken, dass gute Grenzen angemessene Konsequenzen erfordern. An diesem Punkt geht es aber erst mal nur darum, Gutes für dich, mich und alle unsere Beziehungen zu wollen. Und jetzt entschuldige mich bitte. Ich muss den Elektriker anrufen.

Eine Anmerkung von Jim zum Thema „Missstände erkennen"

1. Es wichtig, dass man in der Lage ist, die Probleme ehrlich zu betrachten. Ein Seelsorger oder eine gute Freundin können helfen, das zu erkennen, was man selbst vielleicht nicht entdecken oder benennen kann.

2. Manchmal muss man die Familiendynamik in der eigenen Ursprungsfamilie, Kindheitserlebnisse und anderes unter die Lupe nehmen. Dazu gehört, dass du sowohl die Tatsachen als auch deren Auswirkung auf dein Leben betrachtest. Denk dran, die Menschen, die für deine Vergangenheit relevant sind, lediglich aufzuzählen und nicht die Schuld auf sie zu schieben. Am sichersten ist es, das mit einem professionellen Seelsorger zu machen. Dieser kann dir helfen, besser zu verstehen, wie die Regeln, mit denen du aufgewachsen bist, und die Rollen, die du spielen musstest, dich beeinflusst und vielleicht dazu gebracht haben, Dinge als „normal" zu bezeichnen, die alles andere als das waren.

3. Denk über folgende Fragen nach:

   - Wo stimmt das, was ich in meinem Leben für wahr halte, und das, was wirklich wahr ist, nicht überein?
   - Wo erlebe ich ungewöhnlich viel Beziehungsstress? (Denk darüber nach, wo dein Mund zwar Ja sagt, aber dein Körper oder deine Gefühle eigentlich Nein sagen.)
   - Versuche ich, Beziehungsschmerz zu betäuben? Wie?
   - Habe ich das Bedürfnis, Verhaltensweisen in meiner Familie zu vertuschen oder kleinzureden, „weil wir das bei uns eben so machen"?
   - Wo stimmt mein Leben nicht mit meinen persönlichen Werten überein?

Jetzt wird's praktisch

VERGISS NICHT

- Beziehungen scheitern oft nicht wegen der Gespräche, die geführt wurden, sondern wegen der Gespräche, die *nicht* geführt wurden, aber hätten geführt werden müssen.
- Wenn die Fakten verzerrt werden, fördert das Missstände.
- Wenn im Rahmen einer Beziehung die Wahrheit verdreht, geleugnet oder teilweise ignoriert wird, um so Verhaltensweisen unter den Tisch zu kehren, die angesprochen werden müssten, besteht die Möglichkeit, dass es nicht nur zu bloßen Schwierigkeiten kommt, sondern die Beziehung sogar zerstörerisch wird.
- Das Maß an Verantwortung muss dem Maß des Zugangs entsprechen.
- Gesunde Beziehungen erfordern gute Grenzen.

NIMM ES AN

Auf einen Freund kann man sich immer verlassen, und ein Bruder ist dazu da, dass man einen Helfer in der Not hat. Nur ein unvernünftiger Mensch bürgt für einen anderen und kommt für seine Schulden auf. Sprüche 17,17–18

DENK NACH

- Fällt dir beim Lesen des Kapitels auf, dass es da Gespräche gibt, die du vielleicht mit bestimmten Personen führen solltest? Versuche nicht, alle Gespräche auf einmal zu führen. Entscheide dich für die drei wichtigsten, die du lieber früher als später führen solltest. Plane dazwischen etwas Zeit ein, damit du darüber nachdenken, beten und dich emotional wieder fangen kannst.
- „Gesunde Beziehungen erfordern gute Grenzen." Liste einige dieser Grenzen auf, die du in deinen Beziehungen schon gesetzt hast.

GEBET

Vater, hilf mir, den Problemen, die es aktuell vielleicht in manchen meiner Beziehungen gibt, nicht aus dem Weg zu gehen oder ihnen gegenüber abzustumpfen. Und wenn es mich überfordert oder mir sogar unmöglich erscheint, sie beim Namen zu nennen, sie anzusprechen und zu konfrontieren, dann erinnere mich daran, dass ich nicht allein bin. Du bist bei mir. Schenke mir den Mut, die Gespräche zu führen, die ich führen muss. Schenke mir Weisheit und Einsicht, damit ich weiterhin die innere Offenheit besitze, um den richtigen Personen das richtige Maß an Zugang zu meiner Person zu gewähren. Und schenke mir die Entschlusskraft, um anderen, die nicht verantwortungsvoll mit unserer Beziehung umgegangen sind, klare Grenzen zu setzen. Amen.

Kapitel 4

Gott nimmt die Überschreitung von Grenzen sehr ernst – und wir sollten das auch tun

Manchmal funktionieren Grenzen. Und manchmal tun sie das nicht.

Ich werde jetzt ein paar Dinge zugeben, auf die ich nicht sehr stolz bin. Manchmal funktioniert die Sache mit den Grenzen bei mir nicht. Und das liegt an mir. Das sind die Gründe:

- Ich kümmerte mich so intensiv um die Bedürfnisse von anderen, dass ich irgendwann meine eigenen Bedürfnisse nicht mehr kannte. Ich kann mich noch lebhaft daran erinnern, dass es mir bei einem der schlimmsten Treuebrüche, die ich je erlebt habe, am wichtigsten war, die andere Person zu umarmen und ihr die Worte zu sagen, die sie in dem Moment hören musste. Und dann bin ich ins Bad gegangen und hatte eine Panikattacke.
- Ich habe Menschen dafür belohnt, dass sie meine Grenzen übertreten hatten. Mein Klassiker: „Er/Sie hat es doch nicht so gemeint. Ich muss ihn/sie einfach mehr lieben, dann wird alles besser."
- Wenn ich eine Grenze ziehen will, mache ich dazu Andeutungen, statt das klipp und klar auszusprechen. Wenn ich nicht wirklich von meinen eigenen Grenzen überzeugt bin und davon, wie schädlich es ist, wenn jemand diese überschreitet,

werde ich diese Grenzen auch nur unzureichend kommunizieren können. Wenn ich mein eigenes Bedürfnis nach Grenzen nicht ernstnehme, kann ich auch nicht erwarten, dass andere mich ernst genug nehmen, um meine Grenzen zu respektieren.

- Wenn mich jemand kritisiert oder zurückweist, nehme ich fälschlicherweise an, dass ich etwas falsch gemacht habe. Ich mag es einfach nicht, wenn es Theater oder Komplikationen gibt, weil mein Gegenüber Dinge von mir verlangt, die meine Grenzen überschreiten. Oder wenn mein Gegenüber diese Grenzen ganz einfach ignoriert. Wenn er oder sie das tut, neige ich von Natur aus dazu, die Schuld bei mir zu suchen.
- Ich lasse mich in Diskussionen um meine Grenzen verwickeln. Mein Seelsorger hat mich oft an eine wichtige Erkenntnis erinnert: „Erwachsene informiert man, Kindern erklärt man." Das vergesse ich oft. Und wenn ich es vergesse, beschleicht mich das Gefühl, ich müsste beweisen, dass ich mit diesen Grenzen nichts falsch mache. Manchmal hat mich mein Gegenüber schon davon überzeugt, dass die Grenze das eigentliche Problem ist, und dass die Situation erst besser wird, wenn es diese Grenze nicht länger gibt.
- Manchmal habe ich nicht die Kraft, Menschen gegenüber standhaft zu bleiben, die sowohl mich als auch die Person kennen, der ich Grenzen gesetzt habe. Wenn andere das Verhalten dieser Person entschuldigen oder kleinreden, fällt es mir doppelt so schwer, die Grenzen aufrechtzuerhalten. Andere, die vom Verhalten dieser Person nicht persönlich betroffen sind, werfen mir vielleicht vor, die Sache unnötig aufzubauschen. Gewöhnlich sind das Menschen, denen diese Grenzen ungelegen kommen oder die sich daran stören und denen es lieber wäre, wenn ich die Sache ignorieren würde, statt sie anzusprechen. Das passiert oft an Feiertagen, wenn die Familienmitglieder wollen, dass alle nett Zeit miteinander verbringen, aber du hast einer Person eine

notwendige Grenze gesetzt, weil du ihr Verhalten nicht mehr länger tolerierst. Oder es passiert auf der Arbeit, wenn man von dir erwartet, „persönliche Differenzen beiseitezulassen", aber berufliche Probleme führen manchmal dazu, dass auch persönliche Grenzen übertreten werden.

Zu allem Überfluss spielen mir meine Emotionen manchmal auch noch einen Streich, weil ich anderen eben nicht gern Grenzen setze. Ich bin von Natur aus ein harmoniebedürftiger Mensch. Ich möchte, dass alle friedlich, glücklich und ausgeglichen sind. Alles, was den Frieden zu stören scheint, stört auch mich. Wenn also jemand aufgebracht oder wütend ist oder mich durch sein Handeln sogar an meinen Grenzen zweifeln lässt, bin ich versucht nachzugeben. *Vergiss die Grenzen. Vergiss die Folgen. Lass dich wieder ganz auf diese Person ein, ohne daran zu denken, dass sie auch verantwortungsvoll sein muss.* Es ist, als hätte ich einen vorübergehenden Gedächtnisverlust, und ich fange an zu denken, dass es meine Grenze ist, die den Frieden stört. Dabei ist doch die Grenze die einzig reelle Chance, um wieder für mehr Frieden zu sorgen.

Eines darfst du mir glauben: Wenn jemand von dir verlangt, dass du eine Grenze aufweichst, oder versucht, dich zu bequatschen und davon zu überzeugen, dass ihr sie doch nicht mehr braucht – nimm dich in Acht. Aufrichtige Menschen versuchen nicht ständig, dich davon zu überzeugen, was für ein guter Mensch sie sind. Sprüche 31,30 erinnert uns daran, dass „Anmut betrügt".

Ich weiß das alles. Und trotzdem sehne ich mich manchmal so danach, dass etwas besser wird, dass ich versuche, die Tatsachen zu beschönigen und mich davon zu überzeugen, dass sich der andere verändert hat, obwohl das nicht der Fall ist. Auch meine Verzweiflung oder meine Erschöpfung oder mein Mitleid können dazu führen, dass ich manchmal einfach nachgebe.

Selbst wenn die Tatsachen eine andere Sprache sprechen. Selbst wenn ich weiß, dass ich versuche, jemandem zu helfen, dem ich nicht helfen kann oder sollte. Selbst wenn es mir schadet. Selbst wenn es nicht gut für mich ist. Selbst wenn ich aus eigener Erfahrung weiß, dass ein spontanes Ja langfristig gesehen sehr ungemütliche Probleme nach sich ziehen wird.

Trotzdem erwische ich mich dabei, dass ich nachgebe.

Und wenn ich dann nachgebe, verwandelt sich die Grenze, um die ich so hart gerungen habe, entweder in einen netten Vorschlag oder zu einer Drohung, die ich so nie umsetzen wollte. Puh. Dann bin ich nicht nur frustriert, weil mein Gegenüber meine Grenzen nicht respektiert. Ich bin obendrein auch noch doppelt frustriert, weil ich das selbst auch nicht tue.

Wenn ich zulasse, dass eine Grenze übertreten wird, segne ich damit schlechtes Verhalten auch noch ab.

Und so sieht es bei mir aus, wenn ich die Sache mit dem Grenzen setzen einfach nicht hinbekomme: Ich weiß, dass ich was verändern muss. Also ziehe ich eine Grenze und lege die nötigen Konsequenzen fest. Wenn dem allerdings die Motivation zugrunde liegt, dass ich den anderen kontrollieren, manipulieren oder bestrafen will, ist das Ganze von vornherein zum Scheitern verurteilt. Und selbst wenn dem die richtige Motivation zugrunde liegt und ich mehr Kontrolle über meine Person erlangen will, wird es mir nie gelingen, die Grenzen durchzusetzen, wenn ich nicht festgelegt habe, was passiert, falls diese Grenze übertreten wird. Und schon wird die Grenze überschritten. Doch ich ziehe nicht die nötigen Konsequenzen. Die Grenze wird erneut überschritten. Ich bin frustriert, ziehe aber wieder nicht die nötigen Konsequenzen. Mein Gegenüber testet die Grenze immer wieder aus. Ich möchte glauben, dass beim nächsten Mal alles besser wird, gebe nach und verzichte auf die Grenze. Das negative Verhalten meines Gegenübers bessert sich jedoch nicht, sondern wird oft mit der Zeit immer schlimmer. Groll steigt in mir auf. Jetzt bin ich nicht mehr nur frustriert, ich bin wütend. Ich sage Dinge, die ich lieber nicht sagen sollte. Ich tue Dinge, die ich normalerweise nicht tun würde. Ich gerate in einen Teufelskreis und versuche, den anderen zu ändern, bis die Situation schließlich so aus dem Ruder läuft, dass ich nicht nur *nachgebe*, sondern *aufgebe*.

Am Ende komme ich mir dann wie eine Versagerin vor, weil ich meine Grenze anscheinend nicht durchsetzen konnte. Oder ich denke in Zukunft einfach immer schlecht von der anderen Person und stemple sie mit Worten ab wie *dämlich, lächerlich, von sich selbst eingenommen, verrückt, unmöglich, will zu viel, verlangt zu viel, ist zu empfindlich, überfordert mich* oder *ist zu egoistisch*. In Zukunft basiert dann jeder Gedanke an diese Person auf meiner schlimmsten Erfahrung mit ihr. Dann ist es mir schon unangenehm, wenn nur ihr Name erwähnt wird. Ich beiße mir auf die Zunge, aber eigentlich würde ich gern ein paar deutliche Worte sagen.

> **Wenn ich zulasse, dass eine Grenze übertreten wird, segne ich damit schlechtes Verhalten auch noch ab.**

Nichts davon ist gesund. Für mich nicht. Für den anderen nicht. Und auch nicht für die Menschen in unserem Umfeld. An diesem Punkt kann es schnell passieren, dass unser Groll so lange vor sich hin brodelt, bis er dann irgendwann überkocht. Und wir haben ja auch schon festgestellt, dass das Fehlen von guten Grenzen Chaos nach sich zieht.

Wie ich schon sagte, funktionieren Grenzen manchmal nicht – aber das ist dann meine Schuld und auf mein Verhalten zurückzuführen. Es ist wichtig, dass ich die Verantwortung dafür übernehme und meine Einstellung zu Grenzen überdenke. Und das ist harte Arbeit! Es ist die Sache wert, aber es ist nicht leicht. Wenn dir irgendetwas von dem, was ich gerade geschrieben habe, vertraut vorkommt, dann geht es dir vielleicht wie mir:

Das liest sich leicht, ist aber schwer umzusetzen. Deshalb sollten wir uns immer wieder klarmachen, dass *gesunde* Grenzen Gottes Idee sind und dass er sie uns vorlebt. Wir werden Grenzüberschreitungen mit viel mehr Selbstbewusstsein handhaben, wenn wir uns durch Gottes Vorbild bestätigt fühlen.

Gott nimmt die Überschreitung von Grenzen sehr ernst. Und wir sollten das auch tun. In 1. Mose 2 finden wir einen Beleg dafür, wie wichtig Grenzen sind. An dieser Stelle setzt Gott Adam und Eva eine einzige Grenze: Sie dürfen nicht vom Baum der Erkenntnis von Gut und Böse essen. Hier einige wichtige Punkte, die es zu beachten gilt:

Grenzen schaffen und schützen Freiheit. Als Gott ihnen diese Grenze setzte, hatte er ihre Freiheit im Blick. Er wollte Adam und Eva nicht den Spaß am Garten verderben oder willkürliche Vorgaben machen. Er wollte ihre Freiheit schützen. Gott sagte zuerst zu Adam: „Du darfst jede beliebige Frucht im Garten essen" (1. Mose 2,16). Dann erst zog er die Grenze um jenen einen Baum, den sie meiden sollten. Außerdem kommunizierte Gott ganz klar und deutlich: Er legte fest, dass sie die Freiheit hatten, das Eine zu tun, aber nicht das Andere. *Wenn ihr diese Grenze übertretet, hat das Konsequenzen.*

Zugang setzt Verantwortungsbewusstsein voraus. Erinnerst du dich noch an diese drei Begriffe, über die wir schon gesprochen haben: *Zugang*, *Verantwortung* und *Konsequenzen*? Adam und Eva hatten völlig freien Zugang zu Gott und zum Garten. Und damit einher ging eine große Verantwortung. 1. Mose 2,15 beschreibt, dass Adam und Eva aufgetragen wurde, sich um den Garten zu kümmern: „Gott, der Herr, brachte den Menschen in den Garten Eden. Er sollte ihn bebauen und bewahren." Auf den ersten Blick klingt das vielleicht, als sollten sie den Garten Eden wie Gärtner in Ordnung halten. Interessanterweise kann das hebräische Wort für „bewahren" – *schamar* – auch mit „bewachen" oder „behüten" übersetzt werden. Es wird z. B. auch bei der Beschreibung von Priestern gebraucht, die den Tempel bewachen und beschützen (4. Mose 3,38; 4. Mose 18,7). Es wird ebenfalls für die Wächter auf dem Wachturm gebraucht (Nehemia 13,22). Das macht deutlich, dass Adam und Eva viel mehr waren als einfach nur „Gärtner". Sie waren die Wächter und Beschützer des heiligen Ortes, den Gott ihnen anvertraut hatte.[1]

Dasselbe gilt für uns. Wir sollten unser Herz und unseren Verstand bewachen und beschützen, damit das Gute drinnen und das Schlechte draußen bleibt. Wir sollen unser Glaubenszeugnis „bewachen", damit unser Leben Frucht bringt. Und wir sollen auf unsere Berufung achten, Gott und die Menschen zu lieben. (Anmerkung der Autorin: Das bedeutet also nicht, dass du Gott lieben und den Menschen alles erlauben solltest.)

Wenn Grenzen übertreten werden, hat das Konsequenzen. Als Adam und Eva die ihnen von Gott gesetzte Grenze überschritten, hatte das Konsequenzen. Eine dieser Konsequenzen bestand darin, dass Gott ihren Zugang zu seiner Person einschränkte und sie aus dem Garten warf. Sie waren mit ihrem Zugang nicht verantwortungsvoll umgegangen, also wurde ihr Zugang drastisch eingeschränkt. Sie waren nicht verantwortungsvoll mit ihrer Freiheit umgegangen, also wurde auch ihre Freiheit beschnitten. Sie waren nicht verantwortungsvoll mit der einen Regel umgegangen, die Gott ihnen gegeben hatte, deshalb waren jetzt viele Regeln nötig. Im 1. Buch Mose lesen wir davon, dass Adam und Eva eine einzige Grenze gesetzt wird. Aber wenn wir erst einmal bis zum Gesetz und den Propheten gelesen haben, merken wir, dass Gott für uns „eigenwilligen", „eigensinnigen", „widerspenstigen" Menschen Hunderte von Regeln aufstellt (2. Mose 32,9; 5. Mose 9,6; 2. Könige 17,14; 2. Chronik 30,8; Nehemia 9,16). Er liebt uns bedingungslos und deshalb kann er unsere Sünde nicht tolerieren. Das gilt für Gott und kann auch beides für unsere Beziehungen gelten. Gott hatte Nachsicht mit den Menschen, aber seine Gnade sollte die Menschen zu einem besseren Verhalten führen und nicht ihr schlechtes Verhalten fördern. Und das Gleiche sollte auch für unsere Nachsicht gelten.

66

Konsequenzen sollten schützen und nicht verletzen. Als Adam und Eva aus dem Garten weggeschickt wurden, durften sie nie wieder zurückkehren. Gott hat sogar Engel an den Eingang gestellt, um sie davon abzuhalten zurückzukehren. Das mag vielleicht grausam oder hart klingen, aber es gab gute und notwendige Gründe dafür, dass diese Grenze so strikt war wie eine Mauer. Hätten Adam und Eva wieder Zutritt zum Garten gehabt, dann wären sie versucht gewesen, auch von dem anderen Baum in der Mitte des Gartens zu essen, dem Baum des Lebens. Der Baum des Lebens hätte ihren Zustand ein für alle Mal zementiert. Als Adam und Eva noch frei von Schuld waren, war das eine großartige Sache. Aber jetzt, wo sie von dem Baum der Erkenntnis von Gut und Böse gegessen hatten, war die Sünde ins Spiel gekommen und sie waren nicht länger vollkommen. Sie trugen die Folgen der Sünde in sich. Sie waren dabei zu sterben. Hätten sie in diesem Zustand vom Baum des Lebens gegessen, hätten sie in alle Ewigkeit weiter in Sünde, Verdorbenheit, Verfall und damit auch in ewiger Trennung von Gott gelebt. Gott hat also Adam und Eva nicht nur Grenzen gesetzt, sondern sie zu ihrem eigenen Schutz davon abgehalten, Zugang zum Garten und zum Baum des Lebens zu bekommen. Er wollte ihnen gegenüber nicht grausam sein. Die Schwere der Übertretung zog ebenso schwerwiegende Konsequenzen nach sich. Darüber werden wir in den nächsten Kapiteln noch sprechen. Wichtig ist, daran zu denken, dass die Konsequenzen dazu dienen sollen, dich und wenn möglich auch die Beziehung zu schützen – sie sollen nicht noch mehr Schaden anrichten. Gott hat Adam und Eva die Konsequenzen ihres Verhaltens spüren lassen, aber wie wir bald sehen werden, hat er sie nicht aufgegeben.

Wir sollten uns also immer wieder daran erinnern, wozu die Grenzen nötig sind, damit wir sie und den Schutz, den sie uns bieten, wahren. Ich habe lange gebraucht, um zu verstehen, dass ich immer wieder in einen schlimmen Kreislauf gerate, wenn ich Grenzen setze und dann Ausnahmen zulasse. Wenn ich schon beim ersten Mal nicht bereit war, das Verhalten hinzunehmen, das mich veranlasst hat, Grenzen zu setzen, wird es mir noch mehr zu schaffen machen, wenn es wieder passiert.

Stell dir mal einen Ball vor, den man unter Wasser drückt. Wenn die äußere Kraft, die ihn dort unter Wasser hält, weg ist, steigt er nicht langsam zur Oberfläche – er schießt regelrecht nach oben. Das ist ein gutes Bild, das mir mein Seelsorger Jim mitgegeben hat, als ich mich mit diesem Thema beschäftigt habe. Wenn unser Gegenüber nicht bedeutende, positive Veränderungen vorgenommen hat, dann ist es sehr wahrscheinlich, dass die Probleme sofort wieder an die Oberfläche schießen, wenn wir Grenzen abschaffen oder gar nicht erst setzen.

Ob es positive Veränderungen gibt, kann man nicht nur an den Worten des anderen ablesen. Die Person sollte auch über einen längeren Zeitraum eine veränderte Denkweise, veränderte Gewohnheiten, ein verändertes Benehmen, veränderte Reaktionen und veränderte Verhaltensmuster an den Tag legen. Wie lange? So lange, wie es eben dauert.

Vielleicht hilft dir ein weiteres Bild dabei, das zu erkennen, was man oft in schwierigen Beziehungen beobachten kann, was aber schwer in Worte zu fassen ist: Wenn man das äußerliche Verhalten ändert, ohne das eigentliche Problem anzugehen, ist das so, als würde man ein Haus streichen, dessen Fundament bröckelt. Von der Straße aus gesehen wirkt das Haus vielleicht beeindruckend. Aber wenn man darin wohnen möchte, dann ist das nicht nur ärgerlich, sondern kann mit der Zeit sogar gefährlich werden.

Vor einigen Monaten waren Brooke und Nick (meine jüngste Tochter und ihr Mann) in einer wunderschönen Wohngegend mit älteren Eigenheimen, die viel Charakter und Charme besaßen, auf der Suche nach einem Haus für sich. Wenn man bereit war, ein bisschen Arbeit reinzustecken und Geld in eine Renovierung zu investieren, hatten diese Häuser durchaus Potenzial. Das Problem war nur, dass viele junge Ehepaare in diese

Gegend ziehen wollten, aber es waren nur wenige Häuser auf dem Markt. Kaum standen sie zum Verkauf, da waren sie auch schon wieder weg. Da Brooke und Nick noch nicht in dieser Stadt lebten, waren ihnen einige wirklich gute Häuser entgangen; sie waren schlicht nicht schnell genug vor Ort, um sie sich anzuschauen. Also änderten sie ihre Strategie. Sie beschlossen, beim nächsten Haus, das sie interessierte, gleich ein Angebot abzugeben, auch wenn sie es nur auf Bildern im Internet gesehen hatten.

Einige Tage später stand ein wunderschöner Bungalow zum Verkauf. Ich war gerade bei ihnen, als die Bilder auf einer Immobilienseite im Netz veröffentlicht wurden. Er sah unglaublich gut aus. Der Charme dieses Hauses hatte es uns sofort angetan und der Preis war überraschend erschwinglich. Von außen betrachtet war alles wunderbar – genau wie man sich sein erstes Traumhäuschen vorstellt!

Wir waren uns einig, dass sie ein Angebot abgeben mussten, wenn sie im Rennen bleiben wollten. Brooke und Nick riefen den Makler an, machten ein Angebot, und wir nahmen uns vor, uns das Haus am nächsten Tag anzuschauen. Als wir weniger als 24 Stunden später vor dem Haus standen, waren wir ziemlich geknickt, weil wir immer noch nichts von den Verkäufern gehört hatten. Und es half auch nicht, dass es wie aus Eimern schüttete, sodass wir uns den Garten nicht anschauen konnten. Aber ich machte ihnen Mut und meinte, dass es eigentlich gut sei, ein Haus bei Regen anzuschauen, denn wenn irgendwo etwas undicht ist, dann will man das doch wissen, bevor man es kauft.

Noch nie hat sich eine Aussage als treffender erwiesen: Wir gingen in den Keller dieses wunderschön aussehenden Hauses, als wir sofort feststellen mussten, dass das Wasser regelrecht aus den Kellerwänden sprühte. Ja, es sprühte so stark, dass man sich an irgendeines der Lecks hätte stellen und sich die Haare waschen und den Hund baden können. Genauer gesagt stand das Wasser in diesem Keller so hoch, dass eine ganze Familie samt Großmüttern und Hunden gleich mit im Wasser hätten planschen können.

Brooke und Nick zogen ihr Angebot sofort zurück. Auch nicht noch so viel äußerer Charme hätte die grundlegenden Probleme im Inneren wettmachen können. Ein Anstrich ist etwas Wunderbares – außer, er dient dazu, ernsthafte zugrunde-liegende Probleme zu verdecken.

Genauso ist auch ein verändertes Verhalten an sich etwas Gutes – außer, es ist nur Show und der nächste Rückfall lau-ert schon hinter der nächsten Ecke. Wie ich schon sagte: Sprü-che 31,30 warnt uns davor, dass „Anmut betrügt". Wir lassen uns so leicht dazu verleiten, eine Grenze zu verwischen. Viel-leicht hat die Beziehung ein paar gute Tage oder sogar gute Monate und alles scheint besser zu werden. Bleib trotzdem wachsam. Entschuldige nicht immer wieder negative oder de-struktive Verhaltensmuster oder dass dein Gegenüber seiner Abhängigkeit nachgibt, als seien das nur gelegentliche Ausrut-scher oder vereinzelte Fehler. In den grundlegenden Denkmus-tern der Person, die dich immer wieder verletzt, liegt etwas Tief-greifenderes im Argen. „Es wird besser" ist nicht das Gleiche wie „es ist wieder in Ordnung".

Wenn wir zu früh bereit sind, unsere Grenzen aufzugeben, ist es umso schwieriger, sie wieder aufzustellen, wenn die Be-ziehung erneut schwierig wird. Und die ständige Belastung durch die zerstörerischen Emotionen wird immer mehr Scha-den anrichten. Würde man versuchen, eine Beziehung dadurch zu retten, dass man darauf verzichtet, auf Grenzen zu beharren, ist das so, als würde man versuchen, ein Haus, dessen Keller unter Wasser steht, dadurch retten, dass man noch mehr Lö-cher ins Fundament bohrt.

Woher ich das weiß? Frag mich mal, wie oft ich mich abends in den Schlaf geweint habe, weil die emotionale Belastung ein-fach zu groß war. Ich versuchte, jemanden dazu zu bringen, sich an bestimmte Grenzen zu halten, musste aber erleben, dass diese immer wieder übertreten wurden.

Manchmal dauert es sehr lange, bis ich mir die Tatsachen eingestehe. Für Beziehungsdinge gilt das auf jeden Fall. Es ist sicher nicht schlecht, treu zu sein und darauf zu hoffen, dass es wieder besser wird, aber endloses Hoffen und langes Warten machen das Herz krank (Sprüche 13,12).

Neulich habe ich abends folgende Frage auf Instagram gepostet: „Warum muss das Warnsignal regelrecht in Flammen stehen, bevor ich zugeben kann, dass es vielleicht rot sein könnte?" Ein Warnsignal ist ein Warnsignal. Wenn mich jemand durch sein Handeln verletzt, dann verletzt er mich. Wenn etwas problematisch ist, dann ist es problematisch. Wenn etwas falsch ist, ist es falsch. Natürlich sollten wir nachsichtig sein, wenn jemand einen Fehler macht. Aber wenn das Problem anhält und negative Auswirkungen hat, sollten wir uns das eingestehen und entsprechend handeln. Das heißt nicht, dass wir nicht weiter beten, hoffen und nach positiven Veränderungen im Leben des anderen Ausschau halten. Aber ihr Wohlergehen sollte uns nicht wichtiger sein als unser eigenes.

Ich weiß, dass ich das schon mal gesagt habe, und ich werde es wahrscheinlich noch viele Male sagen (hauptsächlich, weil ich das meinem eigenen übertrieben optimistischen Ich so oft predigen muss): Wenn ich gesunde Grenzen setze, heißt das, dass ich um die Beziehung kämpfe. Es ist zu ihrem und zu meinem Besten! Wenn ich meine Grenzen lockere und zulasse, dass mein Gegenüber der Beziehung schadet und mich verletzt, hilft ihm das auch nicht. Ich mache Jesus keine Ehre, wenn ich zulasse, dass andere so handeln, wie Jesus selbst niemals gehandelt hätte.

Ja, Jesus hat sein Leben für uns fehlerhafte Menschen gegeben. Aber das hat er nicht getan, damit wir so weiterleben wie bisher. Er hat es für einen heiligen Zweck getan, der zu Ganzheit, Heilung und zu unserer Errettung führen sollte. Jesus hat die Menschen, denen er begegnete, nicht einfach gewähren lassen. Jesus hat Menschen nicht angebettelt. Jesus hat keine Ausreden akzeptiert oder Menschen ungeschoren davonkommen lassen, weil sie ja meistens gut waren. Nein, er hat ihnen gesagt, dass sie ihr Leben ändern sollen. Zum Beispiel der Frau, der er vergeben und die er vor der Steinigung bewahrt hat (Johannes 8). Er sagte dem reichen jungen Mann, er solle das, woran er sich so klammerte, aufgeben (Matthäus 19). Selbst wenn die Menschenmengen mit ihren Nöten und Bitten zu ihm kamen, kam Jesus seinem Bedürfnis nach, Zeit allein mit seinem Vater zu verbringen (Lukas 5).

Aber am vielsagendsten ist, dass Gott zwar Mitgefühl mit den Menschen hat und allen Errettung anbietet, aber diejenigen, die sich weigern, sein Rettungsangebot anzunehmen, werden eben *nicht* die Ewigkeit mit ihm verbringen. Und da ist es schon wieder: Zugang setzt Verantwortung voraus. Und wenn man sich um diese Verantwortung drückt, zieht das Konsequenzen nach sich. Das wurde aus heiligen Gründen so festgelegt.

Wenn wir also eine Grenze ziehen und jemand zu uns sagt, wir würden „nicht wie Jesus handeln", dann können wir unsere Person natürlich unter die Lupe nehmen – das, was wir sagen, wie wir es sagen und was wir tun. Aber wir sollten gleichzeitig auch den Grund für diese Aussage betrachten. Das Problem ist wahrscheinlich nicht die Grenze selbst, sondern dass die andere Person sie nicht respektiert.

Jesus hat sein Leben für uns fehlerhafte Menschen gegeben. Aber das hat er nicht getan, damit wir so weiterleben wie bisher.

Bevor wir zum Ende dieses Kapitels kommen, möchte ich noch ein paar sanfte Worte an dein Herz richten. Es bleibt auch zwischen dir und mir. Du wirst es schaffen. Und ich auch. Aber es wird schwierig werden. Sehr schwierig. Ich wünschte so sehr, ich könnte jetzt bei dir sein und dir ermutigende Worte ins Ohr flüstern und wie wichtig es ist, Grenzen zu setzen, wenn dich das nächste Mal jemand verletzt und versucht, dir das Gefühl zu vermitteln, dass mit dir etwas nicht stimmt. Und ich wünschte, du könntest das Gleiche für mich tun, wenn ich mal wieder an diese Tatsachen erinnert werden muss, denn ich bin hin und wieder auch darauf angewiesen, dass mir jemand diese Botschaft predigt.

Vor ein paar Tagen hätte ich mir abends sicher gewünscht, ich hätte mit dir telefonieren können. Ich habe geweint. Richtige Krokodilstränen, sodass meine Augen am nächsten Morgen noch geschwollen waren. Ich hatte so sehr gehofft, dass das Gespräch mit der Person, der ich eine Grenze gesetzt hatte, gut verlaufen würde. Die Grenze schien zu funktionieren. Ich wünschte mir mehr Austausch mit dieser Person. Ich hatte so lange durchgehalten, und es schien, als habe diese Person ihr Versprechen, sich zu ändern, ernst gemeint. Sie hatte mir auch versprochen, freundlich zu sein und zuzuhören, ohne mich gleich anzugreifen, wenn ich mit ihr reden wollte. Also hatte ich zugestimmt.

Es hat nur etwa eine halbe Stunde gedauert, bis ich merkte, dass das ein Fehler gewesen war.

Ich war schockiert darüber, dass das, was so gut angefangen hatte, so schnell ausuferte.

Ich kam mir so dumm vor.

Ich hatte Angst.

Ich war ganz verwirrt über all die Anschuldigungen, die diese Person mir gegenüber äußerte. In großen Tönen sprach sie darüber, dass Gott ja auf ihrer Seite sei und dass sie für mein kaltes Herz bete.

Wer mich näher kennt, würde dieser Aussage über mich niemals zustimmen. Aber die Worte dieser Person hatten für mich immer noch so viel Gewicht, dass jede Silbe mir einen Dolchstich versetzte.

Und dann kam der Augenblick, in dem ich dachte: *Ich bin so blöd. Das mit den Grenzen funktioniert nicht.* Aber dann passierte etwas Erstaunliches. Obwohl ich innerlich bebte, ließ ich mich nicht auf das Niveau hinab, auf dem man mit Hass auf Hass reagiert. Oder mit Anschuldigungen auf Anschuldigungen. Stattdessen erklärte ich meiner Gesprächspartnerin, dass das, was sie da gerade machte, völlig inakzeptabel war und dass ich ihr so lange den Zutritt zu meinem Haus verwehren würde, bis sie damit aufhörte.

Und es hat funktioniert.

Nein, die Person hat sich nicht sofort verändert.

Nein, sie hat nicht eingestanden, dass ihr Verhalten unangemessen war.

Nein, sie hat sich nicht entschuldigt oder erkannt, dass ihr Verhalten mich verletzt hat.

Aber sie ist gegangen. Und obwohl ich hinterher Wasserfälle geweint habe, wurde mir klar, dass ich bei dieser Konfrontation nie die Selbstkontrolle verloren habe, und das war ein riesiger Fortschritt.

Ich bin keine Versagerin, was Grenzen angeht. Und du auch nicht. Wir entwickeln uns weiter, und das ist das Wichtigste überhaupt. Denk dran, dass Grenzen nicht dazu führen, dass der andere sich ändert. Aber sie helfen dir, an dem festzuhalten, was gut und akzeptabel ist und was du brauchst, um seelisch gesund zu sein und dich sicher zu fühlen.

Ich kann leider nicht bei dir sein und dir all das zuflüstern, wenn du es brauchst. Aber ich kann auf jeden Fall die Freundin sein, die dich versteht, wenn wir uns das nächste Mal treffen, um all das zu verarbeiten. Hab dich lieb ...

> *Grenzen führen nicht dazu, dass der andere sich ändert. Aber sie helfen dir, an dem festzuhalten, was gut und akzeptabel ist und was du brauchst, um seelisch gesund zu sein und dich sicher zu fühlen.*

Eine Anmerkung von Jim zum Unterschied zwischen guten und schlechten Grenzen

Nehmen wir uns mal einen Moment, um die unterschiedlichen Motivationen, Einstellungen, Ansätze und potenziellen Ergebnisse bei guten und schlechten Grenzen unter die Lupe zu nehmen.

Gute Grenzen = Mein Fokus liegt auf dem, was ich tue

Motivation → Selbstkontrolle

Einstellung → Ich bin verantwortlich für mein Handeln.
- Ich kontrolliere mein Verhalten.
- Ich bin verantwortlich für mein Verhalten.

Ansatz → Ich konzentriere mich darauf, mich um mich zu kümmern und um meine Sicherheit, meine mentale Gesundheit und andere Dinge in meinem Leben, die ich beeinflussen kann.

Ergebnis → Ich akzeptiere, dass ich nicht die Macht habe, andere zu kontrollieren. Stattdessen investiere ich Kraft und Energie darin, meinen Umgang mit schwierigen Zeitgenossen zu begrenzen, mich aus zerstörerischen Beziehungen zurückzuziehen und mich zu bemühen, die Menschen, zu denen ich gesunde Beziehungen pflege und die mein Bestes verdienen, richtig zu lieben.

Schlechte Grenzen = Mein Fokus liegt auf dem, was der andere tut

Motivation → Den anderen zu kontrollieren oder zu bestrafen, um das zu bekommen, was ich will.

Einstellung → Ich will, dass der Betreffende etwas anderes tut als das, was er gerade tut.

- Ich muss das Verhalten des *anderen* ändern. Oder ich bin dafür verantwortlich, dass er sein Verhalten ändert.
- Ich bin verantwortlich für das Verhalten des anderen.

Ansatz → Ich konzentriere mich übermäßig auf die andere Person, während ich ständig mit ihr verhandle und versuche, sie dazu zu motivieren (oder zu manipulieren), das zu tun, was ich für richtig halte, und das zu bekommen, was ich glaube, haben zu müssen.

Ergebnis → Ich gerate in einen frustrierenden Kreislauf, in dem ich so lange versuche, unkontrollierbare Beziehungsprobleme zu kontrollieren, bis ich völlig ausgebrannt, krank und verbittert bin. Beziehungen sind für mich nicht länger eine Quelle der Zufriedenheit und der Erfüllung, sondern eine ständige Belastung für meine aufgewühlten Emotionen.

Wie das im Alltag aussehen kann:

*Szenario 1: J*emand aus meinem Freundeskreis postet Dinge in den sozialen Medien, die mich wirklich verärgern.

Schlechte Grenze: Ich teile ihr mit: Wenn sie nicht aufhört, solche Dinge zu posten, werde ich ihre Beiträge kommentieren und sie auf meinen Social-Media-Kanälen öffentlich zurechtweisen.

Gute Grenze: Ich kann liebevoll meine Bedenken äußern, aber nicht so weit gehen, dass ich versuche, das zu kontrollieren, was sie postet, oder sie öffentlich bloßstelle. Wenn sie weitermacht, kann ich ihre Beiträge für mich stummschalten. Das ist vielleicht ein guter erster Schritt; es ist besser, als sie gleich zu blockieren. Aber wenn es mir aufgrund der Aussagen angemessener erscheint, sie zu blockieren, kann ich mich auch dafür entscheiden.

+ + + + +

Szenario 2: Es gibt heftige Meinungsverschiedenheiten zwischen mir und jemandem aus meiner Familie.

Schlechte Grenze: Ich ziehe andere auf meine Seite, um dieses Familienmitglied davon zu überzeugen, dass es seine Haltung und sein Verhalten mir gegenüber ändern muss. Ich glaube, wenn ich nur genügend Personen finde, die meiner Meinung sind, können wir zusammen genug Druck ausüben, damit der Betreffende mir zustimmt.

Gute Grenze: Ich tue mein Möglichstes, um meine Gefühle und Reaktionen zu kontrollieren. Wenn ich die Sache mit anderen durchsprechen muss, dann so, dass meine Emotionen dadurch nicht noch weiter hochkochen. Es kann trotzdem hilfreich sein, mit ein paar wenigen, vertrauenswürdigen Ratgebern über die Sache zu sprechen. Wenn ich jedoch mit Personen rede, denen es bloß darum geht, irgendwelche Einzelheiten zu erfahren, ist das Tratsch und wird mir nicht weiterhelfen.

+ + + + +

Szenario 3: Eine Kollegin bittet mich schon wieder, eine dringende Aufgabe für sie zu Ende zu bringen. Sie hat wieder mal eine Sache nicht richtig geplant.

Schlechte Grenze: Ich stürze mich in diese Aufgabe, weil ich hoffe, dass meine Kollegin das zu schätzen weiß und sich positiv darüber äußern wird: „Dieses eine Mal helfe ich dir noch. Aber wenn das wieder passiert, werde ich nicht mehr für dich einspringen." (In Wahrheit bist du aber schon die höchstpersönliche Retterin dieser Person und wirst es natürlich wieder tun.)

Gute Grenze: Ich kann mir im Vorfeld darüber Gedanken machen, was ich in einer solchen Situation antworten werde. Auf diese Weise werde ich dann nicht wieder dazu verleitet, als Retterin in der Not einzuspringen. Zum Beispiel: „Ich habe leider selbst schon viel zu viel zu tun. Und außerdem habe ich mir vorgenommen, dass meine Familie nicht mehr darunter leiden soll, dass ich Aufgaben übernehme, die nicht zu meinem Tätigkeitsbereich gehören." Damit ich nicht schwach werde, kann ich mein Firmenhandy nach Feierabend, an den Wochenenden oder wenn ich Zeit mit der Familie verbringe, ausschalten und auch den Firmenlaptop nicht hochfahren, um „mal schnell" meine E-Mails zu checken.

+ + + + +

Szenario 4: Jemand aus meiner Kleingruppe hat kürzlich mein Vertrauen missbraucht. Die Person hat etwas weitergetragen, das ich ihr im Vertrauen erzählt hatte.

Schlechte Grenze: Ich fühle mich verpflichtet, heute Abend zu unserem Kleingruppentreffen zu gehen, obwohl ich emotional gerade angeschlagen bin. Also rufe ich unsere Gruppenleiterin an und sage ihr, sie soll dafür sorgen, dass ich mich sicher fühle. Außerdem soll sie der Person, die mein Vertrauen missbraucht hat, mitteilen, dass sie das nie wieder tun darf.

Gute Grenze: Ich kann persönlich mit der anderen Person darüber sprechen, dass sie mich durch ihr Verhalten verletzt hat. Außerdem werde ich ihr mitteilen, dass ich eine Weile nicht in die Kleingruppe kommen werde. Ich muss mich aber nicht schuldig fühlen, sondern darf mir ins Gedächtnis rufen, dass es in Ordnung ist, nicht zu einem Treffen zu gehen, wenn ich das Gefühl habe, dass die Gruppe kein sicheres Umfeld ist, solange dort jemand ist, der mich verletzt oder mein Vertrauen missbraucht hat.

Jetzt wird's praktisch

VERGISS NICHT

- „Erwachsene informiert man, Kindern erklärt man." Jim Cress
- Wenn wir zulassen, dass eine Grenze übertreten wird, dann segnen wir damit schlechtes Verhalten auch noch ab.
- Wo das Chaos überhandnimmt, fehlt es gewöhnlich an gesunden Grenzen.
- Das Problem ist nicht die Grenze selbst, sondern dass die andere Person sie nicht respektiert.
- Grenzen führen nicht dazu, dass der andere sich ändert. Aber sie helfen, an dem festzuhalten, was gut und zulässig ist und was wir brauchen, um seelisch gesund zu sein und uns sicher zu fühlen.

NIMM ES AN

Anmut betrügt und Schönheit vergeht, aber eine Frau, die Ehrfurcht hat vor dem Herrn, soll gelobt werden. Sprüche 31,30

Langes Warten macht das Herz krank, aber wenn Träume wahr werden, herrscht Leben und Freude. Sprüche 13,12

DENK NACH

- Hast du schon mal (unwissentlich) schlechtes Verhalten abgesegnet, indem du zugelassen hast, dass eine Grenze überschritten wurde? Wie hast du dich hinterher gefühlt und welche Folgen hatte das?

- Wenn man zu früh wieder auf Grenzen verzichtet, könnte das zu großen Problemen führen und schwerwiegende Folgen haben. Aus welchen Gründen könnte das bei deinen Beziehungen problematisch werden?

GEBET

Vater im Himmel, danke, dass dein Wort voller Wahrheiten darüber steckt, wie und warum man gute Grenzen setzen soll. Bitte zeige mir den richtigen Weg, während ich darüber nachdenke und lerne, notwendige Grenzen zu setzen. Ich bitte dich, sei weiter in mir und durch mich am Werk, damit ich gesund und heil bin und dir nachfolge. Amen.

Kapitel 5

Du machst das schon
richtig gut

Ich liebe es, wenn es gut riecht. Ein Braten im Ofen. Die Rosen vor meinem Haus. Ein Buch, das frisch aus der Druckerei kommt. Ein altes Gesangbuch. Frisch gemähtes Gras. Drei Tropfen Zitronenaroma und zwei Tropfen Lavendel in meinem Duftspender. Meine Lieblingskerze. Bettwäsche, die noch warm ist vom Trockner. Waffeln, die in einem gusseisernen Waffeleisen gebacken wurden. Ein gut organisierter Schreibwarenladen. (Ein schlecht organisierter riecht einfach nicht so gut, glaub mir.) Die salzige Morgenluft am Strand. Meine Enkelkinder, die dick mit Babylotion eingecremt sind.

Und wenn ich einen neuen Geruch entdecke, den ich mag, dann ist das pure Freude für meine Seele. Und das bringt mich zu dem Punkt, weshalb ich das alles so übertrieben detailliert beschreibe. Vor ein paar Jahren überreichte mir eine Gemeinde, in der ich einen Vortrag halten sollte, einen Geschenkkorb. Er war so liebevoll arrangiert. Sie hatten Bilder meiner Familie von meinem Instagram-Account heruntergeladen und ausgedruckt und auch ein paar meiner Lieblingssachen hineingelegt, zum Beispiel einige Flaschen Sprudel, ein paar Päckchen Mandelbutter und zwei Bananen, die noch grün waren. Letzteres vermittelte mir das Gefühl: „Das sind verwandte Seelen. Die wissen, wie man genau die ‚richtigen' Bananen aussucht!" Ganz unten drin befand sich auch eine Flasche mit Bodyspray. Ich holte sie heraus, sprühte einmal vor meiner Nase in die Luft und wusste sofort, dass das auf die Liste meiner Lieblingsdüfte kam.

Ich mochte es so sehr, dass ich mich ein paarmal damit besprühte, bevor ich zu meinem Vortrag ging.

Monatelang benutzte ich dieses Bodyspray wie Parfüm und erzählte allen davon. Eine Person, der ich erklärte, sie müsse es sich unbedingt auch kaufen, war meine Freundin Lisa C. Eines Morgens war sie wieder einmal bei mir. Während ich Besorgungen machte, wollte sie mir helfen, das Badezimmer aufzuräumen. Dort nahm sie die berühmt-berüchtigte Flasche in die Hand, sah sie sich genauer an und schickte mir sofort ein Bild davon mit der Frage: „Lysa, ist das das Spray, das du jeden Tag benutzt? Das, von dem du allen vorgeschwärmt hast?"

Ich antwortete: „Ja, ist es nicht toll!? 🐨🐨🐨 "

Sie antwortete ebenfalls mit mehreren Emojis: „🙍🙈🤢 Hör sofort auf, das als Parfüm zu benutzen!"

ICH: *Warum?*
LISA: *Das ist Raumspray!*
ICH: *Hä?*
LISA: *Das versprüht man, wenn es im Bad stinkt, weil jemand ein großes Geschäft gemacht hat!*
ICH: ....

Mir fehlten die Worte. Ich war monatelang herumgelaufen und hatte wie ein Badezimmer gerochen, in dem man den Geruch nicht erwähnenswürdiger Abfallprodukte mit Raumspray überdeckt. Oje...

Falls du während dieser Phase meiner unglücklichen Parfümwahl Teil meines Lebens gewesen sein solltest, möchte ich mich aufrichtig bei dir entschuldigen. Und ihr liebenswerten Leute, die ihr mir das Spray geschenkt habt: Ich kann mir gar nicht vorstellen, wie unangenehm es euch gewesen sein muss, als ich an jenem Abend hinter der Bühne stand und ihr alle überlegt habt, wer mir jetzt verraten sollte, dass ich euer Geschenk falsch angewendet hatte. Und dann der noch viel unangenehmere Moment, als ihr beschließen musstet, die Sache auf sich beruhen zu lassen, weil ich euch immer wieder von dem wunderbaren Bodyspray vorgeschwärmt habe, das ihr mir geschenkt habt. Manchmal bin ich einfach nicht die hellste Kerze auf der Torte.

Auch wenn diese Geschichte etwas albern ist, kann ich ihr etwas abgewinnen, worauf ich achten sollte: Manchmal werden gute Dinge zu etwas Schlechtem, wenn man sie falsch einsetzt.

Wenn man Raumspray verwendet, um die Gerüche im Bad zu neutralisieren, ist es eine gute Sache.

Wenn man Raumspray allerdings als Parfüm zweckentfremdet, dann nicht wirklich.

Ich vermute aber, dass du das schon wusstest. Und jetzt weiß ich es auch. Es gibt viele Dinge, bei denen wir uns schon darauf eingestellt haben, sie im richtigen Maß auf die richtige Art und Weise und zum richtigen Zeitpunkt zu benutzen. Wir wissen, dass es Grenzen gibt, und respektieren diese Grenzen auch, damit wir nicht die Konsequenzen tragen müssen.

Wir wissen zum Beispiel, dass wir nicht ewig weiterfahren und die Tatsache ignorieren können, dass die Tankleuchte im Auto sich meldet. Denn wenn der Tank leer ist, bleiben wir irgendwo liegen. Also halten wir selbst dann an einer Tankstelle, wenn wir keine Lust dazu haben. Außerdem wissen wir, dass wir den richtigen Treibstoff in den Tank füllen müssen. Wir wissen, dass wir nicht einfach Wasser in den Tank füllen und hoffen können, dass es schon irgendwie funktioniert. Wir benutzen Benzin auf die richtige Art und Weise und zum richtigen Zeitpunkt.

Wenn wir ins Fitnessstudio gehen, wissen wir, dass es unterschiedliche Gewichte für unterschiedliche Fitnesslevel gibt. Wir können nicht alle Gewichte stemmen und sind so schlau, uns das einzugestehen und die Gerätschaften entsprechend zu nutzen. Wenn wir versuchen, Gewichte zu heben, die unsere Kräfte übersteigen, könnten wir uns verletzen.

Wir wissen, dass es nicht sehr klug wäre, ein Schild an den Gartenzaun zu hängen, auf dem steht, dass der Haustürschlüssel unter der Fußmatte liegt. Viele Menschen sind vertrauenswürdig, aber manche eben nicht. Viele Menschen haben gute Absichten, aber manche nicht. Wir sind uns dessen bewusst und treffen entsprechende Sicherheitsvorkehrungen, sonst riskieren wir, ausgeraubt zu werden, oder Schlimmeres.

Und wie ich bereits erwähnt hatte, wissen wir alle, dass es nicht besonders clever wäre, Benutzernamen und Passwörter unserer Bankkonten, Social-Media-Accounts oder Streamingdienste öffentlich zu machen. Wir begreifen, dass es vernünftig ist, diese Informationen für sich zu behalten, sonst riskieren wir, dass andere sich Freiheiten herausnehmen, die uns bestenfalls verärgern oder uns peinlich sind und uns schlimmstenfalls ruinieren könnten.

Du hast diese Grenzen gesetzt, weil das klug ist, und nicht, weil du gemein, unhöflich, rücksichtslos, egoistisch, unsensibel oder ein schlechter Christ bist. Nein, du bist verantwortungsbewusst. Du willst ein guter Verwalter dessen sein, was dir anvertraut wurde. Deshalb lebst du auch in der Realität und nicht in einer Fantasiewelt. Du kennst und respektierst das Konzept der Grenzen, weil dir bewusst ist, dass es negative Konsequenzen für dich hat, wenn du das nicht tust. Und du bist klug genug, selbst auch Grenzen zu setzen, wenn andere dich drängen, etwas zu tun, zu sein oder zu akzeptieren, das deine Möglichkeiten übersteigt. Wenn andere unsere persönlichen Möglichkeiten und Begrenzungen nicht respektieren, dürfen wir Grenzen setzen, sonst müssen wir eben die Konsequenzen tragen.

Einige Grenzen hast du also schon richtig gut gesetzt.

Warum also fällt es uns leichter, bei unserem Bankkonto Grenzen zu setzen als im Hinblick auf unser Wohlergehen?

Ich glaube, es liegt daran, dass wir nicht wirklich begriffen haben, dass uns in emotionaler Hinsicht Grenzen gesetzt sind. So wie man ein finanzielles Konto überziehen kann, kann man auch das eigene emotionale Konto überziehen. Wenn wir unser Geld zum Fenster rauswerfen, kann das irgendwann zum finanziellen Ruin führen – und wenn wir uns emotional so sehr verausgaben, kann das zum seelischen Ruin führen.

Wir glauben gern, dass „ein bisschen mehr" immer noch drin ist. Dass wir über noch mehr hinwegsehen können. Um noch mehr herumlavieren können. Noch mehr entschuldigen können. Es immer wieder umdeuten können. Uns noch mehr betäuben können, damit wir uns nicht damit auseinandersetzen müssen. Noch mehr dafür beten, uns noch mehr darüber aufregen, noch mehr weinen können. Noch mehr ignorieren, noch mehr Schuld zuweisen, noch mehr anprangern können. Und Tausende von Andeutungen machen können.

> *Wenn Personen unsere Regeln nicht respektieren, dürfen wir Grenzen setzen, sonst müssen wir eben die Konsequenzen tragen.*

Was auch immer dieses „noch mehr" ist und wer auch immer daran beteiligt ist: Mach dir bewusst, dass das alles einen ungeheuren Preis hat, den wir beide wahrscheinlich nicht einkalkuliert haben: das Trauma[1], das uns hier zugefügt wird. Wenn wir zulassen, dass unsere Gefühle manipuliert und ausgenützt werden, wird das Konsequenzen für uns haben.

Manchmal bringen wir die Folgen vielleicht gar nicht einmal mit der belastenden Situation, in der wir uns befinden, in Verbindung – wenn wir zum Beispiel Kopfschmerzen oder undefinierbare Magenprobleme haben.

Im Rahmen einer Studie haben Wissenschaftler in Deutschland mehr als 5000 Probanden zwei Jahre lang begleitet und analysiert, wie Stress und Kopfschmerz zusammenhängen. Sie haben festgestellt, dass die Teilnehmer umso mehr und stärkere Kopfschmerzen hatten, je größer der Stresslevel in ihrem Leben war. „Zunehmender Stress führte bei allen Kopfschmerz-Subtypen zu einer erhöhten Kopfschmerzhäufigkeit", erklärte die Leiterin der Studie, Dr. Sara Schramm von der Universität Duisburg-Essen. „Teilnehmer mit Migräne erlebten dabei mehr Stress als Teilnehmer mit Kopfschmerzen vom Spannungstyp." Umgekehrt hatten Teilnehmer, die über wenig Stress in ihrem Leben berichteten, wenig oder gar keine Kopfschmerzen.[2]

Ich habe auf ziemlich massive Weise unter den Folgen belastender Situationen gelitten. Es fing damit an, dass ich bei manchen Entscheidungen, die mein damaliger Mann traf, ein schlechtes Gefühl hatte, und endete mit Panikattacken. Ich fürchtete mich davor, nicht wirklich alle Fakten zu kennen, und diese Angst steigerte sich bis dahin, dass ich an manchen Tagen gar nicht mehr aufstehen wollte. Das nagende Gefühl der Angst wuchs, bis ich irgendwann ständig darauf gefasst war, dass mich ein weiteres Horrorszenario erwartete. Obwohl ich versuchte, meinen Schmerz zu überwinden, kamen immer mehr Lügen ans Licht. Und das wahrscheinlich Schlimmste von allem war, dass er mir erzählte, wir seien gemeinsam auf dem Weg der Besserung. Meine Realität sah erschreckend anders aus.

Ich schleppte so viel Frust, Schock und Kummer mit mir herum, dass sich das in starkem Maße auch in körperlichen Beschwerden äußerte. Obwohl ich immer gesund gewesen war, landete ich irgendwann auf der Intensivstation und kämpfte um mein Leben. Ich litt unter Darmverschlingungen und ein Großteil davon musste entfernt werden. Im darauffolgenden Jahr wurde dann bei mir Brustkrebs diagnostiziert. Mir wurden beide Brüste abgenommen und ihre Rekonstruktion zog sich über zwei Jahre hin. Nachdem ich über einen längeren Zeitraum mit Seelsorgern und anderen Therapeuten gearbeitet hatte, dachte ich, ich sei jetzt so weit wiederhergestellt, dass eine echte, dauerhafte Versöhnung möglich sei. Und das stimmte auch – aber nur so lange, bis die Lügen und die Süchte zurückkehrten. Diesmal war die Erfahrung noch niederschmetternder, weil ich erkannte, dass ich den Tatsachen endlich ins Auge schauen musste: Unsere Ehe war gescheitert. Nur einen Monat später hatte ich einen massiven Leistenbruch – ich hatte buchstäblich ein Loch im Bauch und musste schon wieder operiert werden.

Während des unablässigen Kampfes um meine Ehe hatten mich mehrere Ärzte nach meinem Stresspegel gefragt. Der Arzt, der die Darm-OP durchgeführt hatte, erzählte mir, meine Bauchorgane seien so durcheinander, dass man meinen könnte, mich hätte ein Bus überfahren. Als ich ihm versicherte, dass ich keinen Unfall gehabt hatte, meinte er, dass hier offensichtlich ein Trauma vorliege, das nicht unbehandelt bleiben dürfe.

Was ich in den letzten sieben Jahren meiner Ehe erlebt habe, war nicht einfach nur schwierig und herausfordernd – es hätte mich beinahe umgebracht. Ich bin fest davon überzeugt, dass es definitiv einen Zusammenhang gegeben hat zwischen dem emotionalen Trauma und den körperlichen Folgen. Versteh mich nicht falsch, ich will damit nicht sagen, dass wir uns alle auf lebensbedrohliche Krankheiten einstellen sollten, wenn eine Beziehung schwierig wird. Aber ich möchte dich ermutigen, in Betracht zu ziehen, dass Ereignisse, die dich emotional mitnehmen, mehr als nur deine Gefühle verletzen können.

Wenn du unter Entscheidungen leidest, die dich zwar betreffen, über die du aber keine Kontrolle hast, wird es Zeit, die Dinge beim Namen zu nennen. Entweder missbraucht jemand den Zugang zu dir oder er missbraucht seinen Einfluss auf dich. Oft ist auch beides gleichzeitig der Fall.

Hier ein Beispiel dafür, wie es aussehen kann, wenn jemand seinen Zugang zu dir missbraucht: Er bringt dich vielleicht in Kontakt mit Dingen, bei denen du dich unwohl, unsicher oder bedroht fühlst: Alkohol, Zigaretten, eine unangemessene Ausdrucksweise, eine bestimmte Art von Musik oder Filmen. Es könnte aber auch Tratsch sein, das negative Reden über einen Dritten, die übermäßig aggressive Haltung gegenüber bestimmten politischen, gesellschaftlichen oder religiösen Überzeugungen oder auch Verschwörungstheorien. Diese Liste ist nicht vollständig, aber wenn du bei etwas das Gefühl hast, dass es dir nicht guttut, dass du dich dabei unwohl fühlst, solltest du es ansprechen.

Ein weiteres Beispiel für die missbräuchliche Nutzung des Zugangs zu deiner Person betrifft Dinge, die dich frustrieren, dir schaden, dich erniedrigen, dich demütigen oder die ganz einfach gefährlich sind.

Mach dir doch mal Gedanken über die folgenden Fragen:

- Wenn du anderen von dieser Beziehung erzählst, betonst du dann die kleinen „guten Dinge" und untertreibst die schwierigen/schlechten Aspekte?
- Erlebst du Missbrauch, traust dich aber nicht, das so zu nennen? (Wenn deine Antwort hier Ja lautet, solltest du dir sofort professionelle Hilfe suchen.)
- Hat dein Gegenüber dich schon mal angelogen, aber wenn du nachhakst, wird er oder sie defensiv und wütend? Vermittelt dein Gegenüber dir dann das Gefühl, dass du nicht ganz bei Verstand bist?
- Fürchtest du, dass die Person dir deinen lieben Frieden raubt und dich auf eine emotionale Achterbahnfahrt schickt, wenn sie dich anruft oder dir eine Nachricht schickt?
- Liebst du dein idealisiertes Bild dieser Person und nicht das, was sie im Moment gerade ist?
- Fällt dir auf, dass du bei Auseinandersetzungen mit dieser Person oft die Verantwortung für alles übernehmen musst, während dein Gegenüber sich weigert, auch nur den Hauch einer Verantwortung zu tragen?

- Zweifelst du an deinem Selbstwert oder deinem Verstand, nachdem du Zeit mit dieser Person verbracht hast?
- Behandelst du den anderen ständig wie ein rohes Ei, weil du Angst hast, dass er (oder sie) sich von dir abwendet, wenn du eine „falsche" Entscheidung triffst? Oder schlimmer noch: Befürchtest du, dass er dir etwas, das du unbedingt zu glauben meinst (Liebe, Zuneigung, Verständnis etc.), für immer vorhält und das als Rechtfertigung oder Vorwand dafür benutzt, das zu tun oder zu sagen, was er will?
- Hast du das Gefühl, dass du Erfolge oder positive Erfahrungen nicht mit dieser Person teilen kannst, weil du Angst haben muss, dass sie sich nicht mit dir freut oder – schlimmer noch – dich persönlich angreift oder runtermacht?
- Verbringst du mehr Zeit damit, diese Beziehung zu kitten, als sie zu genießen?
- Hast du Angst vor den Entscheidungen dieser Person?
- Weigert sich diese Person, ihr Verhalten zu ändern, obwohl sie genau weiß, dass sie dich damit verletzt?
- Leidest du mehr unter dem Verhalten dieser Person als sie selbst?
- Was sagen Personen, die dich lieben, denen etwas an dir liegt und die dir in der Vergangenheit schon gute Ratschläge gegeben haben, zu dieser Beziehung?
- Bist du bereit, auf diese Menschen zu hören, oder schiebst du „gute Gründe" dafür vor, weshalb sie nicht recht haben?
- Bist du stolz auf die Beziehung zu dieser Person? Und noch wichtiger: Respektiert diese Person die Beziehung zu dir und ist stolz darauf?
- Hast du den Eindruck, dass die Zuneigung, die dir diese Person entgegenbringt, von dem abhängt, was du für diese Person tust oder nicht tust?

Diese Fragen sollen die andere Person nicht bloßstellen oder ihr Vorwürfe machen. Aber sie helfen uns, einige potenzielle

Problembereiche zu erkennen und beim Namen zu nennen.

Um das Ganze noch mal ganz klar für dich zusammenzufassen, möchte ich hier Gary Thomas zitieren. In seinem Buch *When to Walk Away* schreibt er: „Wenn jemand dich daran hindert, der Mensch zu werden, als den Gott dich geschaffen hat, oder einen negativen Einfluss auf die Aufgabe hat, zu der Gott dich berufen hat, dann hast du es mit einer toxischen Persönlichkeit zu tun."[3]

Wenn wir von ungesunden Beziehungen und schwierigen Menschen sprechen, kann das eine ganze Reihe von Dingen meinen. Es gibt einen Unterschied zwischen schwierigen Beziehungen mit Problemen, mit denen man sich eben auseinandersetzen muss, und zerstörerischen Beziehungen, die den Betroffenen und ihrem Umfeld Schaden zufügen.

Wenn du zulässt, dass jemand Einfluss auf deine Gefühlswelt nehmen kann, und diese Person geht damit nicht verantwortungsvoll damit und macht sich auch keine Gedanken, welche Auswirkungen ihr Verhalten auf dich hat, sollst du vorsichtig sein. Dass hier etwas schiefläuft, merkst du vielleicht daran, dass du angespannt bist, wenn die Person in deiner Nähe ist. Jemand, der dir immer wieder das Herz bricht, kann sich gar nicht angemessen um dein Herz kümmern.

Unser Körper schlägt Alarm, wenn er mit für ihn bedrohlichen Situationen konfrontiert ist. So sind wir eben gestrickt. Ein Bereich unseres Gehirns – das limbische System – hilft uns dann, den analytischen Teil unseres Gehirns auszuschalten. Wir reagieren in stressigen Situationen entweder mit Kampf oder Flucht oder mit schockartiger Erstarrung. Als die Menschen ihr Mittagessen noch selbst erlegen mussten und mit schöner Regelmäßigkeit Säbelzahntigern gegenüberstanden, wäre die Sache für sie sehr schlecht ausgegangen, wenn sie erst einmal versucht hätten zu analysieren, was denn zu tun ist, wenn der Tiger die Zähne fletscht und immer näher kommt.

Stattdessen stellte ihr Körper ihnen einen extra Energieschub zur Verfügung, damit sie reagieren und sich in Sicherheit bringen konnten.

Heutzutage stehen die wenigsten von uns riesigen Tigern gegenüber, die ihnen ans Leben wollen. Doch wenn unser Körper zum Beispiel wegen Missbrauchs oder Misshandlung in ständiger Alarmbereitschaft ist, kriegen wir diesen extra Energieschub immer noch. Er äußert sich allerdings in Form von Besorgnis. Und diese Besorgnis drängt uns dazu, im Hinblick auf die Person, die uns das Gefühl gibt, dass etwas nicht stimmt, etwas zu unternehmen.

Besorgnis hat schon viel zu lange einen ausgesprochen schlechten Ruf. In der Bibel können wir immer wieder lesen, dass wir uns nicht sorgen sollen (z. B. Philipper 4,6). Das Ganze ist also etwas Biblisches und an sich eine gute Sache. Aber Paulus will uns ja kein schlechtes Gewissen machen, wenn wir uns sorgen. Der Vers soll uns daran erinnern, dass Gott uns nahe ist, und uns zeigen, was wir proaktiv mit unseren Gedanken machen können, wenn Sorgen in uns hochsteigen.

Freut euch im Herrn. Ich betone es noch einmal: Freut euch! Lasst alle sehen, dass ihr herzlich und freundlich seid. Denkt daran, dass der Herr bald kommt. Sorgt euch um nichts, sondern betet um alles. Sagt Gott, was ihr braucht, und dankt ihm. Ihr werdet Gottes Frieden erfahren, der größer ist, als unser menschlicher Verstand es je begreifen kann. Sein Friede wird eure Herzen und Gedanken im Glauben an Jesus Christus bewahren. Und nun, liebe Freunde, lasst mich zum Schluss noch etwas sagen: Konzentriert euch auf das, was wahr und anständig und gerecht ist. Denkt über das nach, was rein und liebenswert und bewunderungswürdig ist, über Dinge, die Auszeichnung und Lob verdienen. Hört nicht auf, das zu tun, was ihr von mir gelernt und gehört habt und was ihr bei mir gesehen habt; und der Gott des Friedens wird mit euch sein.
Philipper 4,4–9

Jemand, der dir immer wieder das Herz bricht, kann sich gar nicht angemessen um dein Herz kümmern.

Jetzt kommt etwas Interessantes: Wenn man bis zu Vers 10 und Vers 14 weiterliest, dann heißt es dort, dass Paulus sich sehr darüber freute, dass seine Freunde sich um ihn „sorgten" und dass es richtig war, dass sie ihm in seiner „schwierigen Lage" halfen. Wenn ich diese Gedanken zusammenfüge, dann habe ich den Eindruck, Paulus sagt hier nicht, dass wir uns nie Sorgen machen oder uns unsere Schwierigkeiten nie eingestehen sollen. Am meisten weiß ich es zu schätzen, dass er nicht sagt, wir sollen vor anderen verbergen, dass wir Probleme haben. Manchmal sind wir einfach darauf angewiesen, dass andere uns dabei helfen, unsere Probleme zu bewältigen.

Allerdings sagt Paulus uns in Philipper 4,4–9, was wir tun sollen, wenn uns etwas Sorgen bereitet.

Sorgen sind wie ein Alarm, der ausgelöst wird, um uns daran zu erinnern, dass Gott uns nah ist und wir nicht überreagieren müssen. Wir können ihn bitten, unser Herz und unsere Gedanken zu beschützen und uns seinen Frieden zu schenken. Und wir können uns auf das konzentrieren, was immer noch gut ist. Versuche doch, diese Grundsätze immer wieder anzuwenden.

Es ist ganz normal, dass wir uns Sorgen machen, wenn jemand das Vertrauen missbraucht, das wir ihm geschenkt haben. Aber wir sollten diese Sorgen als Warnsignal verstehen und nicht als Dauerzustand.

Wenn du zum Beispiel eine kleine Firma hast und dir fällt auf, dass über die Firmenkreditkarte verdächtige Abbuchungen vorgenommen werden, ohne dass es auch entsprechende Belege gibt, wirst du wahrscheinlich die Mitarbeiter, die diese Karte nutzen, stärker kontrollieren. Oder du verbietest ihnen, die Karte zu benutzen, bis ein besseres Buchhaltungssystem eingeführt wurde. Deine Sorge um die verdächtigen Abbuchungen war ein

Warnsignal, das dir gesagt hat, dass du hier etwas ändern musst. Wenn du bei dieser Karte nicht die notwendigen Grenzen setzt, könnte sich deine Sorge in eine negative Haltung verwandeln und dich allen Mitarbeitern gegenüber misstrauisch machen. Oder vielleicht sogar jedem gegenüber.

Oder vielleicht verhält sich deine beste Freundin ungewöhnlich. Sie verspricht, Dinge zu tun, die sie dann nicht tut. Bisher waren es nur Kleinigkeiten, die zu unwichtig schienen, um sie anzusprechen. Aber je häufiger das passiert, desto mehr hast du das Gefühl, dass du dich nicht auf sie verlassen kannst, und du zögerst, Dinge mit ihr zusammen zu tun. Dann fragt sie dich, ob sie bei dir eine Baby-Party für eine gemeinsame Freundin veranstalten kann. Du würdest gern Ja sagen, fürchtest aber, dass dann die ganze Arbeit an dir hängen bleibt. Nach deinen bisherigen Erfahrungen zu urteilen, wird sie wichtige Dinge vergessen, zu spät kommen und nicht einmal die Hälfte von dem Essen mitbringen, das ihr beide abgesprochen hattet. Du weißt, dass dir die (emotionale) Kraft fehlt, alles zu übernehmen, was möglicherweise bei dieser Baby-Party auf dich zukommen könnte. Also triffst du die kluge Entscheidung, Nein zu sagen. Du bist zwar bereit, deinen Teil dazu beizutragen, aber wenn deine Freundin die Party bei dir veranstaltet, würde das an Maß an Verantwortung von ihr verlangen, das sie bisher in eurer Beziehung nicht an den Tag gelegt hat. Wenn deine Freundin dich fragt, warum die Party nicht bei dir stattfinden kann, musst du deine Beweggründe nicht genauestens erklären, und du musst auch kein ausführliches Gespräch über Grenzen führen. Du kannst ihr einfach mitteilen, dass du im Moment nicht die Kraft dazu hast – und dann kannst du ihr für ihr Verständnis danken und ihr anbieten, sie auf andere Art zu unterstützen, ohne dich dabei zu verausgaben.

Oder du hast Eheprobleme und würdest gern ein offenes Gespräch mit deinem Partner führen. Aber weil frühere Versuche schiefgegangen sind, neigst du dazu, die Dinge, die er sagt, persönlich zu nehmen, und er neigt dazu, alte Ärgernisse auszugraben. Das Ganze eskaliert und das Gespräch nimmt eine ganz andere Wendung.

Damit ihr weiterhin vertraut miteinander umgehen könnt, beschließt ihr, einige grundlegende Regeln aufzustellen. So weiß jeder von euch, wie er den anderen verantwortungsvoll und fürsorglich behandeln kann. Du könntest zum Beispiel sagen: „Damit wir nicht den Gesprächsfaden verlieren, sollten wir uns darauf einigen, den anderen nicht anzugreifen, nicht laut zu werden, nicht defensiv zu reagieren und keine anderen ‚Baustellen‘ oder Themen hervorzukramen, die mit dem gegenwärtigen Gesprächsthema nichts zu tun haben. Falls das doch passiert, werden wir das Gespräch unterbrechen und es ein andermal fortsetzen. Weil mir so viel an unserer Beziehung liegt, bin ich nicht bereit, ein Gespräch fortzusetzen, das verletzend und beleidigend wird.“

Um es noch einmal zu wiederholen: Die Person, die für die Probleme in unserer Beziehung verantwortlich ist, muss anfangen, verantwortungsbewusster zu agieren. Tut sie dies nicht, sollten wir ihr Grenzen setzen und weniger Zugang zu uns gewähren. Wenn jemand entweder nicht willens oder nicht in der Lage ist, den persönlichen Zugang, den wir ihr oder ihm gestattet haben, nicht länger zu missbrauchen, sollten wir das Maß an Vertrautheit ihrem Maß an Verantwortungsbereitschaft anpassen.

Wie kann das aussehen?

Hier sind fünf Faktoren, die dir helfen, gute Grenzen zu ziehen:

1. Eine Grenze soll das Verhalten des anderen nicht kontrollieren

Eine Grenze soll dir dabei helfen, die Kontrolle über deine Person zu behalten und dich (emotional) sicher zu fühlen. Eine Freundin meinte kürzlich: „Ich dachte, ich hätte eine Grenze gezogen, aber in Wirklichkeit habe ich nur versucht, die Situation zu kontrollieren, indem ich die andere Person dazu zwingen wollte, sich zu ändern." Wenn es dir darum geht, den anderen zu ändern, wirst du bald das Gefühl haben, dass Grenzen in deinem Fall nicht funktionieren. Es wird Zeit, dass du dich mit dem beschäftigt, was du wirklich mit deiner Grenze kontrollieren kannst:

- dein Umfeld,
- was du tolerieren willst und was nicht,
- was du zu geben hast und was nicht.

Deine Grenze sollte den Boden dafür bereiten, dass deine Emotionen in dieser Beziehung nicht länger Achterbahn fahren, dass du das Gefühl zurückerlangst, hier sicher zu sein, und dass du in der Lage bist, notwendige Veränderungen vorzunehmen.

2. Gnade ist Bestandteil des Gesprächs

Wir sollten freundlich über unser Anliegen, unser Bedürfnis nach einer Grenze und die Konsequenzen sprechen, falls diese Grenze überschritten wird. Jim, mein Seelsorger, sagt immer: „Sag, was du meinst, und meine, was du sagst, und werde nicht gemein." Behalte immer im Hinterkopf, dass es höchstwahrscheinlich für euch beide eine Veränderung bedeutet, wenn ihr Grenzen aufstellt. Es ist daher in Ordnung, wenn dein Gegenüber Fragen stellt und vielleicht sogar wissen will, wie lange diese Grenze gelten soll. Wir sollten deshalb unser Gegenüber freundlich informieren und alle nötigen Fragen beantworten. Jim hat noch einen weiteren hilfreichen Tipp parat, wenn es um eine Unterhaltung geht, die schwierig sein könnte: „Brenne vor Neugier, nicht vor Wut." Es könnte hilfreich sein, wenn du dein Gegenüber zu möglichen Bedenken befragst und keine Vermutungen anstellst oder Vorwürfe machst. Auch hier gilt: Du musst nicht alles im Detail erklären oder über dein Bedürfnis nach einer Grenze debattieren. Aber du solltest versuchen, die Notwendigkeit einer Grenze freundlich zu kommunizieren.

Überlege dir vorher, was du sagen willst, und schreibe es dir gegebenenfalls sogar auf. Wir werden uns gleich gemeinsam ansehen, wie solche Notizen aussehen könnten, aber die Faustregel für mich lautet: Ich versuche immer, mit Verständnis anzufangen, und mache eine anerkennende Bemerkung über eine positive Seite des anderen, bevor ich auf das eingehe, was sich ändern sollte.

Es gibt viele hilfreiche Bibelverse zum Thema, aber zwei meiner Lieblingsstellen habe ich meinem frustrierten Ich so oft vorgesagt, dass ich sie auswendig kann. In Sprüche 15,1 heißt es: „Eine freundliche Antwort besänftigt den Zorn, kränkende Worte erregen ihn." Und in Kolosser 4,6 steht: „Redet freundlich und klar mit ihnen, damit ihr wisst, wie ihr jedem Einzelnen am besten antworten sollt." Das heißt nicht, dass wir nicht auch schwierige Dinge ansprechen oder Grenzen setzen. Es bedeutet, dass es uns um Konfliktlösung und nicht um Konflikteskalation gehen sollte.

3. Grenzen helfen, um die Beziehung zu kämpfen

Die Grenzen, die du setzt, dienen in gewisser Hinsicht euch beiden: Sie helfen euch, damit ihr nicht ständig gegen ungute Verhaltensweisen, Einstellungen und Gewohnheiten ankämpfen müsst. Wir ziehen in solchen Situationen entweder eine Grenze oder lassen zu, dass sich Groll einschleicht. Es ist weitaus schädlicher für eine Beziehung, wenn eine Partei frustriert ist, weil sie weiß, dass sich etwas ändern muss, oder weil sie versucht, den anderen zu ändern, als ein Gespräch über Grenzen zu führen. Ja, man geht ein Risiko ein, wenn man Grenzen zieht. Aber wenn man damit wartet oder sich weigert, längst fällige Gespräche zu führen, ist das Risiko weitaus größer.

4. Eine Grenze ohne echte Konsequenzen wird nicht ernst genommen

Wir sollten versuchen, nüchtern und weise über mögliche Konsequenzen für Grenzüberschreitungen nachzudenken. Wenn wir dem anderen keine echte Grenze präsentieren, sondern nur einen Wunsch, ist das nur ein schwacher Vorschlag. Und wenn die Grenze mit Drohungen einhergeht, richten wir nur noch mehr Schaden an. Wenn wir eine Grenze nicht konsequent durchsetzen können oder wollen, wird unser Gegenüber letztlich das, was wir vermitteln wollen, nicht mehr respektieren, und alle zukünftigen Versuche ignorieren, Grenzen zu setzen.

Für mich war es sehr hilfreich, mir vorher Gedanken über mögliche Konsequenzen zu machen und sie mit meinem Seelsorger oder klugen Freunden zu besprechen. Hier sind einige Tipps, wie ich versuche, Konsequenzen zu kommunizieren:

- Vermeide die Worte „immer" und „nie" oder andere überspitzte Begrifflichkeiten.
- Denk daran, dass deine Grenzen die Beziehung fördern und sie nicht zerstören sollen. Sie sollen keinen Angriff auf die andere Person darstellen. Du passt nur ihren Zugang zu dir an, damit dieser dem Level der Verantwortungsbereitschaft entspricht, den diese Person in eurer Beziehung an den Tag legt.
- Die Konsequenz sollte als Aussage und nicht als Frage formuliert sein. Du musst nicht um Erlaubnis bitten, um eine Grenze zu ziehen oder entsprechende Konsequenzen zu etablieren.
- Ihr könnt die Konsequenzen besprechen, aber du musst dich nicht rechtfertigen oder erklären. Dieser Punkt fällt mir gewöhnlich besonders schwer. Ich neige dazu, zu viel zu erklären. Im schlimmsten Fall klingt das dann danach, als müsse mein Gegenüber einwilligen, dass ich diese Grenze brauche.

Deshalb muss ich manchmal direkt werden – aber nicht unfreundlich –, um mich auch selbst daran zu erinnern: *Lysa, du informierst dein Gegenüber nur, du diskutierst nicht darüber, ob deine Bedürfnisse gerechtfertigt sind.*

Oft respektieren diejenigen, die Grenzen am dringendsten brauchen, sie am wenigsten. Lass dich davon nicht überraschen. Du kannst ihrer Frustration mit Freundlichkeit begegnen und sogar mit Mitgefühl auf ihre Verärgerung reagieren. Aber sieh diese Reaktion als Bestätigung dafür, dass du das Richtige tust. Lass dich von deiner Entscheidung nicht abbringen und verkünde die Konsequenzen respektvoll.

5. Halte dir vor Augen, in welcher Weise du von dieser Grenze profitierst

Manchmal ist es schmerzhaft für uns, eine Grenze zu ziehen, und wir vergessen, aus welchen guten Gründen wir das tun. Unter Punkt 3 haben wir darüber gesprochen, inwiefern Grenzen für beide Seiten förderlich sind. Aber wir sollten auch daran denken, dass eine Grenze *uns persönlich* guttut. Wir kümmern uns dadurch um unsere mentale Gesundheit, unser Gefühl von Sicherheit und unser inneres Gleichgewicht. Wir sind nicht für die Entscheidungen des anderen verantwortlich, sondern nur für unser eigenes Handeln und unsere Reaktionen.

Denk daran, dass du Grenzen setzt, damit du nicht länger das Gefühl hast, festzustecken und machtlos zu sein, und damit du deiner inneren Heilung einen Schritt näherkommst. Es ist wichtig, dass du in Gedanken die positiven Seiten durchgehst und übst, sie klar und deutlich und mit Nachdruck vorzubringen, damit du nicht die Segel streichst, wenn es schwierig und emotional wird. Es wird nicht leicht sein, die Konsequenzen auch umzusetzen, aber wenn du bereits im Vorfeld deinen Frieden damit geschlossen hast, wirst du bei Weitem nicht so verunsichert und frustriert sein. Mach dir deutlich, dass du ein

Recht darauf hast, dich besser zu fühlen, auch wenn der Weg dahin schwierig ist.

Im nächsten Kapitel werden wir noch näher darauf eingehen. Aber zum Abschluss dieses Kapitels möchte ich dir einige Vorschläge mitgeben, wie du ein notwendiges Gespräch über Grenzen beginnen kannst:

„Ich merke, dass dir die Politik und die Themen, für die du dich engagierst, sehr am Herzen liegen. Danke, dass du deine Gedanken mit mir teilen möchtest. Aber ich befinde mich emotional gerade in einer Situation, in der ich mich vor solchen engagiert geführten Diskussionen schützen muss. Danke, dass du Verständnis dafür hast, dass ich das Gespräch auf mich weniger belastende Themen lenken oder es komplett abbrechen muss, wenn die Unterhaltung zu hitzig wird."

„Ich habe dich wirklich gern und du liegst mir sehr am Herzen. Gleichzeitig gibt es aber auch Verhaltensweisen, die mich dazu zwingen, etwas an unserer Beziehung zu ändern. Wenn du _____ [füge das für dich inakzeptable Verhalten, den Drogenmissbrauch oder die Sucht ein] *in meiner Gegenwart tust, beeinflusst es mich in einer Weise, die ich nicht länger hinnehmen kann. Das soll jetzt kein Vorwurf sein und damit will ich auch nicht über dich urteilen. Du bist erwachsen und triffst deine eigenen Entscheidungen. Es geht nur darum, dass ich mich um mein Wohlbefinden kümmern und entscheiden muss, was für mich gut ist. Ich bitte dich also, diese Substanzen* [oder füge ein anderes ungesundes Verhalten ein] *nicht länger in meiner Gegenwart oder in meinem Haus zu konsumieren.*

Wenn du dazu nicht bereit bist, müssen wir unseren Kontakt einschränken, und ich kann dich nicht mehr zu mir nach Hause einladen. Noch mal: Ich sage das, weil mir nicht nur mein Wohlergehen am Herzen liegt, sondern weil mir auch unsere Beziehung wichtig ist."

„Vielen Dank, dass du dabei an mich gedacht hast. Ich sage bei solchen Gelegenheiten zwar immer gern Ja, aber wenn ich realistisch betrachte, wie viel ich gerade um die Ohren habe, muss ich ablehnen. Es bedeutet mir wirklich viel, dass du an mich gedacht hast, und ich hoffe, dass _____ [füge die Aktivität ein, zu der du eingeladen wurdest, oder zu der du um einen Gefallen gebeten wurdest] wirklich gut wird. Vielen Dank für dein Verständnis und alles Gute dafür.“

„Ich suche heute nicht das Gespräch, um mit dir über deine Lebensentscheidungen zu diskutieren, sondern um dir zu sagen, dass ich diese Art von Beziehung nicht länger mit dir führen kann. Das soll kein Vorwurf sein. Ich habe mich nur mit der Tatsache abgefunden, dass dieses Problem negative Auswirkungen auf mich hat und dass es Zeit ist, mir das einzugestehen und notwendige Veränderungen vorzunehmen. Ich muss mich schlicht gut um mich selbst kümmern.

Deshalb habe ich beschlossen, dich nicht länger zu bitten, dich zu verändern. Ich werde stattdessen für etwas mehr Distanz zwischen uns sorgen, damit wir einander innerlich nicht grollen. Das ist nicht leicht, aber es ist notwendig. Wenn du weiter an unserer Beziehung arbeiten möchtest, bin ich gern dazu bereit, solange unser Umgang miteinander ausschließlich in Gegenwart eines Seelsorgers stattfindet.“

„Danke, dass du bereit bist, über einige Dinge zu sprechen, die in unserer Beziehung für etwas Unruhe sorgen. Lass uns diese Unterhaltung aber in einem ruhigen und freundlichen Tonfall führen. Wenn die Sache eskaliert und wir anfangen zu schreien, uns gegenseitig Vorwürfe zu machen oder verletzende Dinge zu sagen, werde ich mir allerdings die Freiheit nehmen, das Gespräch zu beenden. Wir müssen es dann ein andermal fortsetzen.“

Diese Texte sind nur einige Beispiele, die du auf deine Situation entsprechend anpassen kannst. Und ich gebe gern zu, dass aufgewühlte Emotionen, Verletzungen aus der Vergangenheit, gegenwärtige Traumata und viele andere Herausforderungen solche Gespräche über Grenzen noch komplizierter machen. Aber wir sollten versuchen, uns hier nicht zu verzetteln oder uns bis zum Abwinken zu rechtfertigen oder zu erklären. Damit würden wir riskieren, aus dem Blick zu verlieren, dass es uns ja um ein gesünderes Miteinander geht.

Zum Schluss will ich dir noch ein Textbeispiel mitgeben, das du verwenden kannst, falls du einer Autorin namens Lysa begegnest, die ein bestimmtes Spray auf, ähm, unglückselige Weise verwendet.

„Es freut mich riesig, dass dir unser Geschenk gefällt. Und ehrlich gesagt mag ich den Duft auch sehr. So sehr, dass ich das Kleingedruckte gelesen und festgestellt habe, dass das Spray eigentlich nur als Raumspray für die Toilette gedacht ist. Es riecht so genial, dass ich absolut verstehen kann, dass man es am liebsten als Bodyspray verwenden würde, aber das sollten wir lieber nicht tun. Viele Leute benutzen es in der Toilette, und wir wollen ja nicht, dass deinem attraktiven Äußeren den ganzen Tag ein Duft folgt, der andere an eine Toilette erinnert. Übrigens hast du heute die Haare schön!"

Eine Anmerkung von Jim zum limbischen System

Man spricht von Fehlregulierung, wenn ein äußerer Auslöser dich veranlasst, auf eine vermeintliche Bedrohung mit Kampf, Flucht oder Erstarren zu reagieren.

Das limbische System ist lebensnotwendig in Situationen, in denen wir alarmbereit sein müssen, zum Beispiel, wenn ein Kind auf die Straße rennt. Offensichtlich muss die Sicherheit des Kindes oberste Priorität haben, und wir wissen, dass wir das Kind vor der Gefahr retten müssen. Die Angst legt sich wieder, wenn eine entsprechende Reaktion dazu geführt hat, dass die Sicherheit wiederhergestellt ist. Problematisch wird es, wenn unser limbisches System uns weiterhin signalisiert, dass die Lage nicht ungefährlich ist, wir aber nicht wissen, was wir tun sollen.

Wenn ein Gespräch ansteht, in dem es wahrscheinlich ist, dass deine Emotionen Achterbahn fahren, solltest du dir am besten schon vorher überlegen, wie du reagieren willst. Wir können uns vorbereiten, wenn wir uns sicher fühlen, damit wir in den Situationen, die uns nervös machen, nicht aus dem Konzept gebracht werden. Wenn wir uns machtlos fühlen, können wir uns dann auf bereits festgelegte Verhaltensweisen stützen.

Hilfreiche Tipps, wenn dich etwas triggert:

- Du kannst ehrlich zugeben, dass du gerade aufgewühlt bist und es am besten wäre, das Gespräch zu unterbrechen. Es ist klug, eine Unterhaltung nicht weiter fortzuführen, wenn du gerade von Emotionen, Ängsten etc. übermannt wirst.
- Bewege dich.
- Trink etwas, und warte 20 Minuten, bis dein präfrontaler Kortex (der „denkende" Teil deines Gehirns) wieder klar denken kann.
- Hab etwas Nachsicht mit dir, wenn du etwas gesagt hast, das dir hinterher leidtut. Schimpf nicht mit dir. Sag lieber: „Ich bin auch nur ein Mensch. Wenn man meine Geschichte kennt, dann weiß man, dass diese Reaktion logisch war. Ich will mehr Mitgefühl mit mir selbst haben und übernehme die Verantwortung für mein Handeln. Und wenn ich denjenigen, den ich verletzt habe, um Vergebung bitten muss, werde ich das auch tun."

Jetzt wird's praktisch

VERGISS NICHT

- Wenn andere unsere persönlichen Möglichkeiten und Begrenzungen nicht respektieren, dürfen wir Grenzen setzen, sonst müssen wir eben die Konsequenzen tragen.
- Jemand, der dir immer wieder das Herz bricht, kann sich gar nicht angemessen um dein Herz kümmern.
- Wenn es dir darum geht, den anderen zu ändern, wirst du bald das Gefühl haben, dass Grenzen in deinem Fall nicht funktionieren.
- „Sag, was du meinst, und meine, was du sagst, und werde nicht gemein." Jim Cress
- Oft respektieren diejenigen, die die Grenzen am dringendsten brauchen, sie am wenigsten.
- Eine Grenze ohne echte Konsequenzen wird nicht ernst genommen.

NIMM ES AN

Eine freundliche Antwort besänftigt den Zorn, kränkende Worte erregen ihn. Sprüche 15,1

Redet freundlich und klar mit ihnen, damit ihr wisst, wie ihr jedem Einzelnen am besten antworten sollt. Kolosser 4,6

DENK NACH

- Erkläre mit eigenen Worten, warum gesunde Grenzen für dein Wohlbefinden gut sind.
- Was geht dir durch den Kopf, wenn du diesen Satz liest: „Die Grenzen, die du setzt, dienen in gewisser Hinsicht euch beiden: Sie helfen euch, damit ihr nicht ständig gegen ungute Verhaltensweisen, Einstellungen und Gewohnheiten ankämpfen müsst"?

GEBET

Gott, manchmal ist die Sache mit den Grenzen wirklich schwer. Obwohl ich weiß, dass Grenzen notwendig sind, fühle ich mich doch schnell überfordert. Ich bitte dich um Frieden und Mut, während ich mich damit befasse, wie das alles in meinem Leben Gestalt annehmen kann. Danke, dass du mir durch das, was ich lese, auch zeigst, wie du bist und wie du mit uns Menschen umgehst. Ich vertraue darauf, dass du mich führst, damit ich in Beziehungsdingen mehr Weisheit und Einsicht bekomme. Amen.

Kapitel 6

Vielleicht werden sie nie erkennen, dass deine Grenzen etwas Gutes sind

Es war einer von diesen Tagen, an denen ich einfach nur draußen sitzen und in die Gegend starren wollte. Ich sagte mir immer wieder vor: „Die Welt wird schon nicht untergehen. Die Welt wird schon nicht untergehen. Die Welt wird schon nicht untergehen." Der logisch denkende Teil meines Gehirns wusste das. Aber als *meine Welt unterging, fühlte es sich ganz so an, als würde auch die Welt allgemein untergehen.*

Ich wollte der Welt sagen, dass sie mich gerade anlog. Sie ging unter. Ich konnte es nur nicht sehen. Ich glaube, wenn man spürt, dass etwas geschieht, es aber nicht sehen kann – das ist Angst pur.

Die Sorgen strömten durch meinen Körper. Mein Brustkorb zog sich zusammen. Ich war kurz davor zu hyperventilieren. Mehr Beweise brauchte ich nicht, um trotz dem, was ich sah bzw. nicht sah, zu wissen: Direkt vor meinen Augen zerbrach gerade eine Beziehung.

Monatelang hatte ich versucht, meine Angst in den Griff zu bekommen. Ich wusste doch, dass irgendetwas nicht stimmte. Wenn ich spürte, dass Panik in mir aufkam, tat ich alles, wozu man mir geraten hatte. Ein herzlicher Dank an meine Therapeuten. Nachdem ich mehrere Jahre mit meinem Seelsorger gearbeitet hatte, war ich mit allen Hilfsmitteln vertraut: Trink mindestens ein halbes Glas Wasser. Sprich ein einfaches Gebet. Lass dir mindestens zwanzig Minuten Zeit, bevor du versuchst, irgendwelche Entscheidungen zu fällen oder ein schwieriges Gespräch zu führen, damit sich der limbische Teil deines Gehirns beruhigen kann. Geh nach draußen, stell dich mit beiden Füßen aufs Gras, und schau nach oben. Das erinnert dich daran, dass die Welt sich weiterdreht. Unternimm einen Spaziergang. Höre Musik, die deiner Seele guttut und dir hilft runterzukommen. Sprich mit einer Freundin, der du vertraust und die dir helfen kann, das zu erkennen, was dir vielleicht entgeht, oder die dir versichert, dass du nicht durchgedreht bist.

All das hilft.

Aber als meine Fußsohlen irgendwann grün vom Gras waren, wurde es Zeit, dass ich nicht länger versuchte, die Angst in den Griff zu bekommen. Ich musste stattdessen die Ursache herausfinden.

Ich wollte, dass alles in Ordnung war. Ich wollte Ruhe.

Aber die Ruhe hatte offensichtlich andere Pläne.

Ruhe ist, als würde man an einem heißen Sommertag den Thermostat auf die richtige Temperatur einstellt, damit das Haus dank Klimaanlage kühl bleibt. Aber wenn Türen und Fenster offen stehen und die Hitze hereinkommt, spürst du trotzdem die Auswirkungen der Hitze. Es wäre dann falsch, sich ans Fenster zu stellen und der Hitze zu sagen, dass sie nicht länger in dein Haus kommen darf. Die richtige Taktik besteht darin, Fenster und Türen zu schließen und die gewünschte Temperatur der Klimaanlage zu überlassen.

Ich wollte Ruhe, aber das Dilemma, in dem ich steckte, bereitete mir so viele Sorgen, weil ich nicht bereit gewesen war, mir einzugestehen, woher die Hitze kam. Ich wollte keine große Sache aus etwas machen, das eigentlich nicht wie eine große Sache wirkte.

Ich wollte nicht diejenige sein, die alles dramatisiert oder zu kleinlich oder nicht reif genug ist, um „eine Übertretung zuzudecken". Aber obwohl ich diese Übertretung schon so oft zugedeckt hatte, änderte sich nichts an der Situation. Die Person, um die es ging, lebte nicht im gleichen Haus, noch nicht einmal im selben Bundesstaat, aber ihre Worte hatten so viel Gewicht für mich, dass sich schon einige wenige schneidende Bemerkungen wie Messerstiche in meinem Herzen anfühlten.

Als diese Person sich in einer schwierigen Lage befand, hielt sie es für absolut akzeptabel, aus der Haut zu fahren und mich zu beschimpfen. Oder sie nahm so viele Beruhigungsmittel, dass sie entweder gar nicht mehr ansprechbar war oder sinnloses Zeug redete, wenn ich versuchte, Dinge mit ihr zu besprechen. Sie ermöglichten es ihr auch, Dinge zu tun oder zu sagen, die sie normalerweise nicht tun oder sagen würde. Ich konnte nie vorhersehen, was sie bei ihr auslösen würden. Und ganz gleich, wie ich versuchte, das Problem anzusprechen, es gelang uns nie, irgendwelche positiven Fortschritte zu machen, die auch von Dauer waren.

Diese Person hatte keine Ahnung, welche Auswirkungen ihr Handeln und ihre Reaktionen auf unsere Beziehung hatten. Sie weigerte sich, auch nur darüber nachzudenken. Natürlich machte auch ich in unseren Gesprächen nicht immer alles richtig. Aber ich hatte mir vorgenommen, eine Atmosphäre zu pflegen, wo man sich nicht anschrie, den anderen ausreden ließ, sich nicht gegenseitig Vorwürfe machte und einander mit Nachsicht begegnete.

Diese Person hielt es aber nicht für nötig, eine gesündere Kommunikationsform an den Tag zu legen. Sie war zufrieden, wenn die Dinge so blieben, wie sie immer gewesen waren. Aber mich zerfraß das. Türen und Fenster standen, bildlich gesprochen, sperrangelweit offen. Die Hitze kam herein, und ich flehte sie bloß an, das nicht zu tun. Als ob die Hitze sich eines Tages erheben und sich von dannen machen und so meine passive Bitte erfüllen würde.

Die hereinströmende Hitze ist nicht nur unangenehm. Sie kann auch schädlich sein. Letzten Sommer habe ich mir zusammen mit meiner Freundin Madi Häuser angeschaut. (Es ist eines meiner verrückten Hobbys, anderen bei der Suche nach ihrem ersten Haus zu helfen. Ich kann mich da so hineinsteigern, dass ich nicht selten mit einer Kopflampe auf den Dachboden steige, unter dem Haus nachschaue oder die Lüftung öffne, um nachzusehen, ob irgendetwas verdächtig riecht. Ich bin wie Inspektor Barnaby, bloß fehlen mir die nötigen Sachkenntnisse.) Wir freuten uns riesig, als ein toll aussehendes Haus mit viel Potenzial zum Verkauf angeboten wurde. Wir mussten es uns unbedingt anschauen. Und als wir in die Einfahrt einbogen, wussten wir gleich, dass das Madis zukünftiges Zuhause sein würde.

Wir gingen hinein. Da zeigte sich: Es hatte nicht nur viel Potenzial, sondern war auch voller Schimmel. Die Klimaanlage war seit Monaten nicht an gewesen. Die Hitze und die Feuchtigkeit hatten getan, was Hitze und Feuchtigkeit eben tun. Und das hatte sich zu einem größeren Problem entwickelt, als der Vorbesitzer, der die Klimaanlage ausgeschaltet hatte, gedacht hatte. Wir hatten es nicht nur mit Hitze zu tun, sondern auch mit dem, was permanente Hitze anrichten kann, wenn man nichts dagegen unternimmt.

Als ich verstand, dass Hitze nicht nur unangenehm ist, sondern in bestimmten Situationen auch potenziell schädlich sein kann, sorgte das bei mir für eine wichtige Erkenntnis: Passivität hilft manchmal nicht weiter. Wunschdenken hilft manchmal nicht weiter. Wenn ich die schwierige Situation zwischen uns nicht ansprach, übte ich mich nicht in Selbstbeherrschung, sondern wich dem Problem schlicht aus. Und möglicherweise förderte ich damit ein Verhalten, das nicht länger unausgesprochen bleiben durfte.

Ich dachte immer wieder: *Übertreibe ich die Sache? Das ist doch keine lebensbedrohliche Situation, oder?* Dabei bedrohte sie aber doch mein Leben. Man konnte es ja an meinen grünen Fußsohlen sehen.

Was lief hier also ab?

Ich ging seit zwei Jahren in die Seelsorge, als mir langsam eine seltsame Diskrepanz auffiel, und zwar nicht nur in dieser Beziehung, sondern auch in einigen anderen Beziehungen. Ich versuchte, in meinem Heilungsprozess weiterzukommen. Ich lernte, Probleme anzusprechen. Ich entwickelte mich weiter. Man könnte wohl sagen, dass ich in mancherlei Hinsicht lernte, emotional reifer zu werden. Ich war zwar nicht perfekt, aber ich hatte mir vorgenommen, mich ständig darum zu bemühen, weiter zu heilen.

Ich habe ja schon erwähnt, dass andere Personen aus meinem Umfeld den gleichen Prozess durchmachten. Auch sie wollten emotional und geistlich reifen. Aber andere Personen wollten dies wiederum nicht. Und während ich mit der Zeit Fortschritte machte, trat dadurch die grundlegende Diskrepanz zwischen gesunden Verhaltensweisen und ungesunden nur noch stärker zutage. Es schien fast so, als seien einige Personen aus meinem Umfeld durch meine Bemühungen gekränkt. Sie ärgerten sich zunehmend darüber, dass ich nun festlegte, was noch akzeptabel war und was nicht mehr – und sie sträubten sich immer mehr dagegen, über Probleme zu sprechen.

Nein, ich hatte wirklich nicht das Gefühl, dass ich irgendwie besser war als diejenigen, die sich nicht um emotionale Reife bemühten. Ich war nur verzweifelt genug, mir Hilfe zu suchen und meine Probleme anzugehen. Und in diesem Verlauf reifte ich. Musste allerdings feststellen, dass andere diesen Weg nicht eingeschlagen hatten. Und beides in Einklang zu bringen, wurde zunehmen schmerzhafter. Für sie waren diese Beziehungsprobleme in Ordnung, für mich nicht mehr.

Kürzlich sagte meine Freundin Candace zu mir: „Durch deine Heilung wird die emotionale Unreife der Menschen in deinem Umfeld, die sich selbst nicht darum bemühen, geheilt zu werden und sich weiterzuentwickeln, noch stärker hervortreten."

Als sie das sagte, sah ich sie zunächst schief an und dachte: *Ich will doch niemanden als emotional unreif abstempeln. Ich habe nicht das Recht, hier jemanden zu verurteilen. Das wäre doch, als würde ich sagen, ich sei besser als die anderen.* Ich habe mich so intensiv darum bemüht, heil zu werden und hoffentlich auch emotional reifer. Ich habe jahrelang meinen Seelsorger, enge Freunde und vertrauenswürdige Familienmitglieder aufgefordert, mir dabei zu helfen, ungesunde Verhaltensweisen, Denkmuster und Reaktionen zu erkennen, an denen ich arbeiten und reifen muss. Ich hatte noch so vieles zu lernen.

Und es gab so viele Rückschläge, Tränen und Momente, in denen ich in alte Denk- und Verhaltensmuster verfiel. Es ist brutal und niederschmetternd, wenn dein Leben auf den Kopf gestellt wird, aber das kann gleichzeitig dazu beitragen, einige emotionale Probleme ans Licht zu bringen, um die man sich kümmern sollte. Als ich über Candaces Aussage nachdachte, beschloss ich, die Sache mit Nachsicht und Wahrheit anzugehen. Wenn die Person, die mich meines Erachtens schlecht behandelte, sich weigerte, sich auf eine gesündere Kommunikation einzulassen, würde ich das ansprechen. Allerdings würde ich nicht den Begriff „emotional unreif" verwenden, sondern die unangenehme Spannung ansprechen, die in unserer Beziehung herrschte. Ich würde mir eingestehen, dass wir uns menschlich voneinander entfernt hatten, und mir überlegen, was nun zu tun war.

Wenn dir das bekannt vorkommt, dann wundere dich nicht, wenn es bei den angeschlagenen Beziehungen zu Spannungen kommt. Und wenn die andere Person dich als kontrollsüchtig, schwierig oder unkooperativ bezeichnet, weil du beschließt, Grenzen zu setzen, dann betrachte das als Kompliment. Ja, du hast richtig gelesen – betrachte das als Kompliment. Die Person ist frustriert darüber, dass du nicht länger bereit bist, vor ihren ungesunden Verhaltensmustern die Augen zu verschließen bzw. nicht länger mitzuspielen. Du hast beschlossen, reifer zu kommunizieren und zu handeln. Und wenn jemand beschließt, da nicht mitzumachen, wird es große Spannungen geben. Jede Beziehung funktioniert nach bestimmten Mustern.

Wenn du diese Muster änderst und der andere da nicht mitmacht, sorgt das für Unruhe.

Die Spannung ist darauf zurückzuführen, dass du die schwierige Aufgabe in Angriff nimmst, die Dysfunktion nicht länger hinzunehmen.

Lass diesen Satz kurz auf dich wirken.

Lies ihn noch einmal. Denk darüber nach. Überlege, wo und in welchen Beziehungen du das sehen kannst.

Jim, mein Seelsorger, erinnert mich immer daran: „Was die Menschen nicht aus ihrem Leben entfernen, das leben sie aus." Es ist ganz allein ihre Entscheidung, ob sie sich weigern, sich den Problemen zu stellen, die sich hinter ihrem Verhalten verbergen. Du kannst niemanden zwingen, etwas zu tun, wozu der Betreffende nicht bereit ist. Und du brauchst dann auch nicht dagegen anzukämpfen. Stimme zu und nimm es hin. Trauere um jeden, der sich weigert, sich weiterzuentwickeln. Aber bettle nicht darum, dass der Betreffende deine Grenzen als etwas Gutes erkennt. Er wird vielleicht nie erkennen, dass deine Grenzen etwas Gutes sind.

Dein Licht bringt etwas im anderen zum Vorschein, das die Person lieber verbergen würde. Deshalb ist sie natürlich beleidigt. Es schmerzt eben, wenn man sich bloßgestellt fühlt. Deshalb ist es ganz natürlich, dass der Betreffende um sich schlägt, denn eigentlich versucht er nur, das Licht so schnell wie möglich wieder zum Verlöschen zu bringen. Das Ganze ist sicher nicht als Angriff auf deine Person zu verstehen (obwohl es sich ganz bestimmt so anfühlt). Der andere versucht schlicht, dafür zu sorgen, dass er seine durchaus zulässigen Bedürfnisse weiterhin auf seine unzulässige Weise stillen kann.

Die Spannung ist darauf zurückzuführen, dass du die schwierige Aufgabe in Angriff nimmst, die Dysfunktion nicht länger hinzunehmen.

Wie das genau aussieht, ist unterschiedlich. Zum Beispiel geht der andere vielleicht dem Glücksspiel nach und nicht einer regelmäßigen Arbeit. Er konsumiert Pornografie, geht fremd oder redet schlecht über jemanden, der ihn einschüchtert. Er versucht, die Leistungen oder den Besitz des anderen zu übertrumpfen, um zu zeigen, wie toll er ist. Sie gibt Geld aus, das sie nicht hat, und schiebt dir die Schuld an der gestörten Beziehung zu. Er greift zu Suchtmitteln, sagt gemeine Dinge zu dir oder über dich. Sie versucht, dich auf manipulative Weise zu kontrollieren oder trifft ungesunde Entscheidungen, die sich negativ auf eure Beziehung auswirken.

Du hast wirklich das Recht, dir über die Beziehung Sorgen zu machen. Manchmal liegt das Problem aber darin, dass du dir mehr Sorgen um die andere Person machst als sie sich um sich selbst. Und wahrscheinlich ist ebenfalls: Während du dir bewusst bist, welche negativen Auswirkungen ihr Handeln auf dich hat, ist sie sich dessen entweder nicht bewusst oder es interessiert sie nicht. Wenn die Zuneigung so ungleich verteilt ist, solltest du Folgendes wissen: Es wird dir niemals gelingen, entwicklungstechnisch dort zu bleiben, wo du schon bist, und dem anderen gleichzeitig aktiv dabei zu helfen, reifer oder gesünder zu werden. Diese Aufgabe muss der Betreffende schon selbst übernehmen.

Hast du in deiner Schulzeit mal dieses Spiel gespielt, wo einer auf dem Tisch oder einem Stuhl steht und ein anderer, der etwa genauso viel wiegt, auf dem Boden sitzt und jeder versucht, den anderen zu sich hinauf- oder hinunterzuziehen? Der Person, die auf dem Tisch bzw. Stuhl stand, ist es vermutlich niemals gelungen, den anderen nie zu sich heraufziehen. Stattdessen wurde die Person auf dem Tisch oder Stuhl fast jedes Mal auf den Boden gezerrt. Das Gleiche gilt auch für ein unterschiedliches Reife- oder Verhaltensniveau. Das Herausfordernde daran ist nicht nur, dass es zu Spannungen kommt, weil ihr an unterschiedlichen Punkten eurer Beziehung steht.

Die eigentliche Gefahr besteht darin, dass die Wahrscheinlichkeit steigt, dass du hinuntergezogen wirst, je länger du mit dieser Spannung lebst. Behalte im Hinterkopf, dass es bei all dem, was ich hier schreibe, darum geht, Menschen „richtig" zu lieben. Deshalb dürfen wir nicht zulassen, dass wir emotional so ausgelaugt sind, dass wir dazu nicht länger in der Lage sind.

Wenn du liebevoll versuchst, ein ehrliches Gespräch über ein aktuelles Problem zu führen (und nicht über die emotionale Unreife des anderen), und im Gegenzug abgelehnt oder angegriffen wirst, muss sich etwas an dieser Beziehung ändern. Die reife Person hat die Wahl, zu resignieren oder in den sauren Apfel zu beißen und standhaft zu bleiben. Das wird natürlich dazu führen, dass die Distanz zum anderen wächst, weil hier zwei Menschen emotional an völlig unterschiedlichen Punkten stehen.

Wie ich schon sagte, kann sich Gesundes nicht mit Ungesundem verbinden. Und wenn sich jemand weigert, emotional zu wachsen und zu reifen, ist das ein klares Anzeichen für ungesundes Verhalten.

Die *Amerikanische Gesellschaft für Psychologie* definiert emotionale Reife als „ein hohes und angemessenem Maß an emotionaler Kontrolle und Ausdruckfähigkeit".[4] Emotionale Unreife dagegen ist „die Neigung, Emotionen hemmungslos oder in einem der Situation nicht angemessenen Maß Ausdruck zu verleihen".[5] Achte hier besonders auf das Wort „hemmungslos". Wenn jemand dauerhaft nicht in der Lage ist, seine Emotionen und sein Verhalten zu kontrollieren, ist er in seinem Reifeprozess irgendwo stecken geblieben. Hast du schon mal erlebt, wie ein erwachsener Mensch an der Supermarktkasse völlig ausgeflippt ist und die Beherrschung wegen einer 1-Euro-Gutscheins verloren hat? Es ist gut möglich, dass die Person in dieser Situation auf das Niveau eines vier bis vierzehn Jahre alten Kindes zurückgefallen ist. Das kann uns allen passieren, wenn wir ein Kindheitstrauma erlebt haben, das wir nie verarbeitet haben.

Deshalb sollten wir versuchen, diese Dinge zu verarbeiten und uns so weiterzuentwickeln, dass wir uns in einer schwierigen Situation beherrschen können.

Reife Menschen können unterschiedlicher Meinung sein, aber trotzdem die Urteilsfähigkeit des anderen respektieren. Reife Menschen sind bereit, die Auswirkungen ihres Handelns auf andere zu erkennen und es entsprechend anzupassen. Oder wenn sie nicht bereit sind, es anzupassen, dann kommunizieren sie ihre Weigerung auf vernünftige Weise und geben zu, dass es in der Beziehung vielleicht eine bedeutende Veränderung braucht. All das tun sie, ohne Vorwürfe zu machen, den anderen zu beschimpfen oder die Beherrschung zu verlieren.

Es ist diese Unreife, die dich dazu bringt, dass du dich selbst hinterfragst, an der Realität zweifelst, nicht mehr weißt, was wirklich wahr ist, und die dich so aus dem Gleichgewicht bringt, dass du Dinge, die offensichtlich dringend angesprochen werden müssten, nicht mehr ansprichst.

Ein reifer Mensch spürt immer die Unreife eines anderen. Du kannst die Sache vielleicht nicht beim Namen nennen, aber du fragst dich: „Was läuft denn hier?" Der andere ist vielleicht sehr intelligent und erfolgreich und kann sogar jede Menge Bibelverse zitieren, hat aber trotzdem keine emotionale Reife.

Das heißt jedoch nicht, dass wir das dieser Person vorwerfen sollten. Wir haben es Gott zu verdanken, dass wir nicht länger genau das Gleiche tun. Wenn wir Grenzen setzen, dann sollten wir nicht hartherzig oder wütend werden oder uns überlegen vorkommen. Wir sollten bei diesem Prozess demütig bleiben und uns Jesus unterordnen. Lass also die anderen ihren eigenen Weg gehen und ihre eigenen Offenbarungen erleben. Sei klug, wenn du Grenzen ziehst und einhältst, und denk daran, dass du dich weiterentwickeln kannst, auch wenn dein Gegenüber das nicht tut. Nutze diese Erkenntnisse, damit dir bewusst wird, „was hier läuft", und damit du nicht länger an deinem Verstand und deiner Wahrnehmung zweifelst.

Vielleicht sagt du jetzt: „Moment mal, Lysa. Manchmal verhält diese Person sich emotional wirklich unreif. Aber dann wieder führen wir tolle Gespräche und sind uns wirklich nahe. Die
Sache ist einfach schwer und verwirrend, wenn ich manchmal
so großartiges Potenzial aufblitzen sehe."

Meine Liebe, was du da manchmal aufblitzen siehst, solltest
du eigentlich die meiste Zeit sehen. Wenn diese kurzen Momente dich bei der Stange halten, dann wirst du letzten Endes
irgendwann anfangen, auch die weniger guten Dinge zu akzeptieren. Wenn du merkst, dass du für die kleinsten Freundlichkeiten unheimlich dankbar bist, baust du Luftschlösser. Wenn
deine Freunde denken, dass du zu wenig akzeptierst, und du
dich gleichzeitig fragst, ob du nicht zu viel hinnimmst, dann sei
wachsam. Und wenn du dich davor fürchtest, mit klugen Freunden über diese Dinge zu sprechen, dann ist das nicht nur ein
Warnsignal – dann ist das Kind schon in den Brunnen gefallen.

Wenn du das Gefühl hast, dass du Überzeugungen, gute
Dinge, die dir wichtig sind, opfern musst, damit niemand ihre
schlechteste Seite zu sehen bekommt, solltest du dieses Warnsignal nicht übersehen. Die folgenden Punkte können dir helfen
festzustellen, ob du dich irgendwo in einer gestörten Beziehung
mit jemandem befindest, der emotional unreif ist.

- Die Person verweigert notwendige Gespräche oder verdreht
  das Gesagte. Wenn du zum Beispiel ein Thema ansprichst,
  über das ihr dringend reden müsst, leugnet oder verdreht sie
  die Probleme und die Fakten, sodass du das Gefühl hast, dass
  etwas *mit dir* nicht stimmt.
- Wenn die Person einen schlechten Tag hat oder ein schwieriges Gespräch führen muss, greift sie auf ungesunde Bewältigungsstrategien zurück.
- Die Person ist sich ihrer selbst nicht bewusst oder taub für
  emotionale Zwischentöne – sie kann nicht nachvollziehen,
  wie sie von anderen wahrgenommen wird.

- Sie reagiert unangemessen auf ein Gespräch oder eine aktuelle Situation.
- Sie ist sich nicht bewusst, wie unangemessen ihr Gesichtsausdruck, ihr Tonfall oder ihr Timing sind, wenn sie bestimmte Dinge anspricht.
- Sie neigt dazu, keine Verantwortung für ihren Teil eines Konflikts zu übernehmen, sondern antwortet immer mit: „... aber du ...“
- Ihr fehlt häufig das nötige Einfühlungsvermögen, und sie denkt nicht darüber nach, wie sich ihre Entscheidungen auf andere auswirken.
- Sie ist nicht bereit, Grenzen zu akzeptieren und zu respektieren.
- Sie übernimmt keinerlei Verantwortung für sich selbst oder ihr Handeln und erwartet, dass du hinter ihr aufräumst.
- Sie weigert sich zuzugeben, dass es in ihrer Vergangenheit (vielleicht sogar in ihrer Kindheit) ein unbewältigtes Trauma geben könnte, das aufgearbeitet werden müsste, damit sie es nicht auslebt.
- Sie verdrehen die Tatsachen, um ihren Standpunkt zu belegen.
- Ihre Version der Realität stimmt nicht mit den Fakten überein.
- Ihre Version der Fakten schützt nur sie selbst, und sie ist nicht in der Lage, zwischen Wahrheit und Täuschung zu unterscheiden.
- Sie ist ihren Gefühlen ausgeliefert und zerstört einen eigentlich wunderbaren Augenblick.
- Sie gibt nicht zu, wenn sie Fehler gemacht hat, sondern kehrt diese unter den Teppich und hofft, dass ihr niemand auf die Schliche kommt.

Vielleicht denkst du beim Lesen dieser Punkte, dass einige davon auch auf dich zutreffen. Das kann ich nachvollziehen.

Manche Punkte treffen nämlich auch auf mich zu. Aber wenigstens sind wir uns bewusst, woran wir noch arbeiten müssen! Wenn wir Fortschritte machen und uns emotional weiterentwickeln, dann bleiben wir nicht in einem unreifen Stadium stecken. Darauf werde ich aber im nächsten Kapitel noch eingehen.

Jetzt gibt es aber noch eine Sache, die wir im Blick behalten sollten.

Menschen, die emotional gereift sind, verwenden die obenstehenden Punkte nicht als Waffe gegen andere. Wir folgen einfach weiter unserem Weg, nehmen uns selbst unter die Lupe, um zu erkennen, was wir erkennen müssen; um zuzugeben, was wir uns eingestehen müssen; um uns bewusst zu machen, was uns an uns selbst und an unseren Beziehungen bewusst werden muss.

Wenn dir jetzt ein paar Beziehungen in den Sinn kommen, bei denen du dich fragst, ob hier emotionale Unreife eine Rolle spielt, dann verstehe ich auch das. Wir brauchen keine Angst davor zu haben, das zu tun. Und wir brauchen nicht immer weiter in die Gegend zu starren und darauf zu warten, dass die Welt nun endlich untergeht. Wir sollten unseren Blick erheben ... dorthin, woher unsere Hilfe kommt (Psalm 121,1–2).

Als ich mich intensiver damit auseinandergesetzt habe, fing ich an, mich zu fragen: „Was sagt eigentlich die Bibel zum Thema ‚emotionale Reife‘?"

Es ist wichtig, dass ich mich von der Wahrheit leiten und mich, ehrlich gesagt, auch ein wenig von ihr in die richtige Richtung schubsen lasse. Ich weiß nämlich, dass ich eher passiv bin, die Art von Mensch, die um schwierige Situationen lieber einen Bogen macht. Ich möchte, dass sie sich von allein lösen und dass es mit der Zeit von selbst besser wird. Und dann ist da ja noch die Tatsache, dass ich als Christin aufgerufen bin, die andere Wange hinzuhalten, vergebungsbereit zu sein und alles mir Mögliche zu tun, um die Wogen in einer Beziehung zu glätten. Das setzt mich ganz schön unter Druck. Aber wenn ich ehrlich bin, dann hat meine Passivität weder mir noch anderen wirklich geholfen. Es mag anfänglich bequem sein und nach einer guten Lösung aussehen, keine Welle zu machen. Doch wenn ich zulasse, dass die Spannungen zunehmen, besteht die Gefahr, dass die ungesunden Dynamiken mich so belasten, dass ich unreif reagiere und in ungesunde Verhaltensmuster verfalle.

Als ich geschaut habe, was die Bibel dazu sagt, musste ich zu meiner Überraschung feststellen, dass es da einen Zusammenhang zwischen Emotionen und Nüchternheit gibt. Meistens denken wir bei Nüchternheit nur daran, dass wir einen Bogen um Suchtmittel machen sollen, die dafür sorgen, dass wir die Kontrolle verlieren. Aber nüchtern zu bleiben kann auch bedeuten, dass wir nicht zulassen sollen, dass unsere Gefühle mit uns durchgehen. Oder um es mit Petrus zu sagen: „Seid nüchtern, seid wachsam!" (1. Petrus 5,8; EÜ).

Dieser Vers erwähnt zwei Reaktionen, die wir uns merken sollten. Zunächst sollen wir „nüchtern" sein, dann auch „wachsam" bleiben. Was spricht Petrus hier an? Sorgen. In Vers 7 (EÜ) weist uns Petrus an: „Werft alle eure Sorge auf ihn, denn er kümmert sich um euch!" Und im zweiten Teil von Vers 8 – nach „Seid nüchtern, seid wachsam!" – geht es dann weiter mit: „Euer Widersacher, der Teufel, geht wie ein brüllender Löwe umher und sucht, wen er verschlingen kann" (EÜ). Petrus erklärt hier, was wir mit unseren Sorgen machen sollen. Wir sollen sie auf Gott werfen – wir sollen sie an ihn abgeben. Und wir sollen nüchtern und wachsam bleiben. Gott hat bei dieser Sache eine bestimmte Aufgabe und wir ebenfalls.

Ja, Gott möchte, dass wir ihm unsere Sorgen überlassen, und das entlässt uns nicht aus der Verantwortung, einen klaren Kopf zu bewahren und das im Blick zu haben, was unsere Gefühle beeinflusst und triggert. Doch es gibt eine Sache, die ich in diesem Abschnitt über den richtigen Umgang mit Sorgen nicht gefunden: den Aufruf zur Passivität.

Wir werden nicht nur dazu ermutigt, aktiv zu werden – wir werden dazu angewiesen, *aktiv* nüchtern und wachsam zu bleiben.[6] Als ich mich gemeinsam mit meinem Seelsorger, der fundierte theologische Kenntnisse hat, intensiver damit beschäftigt habe, hat er mich darauf hingewiesen, dass man emotionale Reife im Sinne dieses Verses auch als emotionale Nüchternheit verstehen kann.

Nüchtern (oder auch: besonnen) zu sein muss man sich bewusst vornehmen. Das Wort, das hier mit „nüchtern" übersetzt wird, ist im griechischen Original νήφω (nepho), was so viel heißt wie „selbstbeherrscht, einen klaren Kopf haben und aufmerksam wahrnehmen, was geschieht".[7] Ein anderes Griechischlexikon erläutert dieses Wort folgendermaßen: „den beherrschenden Einfluss von übermäßigen Gefühlen oder Wünschen zu zügeln (und dadurch vernünftig zu werden); auch verstanden als nüchtern werden vom Alkoholeinfluss".[8] Mit anderen Worten: Nüchtern zu sein bedeutet, die Kontrolle über sich selbst zu behalten. Genauso wie jemand wieder nüchtern werden muss, um die Kontrolle über sich selbst wiederzuerlangen, wenn er zu viel Alkohol getrunken hat, beinhaltet nüchtern zu sein ebenfalls, die Kontrolle über unser Handeln und unsere Reaktionen zurückzugewinnen. Denk dran, dass es da jemanden gibt, der uns nicht nur in Versuchung führen will – er will uns regelrecht verschlingen. Er will, dass unser Handeln und unsere Reaktionen außer Kontrolle geraten. Und er will, dass unsere Gedanken sich im Kreis drehen und das Grübeln einfach kein Ende nimmt.

Das im Original verwendete Wort für „wachsam" ist hier γρηγορέω (gregoreuo) und bedeutet, „aufmerksam, wach und wachsam" zu sein.[9] Oder anders ausgedrückt: nicht verschlafen, abgelenkt, betäubt oder sonst irgendwas zu sein, das uns daran hindern würde, wachsam und aufmerksam zu sein. Damals gab es noch Wächter, die auf Wachtürmen saßen und das Gebiet vor der Stadtmauer im Blick behielten. Sie mussten hellwach sein und auf jede potenzielle Gefahr achten. Die größte

Herausforderung bestand für den Wächter wohl darin, irgendwann einzudösen, abgelenkt oder nicht mehr aufmerksam zu sein. Oder mit anderen Worten: nicht länger wachsam zu sein.

Beide Worte – „nüchtern" und „wachsam" – warnen davor, die Kontrolle zu verlieren. Petrus erinnert uns also daran, wie wichtig es ist, dass wir unser Leben aktiv gestalten, wenn wir gegen den Feind ankämpfen und gegen seine verschiedenen Taktiken, uns zu einem Kontrollverlust zu verführen.

Doch was hat das alles jetzt mit der Notwendigkeit zu tun, jemandem Grenzen zu setzen, der sich als emotional unreif erwiesen hat oder dem es an emotionaler Nüchternheit mangelt? Im nächsten Kapitel werde ich dir einige praktische Tipps an die Hand geben, wie du emotional nicht so ganz gesunden Menschen gesunde Grenzen setzen und diese wahren kannst.

Aber jetzt würde ich das Gesagte gern noch an einem Beispiel illustrieren: Hol dir doch mal ein Glas Wasser und stell es vor dich auf einen waagerechten Untergrund. Siehst du, dass der Wasserspiegel auf der linken Seite genauso hoch ist wie auf der rechten? Wenn du ein Glas Wasser anschaust, das auf einer waagerechten Oberfläche steht, dann ist der Wasserspiegel links und rechts immer gleich hoch. Du hast vermutlich noch nie gesehen, dass bei einem Glas Wasser, das auf einer waagerechten Oberfläche steht, der Wasserspiegel auf einer Seite höher ist als auf der anderen. Und genauso, wie die Schwerkraft dafür sorgt, dass die Wasserfläche exakt in einer Horizontalen bleibt, wenn das Glas ruhig steht, so wird sich auch in den stressigen Zeiten deines Lebens zeigen, ob deine Beziehungen irgendwo aus dem Gleichgewicht geraten sind. Beziehungen sind nur dann im Lot, wenn sich beide Seiten gleichermaßen den folgenden Punkten verpflichtet fühlen:

- gute Gewohnheiten,
- gesunde Selbstwahrnehmung,
- Einfühlen in die Emotionen des anderen.

Wenn jemand ungesunde Gewohnheiten hat, kein realistisches Selbstbild besitzt oder sich nicht dafür interessiert, wie es dir geht, werden die Spannungen zwischen euch immer weiter zunehmen. Irgendwann gibt es dann nur noch zwei Alternative: Entweder lässt du dich auf sein Niveau herab oder der andere begibt sich auf dein Niveau herauf. Aber aktiv hast nur du es in der Hand, ob du dich mit dieser Spannung arrangierst oder ob du sagst: „Jetzt reicht's" und etwas veränderst.

Ich hoffe aber, dass es uns gelingt, gute Veränderungen herbeizuführen, statt alles seinen Gang gehen zu lassen, bis uns nichts anderes mehr übrigbleibt, als die Beziehung zu beenden. Es ist sicher nicht leicht, Grenzen zu setzen. Aber Grenzen sind immer noch eine bessere Lösung, als einen harten Schnitt zu machen. Und sie sind ganz bestimmt besser, als ständig barfuß im Gras zu stehen, in die Gegend zu starren und felsenfest überzeugt zu sein, dass die Welt bald untergeht.

> *Beziehungen sind nur dann im Lot, wenn sich beide Seiten gleichermaßen den folgenden Punkten verpflichtet fühlen: gute Gewohnheiten, gesunde Selbstwahrnehmung, Einfühlen in die Emotionen des anderen.*

Eine Anmerkung von Jim dazu, wenn jemand Grenzen ablehnt

Womit sich die Menschen nicht auseinandersetzen, das wird man irgendwann an ihrem Verhalten und ihren Worten ablesen können. Wenn jemand sich nicht mit seinen Problemen auseinandersetzt, werden seine Probleme irgendwann zu deinen Problemen.

Wenn in jemandem Chaos herrscht, weil er Dinge nicht verarbeitet hat, wird sich dieses Chaos seinen Weg nach außen suchen und auch dort für Probleme sorgen; Schuldzuweisungen sind dann an der Tagesordnung. Diese stellen einen – ungesunden – Versuch dar, unverheilte Verletzungen zu therapieren. Wenn du dann versuchst, Grenzen zu ziehen, um dich vor diesem Chaos zu schützen, wird der andere beleidigt sein und versuchen, dich dahingehend zu manipulieren, dass du dich schuldig fühlst. All das nur, damit du die Grenze wieder aufgibst, denn manipulative Menschen mögen keine Grenzen! Und die Wahrscheinlichkeit ist hoch, dass ein manipulativer Mensch ein unverarbeitetes Trauma hat oder in der Kindheit verletzt wurde, was dazu führt, dass er sich gegen alles zur Wehr setzt, was vermeintlich Kontrolle über ihn ausüben will.

Für einen manipulativen Mensch ist deine Grenze bloß eine gelbe Ampel, obwohl du sie als rote Ampel gedacht hast, an der man stehenbleiben sollte, damit deine Sicherheit gewährleistet ist. Eine manipulative Person wird jedoch absichtlich Gas geben und über die Kreuzung fahren und dabei das Risiko für sich selbst oder für dich in Kauf nehmen. Ein manipulativer Mensch wird *alles* tun, um sich gegen das Gefühl zu wehren, kontrolliert zu werden.

Wenn ihr jemand eine Grenze setzt, wird eine Person mit einem unverarbeiteten Kindheitstrauma möglicherweise in das Alter zurückfallen, als sie sich das erste Mal unsicher gefühlt hat. Für dich dient die Grenze als Schutz, damit die Beziehung gesund bleibt. Doch dein Gegenüber interpretiert sie wahrscheinlich als Ablehnung seiner Person.

Jetzt wird's praktisch

VERGISS NICHT

- Es ist brutal und niederschmetternd, wenn dein Leben auf den Kopf gestellt wird, aber das kann gleichzeitig dazu beitragen, einige emotionale Probleme ans Licht zu bringen, um die man sich kümmern sollte.
- Die Spannung ist darauf zurückzuführen, dass du die harte Arbeit in Angriff genommen hast, die Dysfunktion nicht länger hinzunehmen.
- „Womit sich die Menschen nicht auseinandersetzen, das wird man irgendwann an ihrem Verhalten und ihren Worten ablesen können." Jim Cress
- Wenn du merkst, dass du für die kleinsten Freundlichkeiten unheimlich dankbar bist, baust du Luftschlösser.
- Wenn du das Gefühl hast, dass du Überzeugungen, gute Dinge, die dir wichtig sind, opfern musst, damit niemand ihre schlechteste Seite zu sehen bekommt, dann solltest du dieses Warnsignal nicht übersehen.
- Beziehungen sind nur dann im Lot, wenn sich beide Seiten gleichermaßen den folgenden Punkten verpflichtet fühlen: gute Gewohnheiten, gesunde Selbstwahrnehmung, Einfühlen in die Emotionen des anderen.

NIMM ES AN

Ich schaue hinauf zu den Bergen – woher wird meine Hilfe kommen? Meine Hilfe kommt vom Herrn, der Himmel und Erde gemacht hat. Psalm 121,1–2

Seid nüchtern, seid wachsam! 1. Petrus 5,8 (EÜ)

Seid wachsam. Haltet treu an dem fest, was ihr glaubt. Seid mutig und stark. Alles, was ihr tut, soll in Liebe geschehen. 1. Korinther 16,13–14

DENK NACH

- „Durch deine Heilung wird die emotionale Unreife der Menschen in deinem Umfeld, die sich selbst nicht darum bemühen, geheilt zu werden und sich weiterzuentwickeln, noch stärker hervortreten." Wie siehst du das?
- Welche Situationen kommen dir in den Sinn, wenn du diese Aussage liest: „Die Person ist frustriert darüber, dass du nicht länger bereit bist, vor ihren ungesunden Verhaltensmustern die Augen zu verschließen bzw. nicht länger mitzuspielen"? Gibt es irgendwelche ungesunde Verhaltensmuster, bei denen du nicht länger mitmachen willst?
- Hattest du schon mal das Gefühl, dass du Überzeugungen, gute Dinge, die dir wichtig sind, opfern musst, damit niemand die schlechteste Seite der anderen Person zu sehen bekommt?

GEBET

Vater, ich weiß, dass ich emotional gesund werden kann. Hilf mir, besonnen und wachsam zu bleiben. Und sei an meiner Seite, wenn ich beschließe, ungesunde Verhaltensmuster einfach nicht länger hinzunehmen. Ich weiß, dass es nicht leicht ist, Grenzen zu setzen und daran festzuhalten, aber bitte hilf mir, hier Veränderungen vorzunehmen. Und hilf mir auch, mit Enttäuschungen fertigzuwerden, die zwangsläufig auftreten werden, wenn ich die nötigen Grenzen ziehe. Danke, dass du Gutes für mich bereithältst. Amen.

Kapitel 7

Du brauchst dir das, was der andere sagt, nicht zu eigen zu machen

Im Laufe der Jahre habe ich mir eine Denkweise zugelegt, von der ich mich immer noch zu lösen versuche. Ich werde gleich mehr darüber erzählen. Aber zuerst möchte ich dir ein wenig erklären, wie meine Haltung zum Leben aussieht und warum mich anfänglich der Gedanke an Grenzen so abgeschreckt hat und warum ich sie für lieblos gehalten habe. Ich kann mich noch gut daran erinnern, wie ich in der Grundschule gesessen und die Goldene Regel gelernt habe: „Behandle andere so, wie du von ihnen behandelt werden willst."

Ich weiß nicht mehr, ob ich damals in der ersten oder zweiten Klasse war, aber ich erinnere mich noch daran, dass die Tafel im Klassenzimmer riesig war und das schwarze Brett rechts daneben ebenfalls beeindruckend. Sie war bunt und hübsch. Ganz oben stand jeden Tag ein anderes Zitat, das uns inspirieren sollte, die Sache mit Bildung und Charakterentwicklung ernst zu nehmen. Unter diesem Zitat befand sich eine Liste von Regeln für das Klassenzimmer und die Goldene Regel bekam dabei als wichtigste einen besonderen Platz! Unterhalb der Regeln standen in sauberen Reihen die Namen aller Schüler; unter jedem davon klebten jeweils drei Kärtchen: ein grünes, ein gelbes und ein rotes. Unser Ziel bestand Tag für Tag darin, dafür zu sorgen, dass das grüne Kärtchen ganz oben unter unserem Namen blieb, denn das bedeutete, dass wir nett und verantwortungsvoll waren und die Lehrerin und unsere Mitschüler mit Respekt behandelten.

Wenn ein Schüler gegen diese Vorgaben verstieß, rief die Lehrerin ihn oder sie ans schwarze Brett, und der Betreffende musste die grüne Karte abnehmen und die gelbe ganz nach oben heften, sodass alle es sehen konnten. Und wenn dann jemand, der bereits eine gelbe Karte erhalten hatte, weiterhin aus der Reihe tanzte, musste er die gefürchtete rote Karte unter seinen oder ihren Namen heften und wurde zum Direktor zitiert.

Ich hatte solche Angst vor der gelben und der roten Karte! Ich verstand damals nicht, dass die Regeln uns helfen sollten, Verantwortungsbewusstsein zu entwickeln. Diese Regeln weckten in mir bloß eine riesige Angst davor, ein schlechter Mensch zu sein. Was folglich für mich hieß: Wenn ich die Regeln befolgte, wäre ich ein guter Mensch. Und ich wollte nicht nur deshalb gut sein, um von den anderen akzeptiert zu werden. Ich hatte das Gefühl, ich müsste ein guter Mensch sein, um mich selbst annehmen zu können. Als Kind war mir das natürlich noch nicht bewusst, und ich hätte das niemals so ausgedrückt, aber ich erinnere mich noch ganz genau daran, dass ich an den meisten Tagen mit einem unguten Gefühl in der Magengrube zur Schule ging.

Ich glaubte, ich müsste alles tun, damit nur ja nie eine gelbe oder rote Karte unter meinem Namen klebte. Diese Karten definierten für mich fälschlicherweise, wer ich war. Und jetzt kommt das, was die Sache wirklich kompliziert machte: Ich sah, wie gute Kinder es sich mit den weniger guten verscherzten. Die machten sich dann einen Sport daraus, negative Dinge über die guten Kids zu verbreiten und die Lehrer davon zu überzeugen, sie ans schwarze Brett zu rufen und die gelbe Karte nach oben zu heften. Einige Schüler amüsierten sich darüber. Doch ich sah die Sache viel ernster. Das war doch kein Spiel. Es war ein einziger Albtraum.

Selbst wenn du es vielleicht nicht so mit Regeln hast, kannst du das hier, glaube ich, nachvollziehen. Bei dieser ganzen Sache ging es mir nicht nur darum, Regeln zu befolgen. Es ging mir darum zu kontrollieren, welches Bild die anderen von mir hatten. Und ich glaube, die meisten von uns – ganz egal, wie wir gestrickt sind – wollen nicht missverstanden, falsch gesehen oder falscher Absichten beschuldigt werden.

Wir wollen nicht, dass falsche Narrative über uns verbreitet werden, die nicht mit dem übereinstimmen, wer wir wirklich sind. Wenn wir stark sind, wollen wir nicht, dass die Menschen denken, wir seien schwach. Wenn wir mitfühlend sind, wollen wir nicht, dass andere behaupten, wir seien egoistisch. Wenn wir verantwortungsbewusst sind, wollen wir nicht als gleichgültig hingestellt werden. Wenn wir fleißig sind, wollen wir nicht als faul gelten. Wenn wir als Christen leben, wollen wir nicht, dass andere uns vorwerfen, wir würden so leben, als nähmen wir unseren Glauben nicht ernst.

In meiner Vorstellung musste ich also nicht nur all die Regeln befolgen, sondern ich durfte es mir auch mit niemandem verscherzen. Ich tat alles in meiner Macht Stehende, um dafür zu sorgen, dass das Bild, das meine Klassenkameraden von mir hatten, in Einklang mit dem stand, wie ich wahrgenommen werden wollte.

Das war wirklich ermüdend – aber ich glaubte, keine andere Wahl zu haben. Ich wollte, dass man mich für gut hielt. Schließlich kann es für einen jungen Menschen, der immer noch dabei ist herauszufinden, wie das Leben so funktioniert, brutal sein, unter der Last zu leiden, dass andere ein völlig falsches Bild von ihm haben. Und auch wenn es eine tolle Sache ist, wenn ein Kind versucht, sich richtig zu verhalten: Meine verzweifelte Sehnsucht danach, dass die anderen das „richtige" Bild von mir hatten, war alles andere als gesund. Dadurch war ich anfällig für eine Denkhaltung, die wenig hilfreich war.

Meine Denkweise, die ich schon am Anfang des Kapitels erwähnt habe, war schlicht: Das, was andere über uns denken, definiert, wer wir sind.

Wenn unserem Leben diese Denkhaltung zugrunde liegt, werden wir verzweifelt versuchen, die Wahrnehmung, die andere von uns haben, zu steuern. Wir werden unser Leben lang versuchen, Meinungen zu kontrollieren, sodass sie immer zu unserem Vorteil sind, und all das nur, damit wir uns gut fühlen.

Aber diese Denkweise geht mit einer tragischen Realität einher: Wenn wir uns zu viele Gedanken darüber machen, dass die anderen auch ja ein positives Bild von uns haben, wird uns ihre Zustimmung wichtiger sein als die von Gott. Paulus spricht diese Problematik in seinem Brief an die Gemeinde in Galatien an: „Geht es mir denn um die Zustimmung der Menschen oder geht es mir um Gott? Suche ich etwa Menschen zu gefallen? Wollte ich noch den Menschen gefallen, dann wäre ich kein Knecht Christi" (Galater 1,10; EÜ). Außerdem ist es schlicht unmöglich, es immer allen Menschen recht zu machen.

Ja, das wissen wir eigentlich auch. Aber nur so lange, bis wir es wieder vergessen – vor allem bei Menschen, deren Meinung einen großen Einfluss auf uns hat. Wenn wir Menschen enttäuschen, eine andere Einstellung haben als sie, nicht alles so machen, wie sie das für richtig halten, oder versuchen, Grenzen zu setzen, mit denen sie nicht einverstanden sind, dann denken die andere vielleicht schlecht von uns. Und wenn sie schlecht von uns denken, dann befürchten wir, dass wir uns auch nicht mehr gut fühlen könnten.

DIE GRUNDANGST

Um ehrlich zu sein: Damit hatte ich nicht bloß in der Grundschule zu kämpfen. Ich kämpfe heute noch damit. Vielleicht tun wir das auch alle mehr oder weniger. Ich glaube, das berührt die Grundangst, die wir empfinden, wenn es darum geht, Grenzen zu setzen: Wenn ich eine Grenze setze, wird irgendjemand mich nicht mehr so sehen, wie ich gesehen werden will. Der Betreffende wird mich nicht mehr als den Menschen sehen, der ich für diese Person sein will. Er wird nicht mehr das Beste von mir denken, und in mir steckt etwas, das möchte, dass andere nur das Beste von mir denken.

Wenn wir Grenzen setzen und andere mit Äußerungen darauf reagieren, die uns nicht wirklich so beschreiben, wie wir sind oder sein wollen, dann kann es uns so vorkommen, als würden wir missverstanden und abgestempelt. Um gegen diese falsche Sicht unserer Person anzugehen, verzichten wir dann allzu oft wieder auf die Grenzen. Lieber nehmen wir es hin, dass unsere Grenzen überschritten werden, als dass wir uns damit abfinden, dass andere ein falsches Bild von uns haben.

So geht es mir jedenfalls. Und dir?

Mir ist es erst kürzlich wieder so gegangen. Ich präsentierte auf einer Versammlung, bei der unser Ort über eine neue Regelung abstimmen sollte, einige Fakten, die dagegensprachen. Die Regelung wurde nicht verabschiedet, und in der Folge waren diejenigen, die für diese Regelung eingetreten waren, so frustriert, dass sie mir vorwarfen, unvernünftig zu sein. Das hat mir wirklich sehr zu schaffen gemacht. In dieser Nacht wachte ich um drei Uhr morgens auf und hatte solche Angst, weil die anderen nun ein schlechtes Bild von mir hatten, dass mir buchstäblich schlecht wurde. Ich verstand nicht, warum mich das so zerriss. Ich hatte doch die Wahrheit gesagt. Meine Motive waren aufrichtig und meine Gründe fundiert gewesen. Aber die Vorwürfe derjenigen, die auf der anderen Seite standen, ließen mich daran zweifeln, ob ich die negativen Konsequenzen für meine Familie und mein Viertel nicht lieber einfach hätte hinnehmen sollen.

Ich versuche heute noch, diese Gefühle zu verarbeiten. Kolosser 1,10–11 (NGÜ) ist einer der Bibelverse, an die ich mich hier klammere: „Dann könnt ihr ein Leben führen, durch das der Herr geehrt wird und das ihm in jeder Hinsicht gefällt. Ihr werdet imstande sein, stets das zu tun, was gut und richtig ist, sodass euer Leben Früchte tragen wird, und werdet Gott immer besser kennen lernen. Er, dem alle Macht und Herrlichkeit gehört, wird euch mit der ganzen Kraft ausrüsten, die ihr braucht, um in jeder Situation standhaft und geduldig zu bleiben."

Ich möchte ein Leben führen, durch das Gott geehrt wird. Das, was ich sage und tue, soll ihm gefallen. Ich will Frucht bringen. Ich will mich weiterentwickeln und mir immer wieder von Gott neue Kraft schenken lassen. Ich will geduldig sein und Durchhaltevermögen besitzen. Und das bringt mich zu der Frage: Kann ich nach diesen Versen leben, ohne Grenzen ziehen zu müssen? Meine Antwort: Das ist nicht sehr wahrscheinlich. Also muss ich die Grenzen aufrechterhalten, bis Gott mir etwas anderes zeigt.

Vielleicht hast du im Moment das Gefühl, dass alles, was ich sage, ganz logisch klingt. Schließlich sind wir gerade unter uns und arbeiten dieses Buch in einem sicheren Rahmen durch. Du nickst vielleicht und denkst: *Ja, ich muss eine Grenze ziehen, und ich glaube, ich schaffe das auch.* In diesem Augenblick kommt dir die Grenze sinnvoll vor. Aber was ist, wenn deine Entschlossenheit ins Wanken gerät, weil du in einem emotional aufgeladenen Moment versuchst, die Grenze durchzusetzen, und dein Gegenüber Dinge sagt, die dich frustrieren, dich daran zweifeln lassen, ob die Grenze gerechtfertigt ist, oder dir auf verletzende Weise Vorwürfe macht? Du musst darauf vorbereitet sein, um dann zu wissen, was zu tun ist.

Hast du solche Aussagen schon mal zu hören bekommen? Haben diese Äußerungen dazu beigetragen, dass du deine Grenzen aufgegeben hast oder dass du jemandem eine Grenze gesteckt hast?

Jemand sagt:

- „Was ich getan habe, war keine große Sache. Du übertreibst doch."
- „Du bist zu empfindlich."
- „Und du willst Christ sein? Jesus hätte die Menschen nicht so behandelt."
- „Ich dachte, Christen sollten anderen immer vergeben?"
- „Du bist so hartherzig. Jesus hätte sich nicht einfach umgedreht und wäre gegangen."
- „Das ist ein weiterer Beweis dafür, dass du kontrollsüchtig bist und nicht vergeben kannst."
- „Jesus hat alle Menschen geliebt und ist jedem mit Nachsicht und Mitgefühl begegnet. Was ist dein Problem?!"
- „Du bist nicht mehr du selbst. Du hast dich verändert."
- „Ich bin so enttäuscht von dir."
- „Du spinnst doch. Das ergibt doch überhaupt keinen Sinn."
- „Du bist so selbstsüchtig. Dir geht es doch nur um dich selbst."
- „Ernsthaft? Wie kannst du so gemein sein, nach allem, was ich für dich getan habe?"
- „Du liegst so was von daneben. Grenzen sind doch nicht biblisch."
- „Aber du bist doch meine _____ [Frau, Tochter, beste Freundin, Mutter, Schwester]. Es ist nicht in Ordnung, dass du dich mir gegenüber so _____ verhältst."

Und jetzt verrate ich dir, warum diese Äußerungen uns so irritieren und belasten:

Sie sind beleidigend. Sie vermitteln nicht das richtige Bild unserer Person. Missverstanden oder in eine Schublade gesteckt zu werden, ist deshalb so grausam, weil es deutlich macht: Jemand nimmt unsere Persönlichkeit nicht so ernst.

Sie stellen eine Bedrohung dar. Wenn jemand verletzend ist, uns Vorwürfe macht und unsere Grenzen austestet, kann das bei uns den Eindruck erwecken, als würde uns das genommen, was auch immer diese Beziehung uns gegeben hat. Als würde dieses Bedürfnis nicht länger erfüllt.

Sie verwirren. Wenn jemand uns dazu bringt, unser Bedürfnis nach dieser Grenze zu hinterfragen, kann das dazu führen, dass wir an den Tatsachen, unserem gesunden Menschenverstand oder unserer Vernunft zweifeln, ja sogar daran, ob das, was passiert ist, denn wirklich so schlimm war. Es kann passieren, dass wir uns die Frage stellen, ob nicht *wir* das eigentliche Problem sind, statt über die Ursachen nachzudenken und darüber, warum wir überhaupt in dieser ungesunden Dynamik feststecken.

Es ist sehr wichtig, dass wir uns diese Gefühle bewusst machen, denn sie können uns dafür anfällig machen, keine guten Grenzen zu ziehen. Zunächst einmal sollten wir über diese Äußerungen, die Zweifel in uns wecken könnten, Folgendes wissen: Jede ist ein Beweis dafür, dass wir dieser Person unbedingt Grenzen setzen sollten.

Zweitens sollten wir uns bewusst machen: Wenn wir befürchten, dass diese Person eine schlechte Meinung von uns hat, dass sie uns womöglich verlassen oder uns das Gefühl vermitteln wird, dass wir hier das Problem sind – und das alles nur, weil wir uns bemühen, eine gesunde Beziehung zu haben –, dann ist die Wahrscheinlichkeit noch größer, dass diese Person *ohne Grenzen* alle drei Dinge tut. (Lies diesen letzten Satz noch mal... oder auch noch zehnmal.)

Menschen mit solchen Problemen haben typischerweise ihre Gefühle und Erwartungen nicht gut unter Kontrolle (Selbstregulation). Sie sind schnell beleidigt, wenn du nicht gleich springst, falls sie aufgrund ihres mangelnden Verantwortungsbewusstseins etwas vermasselt haben. Und ihr Bedürfnis übertrumpft auch deine Begrenzungen. Ein weiteres verräterisches Merkmal ihres ungesunden Verhaltens ist, dass sie nicht bereit sind, ein Nein zu akzeptieren. Stattdessen machen sie dir ein schlechtes Gewissen oder wecken in dir Zweifel daran, dass diese Grenze tatsächlich nötig ist.

Wenn wir seelisch gesund bleiben wollen, müssen wir unser begrenztes Maß an Kraft und Energie richtig einsetzen. Wir könnten Jahre mit dem Versuch zubringen, die Ansichten des anderen zu ändern oder ihm zu beweisen, dass wir diese Grenze brauchen. Oder wir könnten auf diese Grenze verzichten und weiter mit dieser gestörten Beziehung leben, was aber das Allerschlimmste wäre.

Ich will natürlich nicht, dass wir jetzt anfangen, alle Personen in unserem Umfeld in die Kategorien „gesund" oder „ungesund" zu stecken. Aber wir sollten darauf achten, wer unsere vernünftigen Grenzen akzeptiert und wer nicht.

Der Apostel Paulus spricht in seinem Brief an die Gemeinde in Philippi einige wichtige Aspekte von Liebe an: „Ich bete darum, dass eure Liebe zueinander noch tiefer wird und dass sie an Erkenntnis und Einsicht zunimmt. Denn ihr sollt imstande sein zu erkennen, worauf es ankommt, damit ihr rein und vorbildlich vor Christus steht, wenn er wiederkommt" (Philipper 1,9–10). Was mir an diesen Versen gefällt, ist, dass die Liebe hier mit Erkenntnis und Einsicht in Verbindung gebracht wird. Also trifft das Gegenteil genauso zu: Ein Mangel an Erkenntnis und Einsicht ist lieblos. Für uns ist Liebe oft nur ein Gefühl. Aber wir dürfen nicht vergessen, dass mit „Liebe" in der Bibel auch ein zielorientiertes Handeln gemeint ist, bei dem wir das Beste für uns und den anderen anstreben. Wenn wir das im Hinterkopf behalten, sollte unsere Herzenshaltung voller Erkenntnis und Einsicht sein, wenn wir Grenzen setzen, damit wir das aus echter Liebe heraus tun.

Gesunde Menschen, die sich nach gesunden Beziehungen sehnen, haben kein Problem damit, wenn andere vernünftige Grenzen setzen. Der Verfasser des Hebräerbriefes erinnert uns daran, dass reife Menschen „aufgrund ihrer Erfahrung gelernt haben, zwischen Gut und Böse zu unterscheiden" (Hebräer 5,14"). Das Wort „unterscheiden" beinhaltet, dass jemand es versteht zu erkennen, wie man einen Menschen richtig behandelt und welches Verhalten nicht akzeptabel ist; was man sagen sollte und was man lieber nicht sagen sollte. Und nur weil man etwas tun *kann*, heißt das noch lange nicht, dass man es auch tun *sollte*. Wenn wir unser Handeln sorgfältig abwägen, entwickeln wir mit der Zeit eine Weisheit, der andere gern vertrauen.

Gesunde Menschen sind reife Menschen. Sie versuchen:

- unsere Sorgen zu verstehen,
- Probleme zu besprechen, die durch die Notwendigkeit einer Grenze zutage treten,
- unsere Grenzen zu respektieren.

> *Gesunde Menschen, die sich nach gesunden Beziehungen sehnen, haben kein Problem damit, wenn andere vernünftige Grenzen setzen.*

Gesunde Menschen, die gesunde Beziehungen führen wollen, gehen auch verantwortungsvoll mit dem Zugang zu deiner Person um, den du ihnen gewährst. Wenn sich jemand zum Beispiel dein Auto leiht, wirst du es sehr wahrscheinlich nicht mit leerem Tank zurückbekommen. Und wenn doch, dann kannst du der Person sagen, dass sie bitte beim nächsten Mal das verfahrene Benzin wiederauffüllen soll, wenn sie das Auto noch einmal ausleihen will. Und der andere wird das vermutlich als angemessene Bitte verstehen und dir nicht das Gefühl vermitteln, du seist geizig oder pingelig.

Selbst wenn jemandem eine Grenze, die du gezogen hast, nicht gefällt, so erkennt ein gesunder Mensch doch den Unterschied zwischen „verletzt sein" und „verletzen wollen". Eine Freundin, die ständig zu spät kommt, kann verletzt sein, weil du nicht mehr mit ihr zu irgendwelchen Veranstaltungen fahren willst. Aber sie weiß, dass du diese Grenze nicht gezogen hast, um ihr wehzutun. Sie wird nicht denken, dass du egoistisch oder gemein bist. Sie wird dir auch nicht die Schuld für etwas geben, das ganz allein ihr Problem ist. Und sie wird dich ganz bestimmt nicht persönlich angreifen, dein Bedürfnis nach Sicherheit oder deine Einschätzung der Tatsachen hinterfragen. Sie wird sich entweder bemühen, pünktlicher zu sein, und gemeinsam mit dir fahren, oder dich einfach erst auf der Veranstaltung treffen. Aber so oder so wird sie dich genügend respektieren, um deine Grenze zu respektieren.

Gesunde Menschen können deine Grenzen nachvollziehen, weil sie ihre eigenen Grenzen kennen. Sie kommunizieren, was sie können und was nicht und was sie bereit sind zu tolerieren und was nicht. Und sie gestehen dir zu, es genauso zu machen.

Das Problem besteht also manchmal nicht darin, dass wir nicht in der Lage wären, gesunde Grenzen zu setzen. Wir sind vielleicht nur nicht in der Lage zu erkennen, dass wir von einer ungesunden Beziehung keine positiven Dinge erwarten können.

NIMM DICH SELBST UNTER DIE LUPE

Weil wir – vielleicht ohne es zu merken – ständig bei anderen nach Bestätigung suchen, haben wir irgendwann aufgehört, den Blick nach oben zu richten. Wenn wir ein Leben führen wollen, an dem Gott Freude hat, sollten wir eines nicht vergessen: Nur weil Menschen unsere Grenzen nicht mögen, bedeutet das nicht, dass wir unser Leben in Gottes Augen nicht richtig führen.

Wenn wir eine Grenze ziehen, und jemand sagt daraufhin etwas, das uns verletzt oder beleidigt, kann es hilfreich sein, einen Blick nach innen zu werfen. Haben wir irgendwo versucht, jemandem zu schaden, jemanden zu kontrollieren, zurückzuschlagen oder uns zurückzuziehen, oder handeln wir vielleicht selbst verantwortungslos? Es ist eine gute Idee, sich in solchen Situationen selbst zu prüfen – aber die eigene Identität zu hinterfragen, ist es nicht.

Wenn wir uns selbst prüfen, bedeutet das, wir nehmen unsere Einstellung oder unser Verhalten unter die Lupe, um so zu kontrollieren, ob beides mit Gottes Willen übereinstimmt. Wenn wir hingegen unsere Identität hinterfragen, bedeutet das, dass wir daran zweifeln, wer wir sind, weil wir anderen zu viel Macht gegeben haben und uns von ihrer Meinung abhängig machen.

Ich weiß nicht, wie ich es sonst ausdrücken soll, außer ganz direkt: Wenn unsere Identität – die grundsätzliche Überzeugung darüber, wer wir sind – von der Meinung eines anderen Menschen abhängt, dann sollten wir uns noch mal Gedanken darüber machen. Wir sollten uns ehrlich eingestehen, wie viel Zugang wir dieser Person zu unserem Innersten gewährt haben. Es ist an sich nichts Schlechtes, wenn wir jemandem Einblick in das geben, was uns auf dem Herzen liegt. Aber wenn wir einem unreifen Menschen zu viel Macht darüber geben, kann das unser Leben erschüttern. Es besteht die Gefahr, dass wir unsere guten Seiten aus den Augen verlieren, wenn die Meinung dieser Person anfängt, unser Selbstbild negativ zu beeinflussen. Wir bemühen uns dann nämlich nur noch darum, die Beziehung um jeden Preis aufrechtzuerhalten. Und wenn wir erst einmal in diesem Kreislauf gefangen sind, bemühen wir uns manchmal mehr darum, ihr Bild von uns positiv zu beeinflussen, als uns um uns selbst und um die Beziehung zu kümmern, indem wir angemessen Grenzen setzen.

Wir haben ja in den vorangegangenen Kapiteln schon über den Zugang zu unserer Person und die damit verbundene Verantwortung gesprochen. Wenn wir anderen Zugang zu uns gewähren, dann müssen sie auch verantwortungsvoll damit umgehen. Und der emotionale Zugang zu unserem Herzen ist hier ganz besonders wichtig.

Von einer ungesunden Beziehung können wir
keine positiven Dinge erwarten.

GRENZEN OHNE FRAGEZEICHEN

Da unser Selbstbild viel zu oft mit dem Bild, das andere von unserer Person haben, verbunden ist, ist es auch kein Wunder, dass wir uns Gedanken machen und meinen, Grenzen seien nur dann gerechtfertigt, wenn unser Gegenüber ihnen zustimmt und sie respektiert. Mit anderen Worten: Wir formulieren unsere Grenzen daher oft nicht als Aussagen mit einem Punkt am Ende, sondern hängen noch eine Frage dran: „Kannst du damit leben?... In Ordnung?... Funktioniert das so für dich?... Das ist doch verständlich, oder?... Du verstehst doch, worum es mir geht, oder?" Wenn wir unsere Grenzen als Fragen formulieren, laufen wir jedoch Gefahr, dass sie hinterfragt, diskutiert und nicht respektiert werden. Wenn wir eine Grenze ankündigen, in unseren Worten aber Zweifel mitschwingen, wird es uns nicht gelingen, sie auch effektiv durchzusetzen.

Und dann kommt noch diese seltsame Auffassung hinzu, dass wir als Christen dazu verpflichtet sind, auf das zu verzichten, was für uns am besten wäre, und so unser Leben für andere zu geben. (Auf Seite 245 findest du einige Bibelstellen, die gern benutzt werden, um Personen, die Grenzen setzen, ein schlechtes Gewissen zu machen.) Woher stammt eigentlich diese Vorstellung, wir dürften nie Nein sagen, keine Grenzen setzen oder müssten das schlechte Benehmen anderer immer tolerieren? Wenn wir unsere Haltung zu Grenzen durch diese falsche Wahrnehmung filtern, dann ist es auch nicht weiter verwunderlich, dass es vielen von uns nicht nur sehr schwer fällt, sondern nahezu unmöglich vorkommt, Grenzen zu setzen.

Hier sind die Gründe:

- Wir sind uns nicht sicher, wer wir eigentlich sind.
- Wir sind uns nicht sicher, was genau wir brauchen.
- Wir sind uns nicht sicher, ob wir damit leben könnten, wenn andere sich von uns abwenden.

Wir werden im nächsten Kapitel darüber sprechen, was wir brauchen. Aber jetzt wollen wir einmal ehrlich über eine sehr wichtige Frage nachdenken:

Wer bist du?

Als ich mir die Zeit genommen habe, diese Frage in Bezug auf mich selbst zu beantworten, fragte ich mich, warum ich das bisher noch nie getan hatte. Als ich ehrlich darüber nachdachte, kam es mir nämlich unglaublich befreiend vor, für mich selbst herauszufinden, wer ich wirklich bin. Damit einher ging, dass ich nicht länger versuchen musste, mich gegen die Einschätzung anderer zu verteidigen.

> *Wenn wir unsere Grenzen als Fragen formulieren, laufen wir Gefahr, dass sie hinterfragt, diskutiert und nicht respektiert werden. Wenn wir eine Grenze ankündigen, in unseren Worten aber Zweifel mitschwingen, wird es uns nicht gelingen, sie auch effektiv durchzusetzen.*

Ich bin zu folgendem Ergebnis gekommen: Ich bin eine Frau, die Gott und andere Menschen liebt. Deshalb habe ich durch Christus, der in mir lebt (Galater 2,20), die Kraft, die Person zu sein, die Gott im Sinn hatte, als er mich erschuf. Ich bin freundlich, kreativ, fürsorglich, großzügig, lustig und loyal.

Das sind einige meiner Eigenschaften – aber davon sieht man wenig, wenn andere mich benutzen, mich übervorteilen, unrealistische Erwartungen an mich haben und mir falsche Motive unterstellen, wenn ich Nein sage. Mit anderen Worten: Wenn ich zulasse, dass jemand meine Grenzen verletzt, kann mich das so frustrieren, dass mein Verhalten das genaue Gegenteil von dem widerspiegelt, wie ich wirklich bin. Und ich allein trage die Verantwortung für diese Reaktion; nicht das, was jemand anderes getan hat, sorgt dafür, sondern meine Reaktion auf das, was andere tun.

Grenzen helfen mir also, der Person treu zu bleiben, die ich wirklich bin. Wenn ich keine Grenzen ziehe, kann es passieren, dass ich mich zu sehr verausgabe und dann angespannt, verbittert, wütend, verärgert, genervt und distanziert bin. So bin ich eigentlich nicht, also liegt es in meiner Verantwortung, dafür zu sorgen, dass mich das Verhalten und die Erwartungen einer anderen Person nicht so zermürben, dass ich mich von meiner schlimmsten Seite zeige. Biblisch gesprochen geht es darum, dass ich nicht zulassen darf, dass jemand anderes mich dazu bringt, die Persönlichkeit zu verraten, die ich als jemand, der mit Jesus Christus unterwegs ist, in Wirklichkeit bin.

Und jetzt bist du an der Reihe, diese wichtige Frage für dich zu beantworten: *Wer bin ich?*

Halte mal inne. Denk darüber nach.

Und wenn dir die Antwort schwerfällt, dann liegt es vielleicht daran, dass du diese Person verloren hast. Manchmal lassen wir uns schon so lange von den Meinungen und Bedürfnissen anderer definieren, dass wir uns selbst dabei verloren haben. Oder vielleicht war unser Leben so verwirrend, vielleicht sogar grausam, dass wir das Gefühl haben, wir sind zu jemandem geworden, mit dem andere nur noch Mitleid haben können. Genau so habe ich mich in den vergangenen Jahren jedenfalls gefühlt. Ich wollte eine erfolgreiche Frau nach dem Herzen Gottes sein und kein Opfer meiner Umstände, die mich kalt erwischt und mir den Boden unter den Füßen weggezogen haben.

Wir sind so viel mehr als nur die Summe unserer Erfahrungen, oder? Wie können wir also wieder zu dem Menschen werden, der wir vor all den schlimmen Erlebnissen waren?

Kürzlich habe ich mich auf Zoom mit meiner Freundin Amanda getroffen, nachdem sie eine erste Fassung dessen gelesen hatte, was ich hier jetzt schreibe. Ihre Stimme stockte, als sie mir von einem Bild erzählte, das ihre Mutter nach dem Tod ihrer Großmutter in deren Schmuckschatulle gefunden hatte. Das alte Schwarzweißfoto zeigte ein süßes, pausbäckiges Baby mit dunklem Haar. „Dieses kleine Gesichtchen in der Schmuckschatulle meiner Großmutter hatte ich schon seit über fünfundzwanzig Jahren nicht mehr gesehen. Damals hatte ich das Foto zuletzt betrachtet. Fünfundzwanzig Jahre. Das war ich als Baby. Die reinste Form meiner selbst. Das war ich, bevor das Leben passierte und seine eigene Geschichte mit mir geschrieben hat. Bevor ich verletzt und mir das Herz gebrochen wurde, bevor ich verbittert und von meinem Leben überfordert war.“

Ihr liefen die Tränen über die Wangen, und wir anderen versuchten ebenfalls, den Kloß in unserem Hals hinunterzuschlucken. Das Baby auf dem Foto zeigte zwar Amanda, es erzählte aber die Geschichte von uns allen.

Stell dir vor, du wärst ein kleines Baby, gerade frisch zur Welt gekommen. Unschuldig. Glückselig und frei von Tragödien und Traumata. Stell dir vor, du schaust dir selbst in die Augen. Was würdest du dir sagen? Was möchtest du dir gern über dich selbst sagen, bevor das Leben auf die leeren Seiten deines Lebensbuches schreibt? Sag es dir doch jetzt einfach.

Denk daran, dass du deinem wirklichen Ich am nächsten kommst, wenn du dem Menschen am nächsten bist, als der Gott dich erschaffen hat.

Oder wie warst du, bevor du verletzt wurdest? Bevor sie das gesagt hat, was sie gesagt hat. Bevor er das getan hat, was er getan hat. Oder vor jenem Ereignis, das alles verändert hat und nach dem du völlig am Ende warst. Wer warst du da?

Ruf dir eine Erinnerung ins Gedächtnis, eine frühe Kindheitserinnerung, und versuche, dich daran zu erinnern, wer du warst, bevor du angefangen hast, bei anderen nach Bestätigung zu suchen. Bevor du angefangen hast, dir deiner Fehler und Schwächen so sehr bewusst zu werden, dass du aufgehört hast, dich als würdig, wertvoll und von Gott mit einer bestimmten Absicht erschaffen zu sehen. Wenn dir nichts aus deiner frühen Kindheit einfällt, dann sprich einfach mit einem deiner Babyfotos. Sag dem kleinen Mädchen liebevoll, warum es nicht beinahe krankhaft nach der unablässigen Bestätigung durch andere streben muss.

Halte jetzt die Eigenschaften fest, die diese authentischste, wunderbarste Version deiner selbst besaß.

Das sind all die Dinge, die deine wahre Schönheit ausmachen. Und jetzt versuche, demütig und bewusst gemäß dieser Schönheit zu leben und sie dir zu eigen zu machen. Diene aus dieser Fülle heraus. Gib aus dieser Ganzheit heraus. Lebe zuversichtlich, weil unser allgenügender Gott dich nicht ungenügend oder zerbrochen erschaffen hat. Ja, wir sollten zu Jesus hinwachsen, uns zu ihm hin entwickeln und versuchen, immer mehr wie er zu werden. Aber genau wie ein Samenkorn alles in sich trägt, was die Pflanze zum Blühen braucht, so tragen auch wir alles Nötige in uns. Alles, was ein Samenkorn durchmacht, um zu einer Pflanze heranzuwachsen, ist Teil des Prozesses, in dem es zu dem wird, als was es erschaffen wurde. Und sein Wert stellt sich nicht irgendwo während des Prozesses heraus (1. Korinther 15,38–44).

Diese Übung ist wichtiger, als du denkst. Wenn wir nicht wissen, wer wir sind, formen andere uns so, wie sie uns haben wollen, oder wir orientieren uns an dem, was andere brauchen.

Wenn wir wissen, wer wir sind, sind wir heil und fähig, ungehindert zu lieben, zu dienen und aus dieser Fülle heraus zu geben. Wenn wir nicht wissen, wer wir sind, werden wir lieben, dienen und dabei immer hoffen, dass andere die Leere in unserem Inneren füllen und uns das Gefühl geben, heil zu sein. Und dann werden wir uns ständig darüber definieren, ob uns andere ein gutes oder ein schlechtes Gefühl vermitteln.

Das ist aber erst die Einleitung zu diesem Kapitel. Weil mich dieses Thema so gepackt hat, bin ich vielleicht etwas zu leidenschaftlich gewesen – oder das Kapitel etwas zu wortreich. Willkommen bei meinem überdimensionierten TED-Talk. Aber Spaß beiseite: Jetzt kommen wir wirklich zum Ende.

Im nächsten Kapitel werden wir auf dem aufbauen, was wir hier gelernt haben. Es gibt ein noch besseres Fundament, um herauszufinden, wer wir wirklich sind – es geht um mehr, als das einfach nur beim Namen zu nennen. Die Bibel kann uns die Wahrheit über unsere wahre Identität verraten. Wenn Gott die Quelle unseres Wesens ist, lassen wir uns nicht länger von anderen verunsichern.

Aber bevor wir die nächste Seite umblättern, würde ich gern noch etwas anderes tun. Wir haben in diesem Kapitel gemeinsam so viel gelernt. Manchmal müssen wir Inhalte lesen. Ein andermal müssen wir das Gelesene auf uns wirken lassen. Jetzt ist es Zeit, über das Gelesene nachzudenken und es auf uns wirken zu lassen. Hol tief Luft. Nimm ein Schaumbad. Oder höre etwas Lobpreismusik.

Oder wenn du zu denen gehörst, die besser denken können, wenn sie sich bewegen, dann mach einen Spaziergang. Oder geh joggen. (Das ist nichts für mich, weil ich mich nicht um mein Herz kümmern kann, wenn meine Lunge beinahe platzt. Aber jedem das Seine.) Nimm dir etwas Zeit, nach deinem Lieblingssong zu tanzen. Und wenn das kein Lobpreislied ist, dann singe es für Jesus, als wäre es eines. Oder – und das ist mein persönlicher Favorit – fahr Fahrrad und schmettere dabei dein Lieblingslied, als sei es der ganz persönliche Soundtrack deines Lebens. Es kommt nicht so sehr auf das an, was du tust, sondern dass du darüber nachdenkst und dich daran erinnerst, wer du bist.

Und während du all diese Worte auf dich wirken lässt, bitte Gott, dir dabei zu helfen, von ihm anzunehmen, wer du wirklich bist. Er hat dich erschaffen und dich als sein Ebenbild geformt. Stell dir bildlich vor, wie gütig er ist, dann wirst du auch etwas davon in dir entdecken.

Zum Schluss lasse ich die Worte zurück, die ich als Allererstes in mein Tagebuch und dann vor vielen Jahren in mein Buch *Uninvited* geschrieben habe: „Gottes Liebe ist nicht in mir begründet. Sie ruht nur auf mir. Und aus dieser Liebe heraus darf ich leben ... als geliebter Mensch."[1]

Eine Anmerkung von Jim zum Thema „Wie du zu deinem jüngeren Ich sprechen kannst"

Wenn du zu deinem jüngeren Ich zurückgehen könntest, vielleicht sogar bis zu einem Punkt, an dem du Fehler gemacht hast, was würdest du dir dann sagen? Würdest du etwas Verächtliches oder etwas Mitfühlendes sagen? Mitgefühl sagt: „So würde ich dich jetzt beschützen. So würde ich dir helfen. So könnte ich ein sichereres Umfeld schaffen." Welche Worte des Mitgefühls hättest du für dein jüngeres Ich, wenn du dich an diesen Gedanken orientierst? Oft sind das genau die gleichen mitfühlenden Worte, die du dir jetzt zusprechen solltest.

Jetzt wird's praktisch

VERGISS NICHT

- Gesunde Menschen, die sich nach gesunden Beziehungen sehnen, haben kein Problem damit, wenn andere vernünftige Grenzen setzen.
- Wenn unsere Identität – die grundsätzliche Überzeugung darüber, wer wir sind – von der Meinung eines anderen Menschen abhängt, dann sollten wir noch mal genau darüber nachdenken.
- Wenn wir unsere Grenzen als Fragen formulieren, laufen wir Gefahr, dass sie hinterfragt, diskutiert und nicht respektiert werden. Wenn wir eine Grenze ankündigen, in unseren Worten aber Zweifel mitschwingen, wird es uns nicht gelingen, sie auch effektiv durchzusetzen.
- Es liegt in meiner Verantwortung, dafür zu sorgen, dass mich das Verhalten und die Erwartungen einer anderen Person nicht so zermürben, dass ich mich von meiner schlimmsten Seite zeige.
- Von einer ungesunden Beziehung können wir keine positiven Dinge erwarten.
- Wenn Gott die Quelle unseres Wesens ist, lassen wir uns nicht länger von anderen verunsichern.

NIMM ES AN

Wie ihr seht, geht es mir nicht darum, Menschen zu gefallen! Nein, ich versuche, Gott zu gefallen. Wollte ich noch Menschen gefallen, wäre ich kein Diener von Christus. Galater 1,10

Feste Nahrung dagegen ist für die Menschen, die erwachsen und reif sind, die aufgrund ihrer Erfahrung gelernt haben, zwischen Gut und Böse zu unterscheiden. Hebräer 5,14

Ich bete darum, dass eure Liebe zueinander noch tiefer wird und dass sie an Erkenntnis und Einsicht zunimmt. Denn ihr sollt imstande sein zu erkennen, worauf es ankommt, damit ihr rein und vorbildlich vor Christus steht, wenn er wiederkommt. Philipper 1,9–10

DENK NACH

- Schreib auf, was du über den folgenden Satz denkst und wie sich diese Warnung auf dein Leben anwenden lässt: „Von einer ungesunden Beziehung können wir keine gesunden Dinge erwarten."
- Was glaubst du bedeutet es, die eigenen Begrenzungen zu kennen? Warum ist das wichtig, damit du gesunde Beziehungen pflegen kannst?

GEBET

Jesus, danke, dass du für mich ein sicherer Ort bist, zu dem ich kommen kann, wenn ich nicht weiß, wer ich bin. Erinnere mich daran, den Blick auf dich zu richten, wenn ich versucht bin, meine Identität an anderen und an ihrer Annahme festzumachen. Ich bitte dich, dass der Heilige Geist mir die Augen öffnet, damit ich meine Begrenzungen und meine Fähigkeiten erkenne und welche Veränderungen ich vornehmen muss, um das Gelesene anzuwenden. Ich danke dir für das Mitgefühl und die Geduld, mit denen du mir begegnest, während ich dazulerne und wachse. Amen.

Bei einer gesunden Beziehung geht es nicht darum, den anderen glücklich zu machen

„Mama, wir glauben, du solltest dir einen Welpen zulegen."

Noch bevor meine erwachsenen Kinder, die zu diesem Zeitpunkt nicht mehr zu Hause leben, das Wort „Welpe" ausgesprochen hatten, sagte ich schon Nein. Es gab viele Gründe dafür. Aber hauptsächlich hatte ich das Gefühl, dass die eigentliche Botschaft lautete: „Wir hätten gern einen Welpen, mit dem wir spielen können, für den wir aber nicht verantwortlich sind." Wenn es ihnen gelang, mich dazu zu überreden, konnten sie mit dem Welpen spielen, wann immer sie wollten, aber sie konnten alles andere mir überlassen.

Und natürlich endete dieses Gespräch damit, dass ich mir einen Welpen zulegte.

Und alles kam natürlich genau so, wie ich es mir gedacht hatte.

Aber womit ich nicht gerechnet hatte, war, dass ich mich total in dieses kleine hellbraune Wollknäuel verlieben würde, das pure Lebensfreude verströmte.

Vielleicht hast du schon davon gehört, dass man manche Hunde darauf trainieren soll, in der Hundebox zu bleiben. Nun ja, bei meinem kleinen Welpen namens Givey funktionierte das nicht. Jedes Mal, wenn ich ihn in die Box steckte, winselte er so lange, bis ich es nicht mehr aushielt und ihn rausließ.

Aber dieses Vorgehen war nicht gerade hilfreich, wenn es darum ging, ihn stubenrein zu bekommen oder ihm abzugewöhnen, an meinen Sachen zu kauen.

Eines Tages besuchte mich meine Freundin Shae. Wir wollten einige Projekte angehen. An diesem Tag war Givey außer Rand und Band. Er tat immer genau das Gegenteil von dem, was ein braver Welpe tun sollte. Nachdem ich fast eine ganze Rolle zerfetztes Klopapier vom Wohnzimmerboden aufgelesen hatte, sagte ich: „Ich weiß, ich sollte ihn eine Weile in seine Hundebox sperren, aber ich ertrage es einfach nicht, sein Winseln zu hören."

Shae erwiderte: „Meine Mutter hatte da einen wirklich klugen Rat, als wir versuchten, unseren Hund Rosie an die Hundebox zu gewöhnen. Wenn sie anfing zu winseln und wir Mitleid mit ihr bekamen, sagte meine Mutter immer: ‚Ich bin auch nicht ständig glücklich. Sie wird's überleben.'"

Mama Tate hatte recht.

Und nur damit du es weißt: Givey hat sich schließlich nicht nur daran gewöhnt, in seiner Box zu bleiben, sondern mochte sie letzten Endes sogar so sehr, dass er jetzt manchmal von allein hineinkrabbelt. Ich glaube, die Box ist für ihn in dieser großen Welt zu einem sicheren Ort geworden.

Und das hat mir das Leben als Hundemama definitiv sehr erleichtert.

Wenn ich Givey in seine Box sperrte, weil ich mal wegmusste oder er einfach runterkommen sollte, half mir das, eine Grenze zwischen seiner und meiner Privatsphäre zu ziehen. Wenn er in der Box seine eigenen Sachen zerkauen will, kann er das gern tun. Aber es ist inakzeptabel, wenn er meine Sachen in meinem Haus zerkaut.

Givey ist kein schlechter Welpe. Er ist eigentlich wirklich erstaunlich. Aber damals war er eben noch untrainiert. Und ich glaube, es hat ihm nur noch mehr Angst gemacht, dass niemand ihm Grenzen aufgezeigt hat. Er war dazu gezwungen, selbst herauszufinden, was er tun durfte und was nicht. Das vermittelte ihm jedoch kein Gefühl der Freiheit, sondern trug noch zu seiner Unsicherheit bei.

Und dass wir kommunizieren, was hinnehmbar ist und was nicht, ist in zwischenmenschlichen Beziehungen sogar noch wichtiger. Wenn andere uns ständig auf den Keks gehen, uns frustrieren, uns ermüden oder uns überrumpeln, dann haben wir entweder nicht die richtigen Grenzen gesetzt oder diese Menschen sollten nicht Teil unseres Lebens sein. Oder vielleicht auch beides.

Wir haben ja schon gesehen, dass wir manchmal dazu neigen, unser Leben von der Meinung, den Problemen, Wünschen und Plänen anderer bestimmen zu lassen. Gute Grenzen sorgen da für Abhilfe und für Erleichterung bei uns.

Doch wenn wir denken, Grenzen seien ein Freifahrtschein für unfreundliches, unchristliches oder gefühlloses Verhalten, werden sie uns das Leben *nicht* erleichtern, denn es wird uns zu schaffen machen, dass unser Gegenüber mit uns nicht glücklich ist. Oder wir bekommen Schuldgefühle, weil wir Nein gesagt haben, und machen uns Gedanken wegen möglicher Konsequenzen.

Moment mal... *Erleichterung?* Vielleicht denkst du jetzt: *Grenzen bringen für mich doch keine Erleichterung. Wenn ich Grenzen setze, ist mein Gegenüber unter Umständen so wütend auf mich oder enttäuscht von mir, dass er verletzende Dinge sagt. Ich will doch nur den lieben Frieden wahren, also ertrage ich seine Haltung und sein Benehmen, damit ich mich nicht mit möglichen Folgen herumschlagen muss, wenn ich diese Dinge anspreche.*

Und das scheint vielleicht auch eine Zeitlang zu funktionieren.

Aber täusch dich nicht: Mit der Zeit ist dein Wohnzimmer ständig mit zerfetztem Toilettenpapier übersät, und du fängst an, dem anderen zu grollen. Wenn du diesen Kreislauf nicht durchbrichst, indem du entsprechende Grenzen ziehst, wird sich dein Frust einen Weg nach außen bahnen – was du später bereuen wirst –, oder der Groll wird dich langsam, aber sicher innerlich zerfressen, bis du die andere Person buchstäblich nicht mehr ertragen kannst.

Manchmal wachsen Wut und Verbitterung, weil wir gezwungen sind, äußerlich zu lächeln, während wir innerlich einfach nur schreien könnten.

Ich hab das schon erlebt. Manchmal habe ich die Beherrschung verloren, weil ich die Dinge so lange habe laufen lassen, dass ich meinen Frust nicht länger zurückhalten konnte. Oder ich habe mir so lange auf die Zunge gebissen, dass ich die Nähe dieser Person irgendwann einfach nicht mehr ertragen konnte.

Wenn andere uns ständig auf den Keks gehen, uns frustrieren, uns ermüden oder uns überrumpeln, dann haben wir entweder nicht die richtigen Grenzen gesetzt oder diese Menschen sollten nicht Teil unseres Lebens sein.

Ich bin auf beides nicht stolz. Denn keine dieser Reaktionen passt zu der Person, die ich eigentlich sein will. Und gerade das schmerzt mich am meisten, wenn ich auf Reaktionen zurückblicke, die ich bedaure: Ich habe zugelassen, dass sich Dinge so negativ entwickelt haben, dass ich einfach nicht mehr ich selbst sein konnte.

Und wenn ich mein wahres Ich nicht leben konnte, habe ich im Gegenzug nie etwas Gutes dafür bekommen. Wenn ich die Beherrschung verloren habe, hat das nie dafür gesorgt, dass etwas besser wurde. Und meinen Frust zu unterdrücken, hat nie dazu geführt, dass die Schwierigkeiten verschwunden sind. Ich wusste doch, dass ich Grenzen brauche – warum ließ ich es also zu, dass die Äußerungen anderer an meiner Identität rüttelten?

Im letzten Kapitel haben wir uns mit der Frage beschäftigt: „Wer bin ich?" Jetzt soll es darum gehen, wie wir in einer wirklich schwierigen Beziehungsdynamik an diesem wahren Ich festhalten können.

Es haben sich schon zahllose verzweifelte Ehefrauen an mich gewandt, die nicht wussten, was sie tun sollten: Ihre Ehemänner konsumierten Pornografie und weigerten sich, Hilfe zu suchen. Oft versucht die betroffene Frau, Grenze zu ziehen, indem sie sagt, dass sie dieses Problem nicht länger unter den Teppich kehren wird. Sie beschließt, zur Seelsorge zu gehen, um dort das Trauma zu verarbeiten, das dieses Verhalten bei ihnen hinterlässt. Wenn ihr Mann mit ihr kommt und sie sich gemeinsam um eine Lösung bemühen, können die Ehe und auch die Beteiligten wieder heilen.

> *Gute Grenzen sorgen für Abhilfe und für Erleichterung, wenn wir dazu neigen, unser Leben von der Meinung, den Problemen, Wünschen und Plänen anderer bestimmen zu lassen.*

Falls sich der Ehemann weigert mitzukommen, erklärt sie ihm, dass sie einige notwendige Veränderungen vornehmen wird, um selbst Heilung zu finden. Dann erarbeitet sie gemeinsam mit ihrer Seelsorgerin die Grenzen und Konsequenzen, die nötig sind, um ihr Herz zu schützen und nicht unter dem Verhalten ihres Mannes zu leiden. Sie ist sich bewusst, dass diese Grenzen ihren Mann nicht ändern oder ihn zwingen sollen, die Dinge so zu sehen wie sie, oder dass ihm damit gar eine Lektion erteilen wird. Natürlich will sie, dass ihr Mann aufhört, sich Pornos anzuschauen. Aber diese Veränderung muss er selbst vornehmen. Die Grenzen dienen also dazu, dass sie ihren Schmerz in den Griff bekommt, ohne ständig die Beherrschung zu verlieren oder verbittert zu sein.

Aber das Ganze kann natürlich auch schiefgehen: Die Frau zieht die notwendigen Grenzen und der Mann reagiert ablehnend darauf: „Kein Wunder, dass ich mir Pornos anschaue. Du gehst mir mit deinem Verhalten auf die Nerven. Du übertreibst immer alles. Das ist doch keine große Sache. Alle Männer machen das. Da vertraue ich dir mal meine Probleme an, und was passiert? Du hältst mir ständig meine Fehler vor. Und du glaubst, dass diese Taktik mit den Grenzen dazu führt, dass wir uns wieder näherkommen? Nein, das beweist mir nur, dass ich recht habe und dir meine Bedürfnisse und Nöte nicht wichtig sind."

Seine Worte brechen ihr das Herz. Sie liebt ihren Mann. Sie hat Angst, ihn zu verlieren. Sie fühlt sich in dieser Beziehung so einsam. Und sie hat das Gefühl, sie kann niemandem davon erzählen. Jetzt leidet sie nicht nur unter seinem Betrug, sondern fängt auch noch an, sich zu fragen, ob sie vielleicht schuld daran ist. Sie fragt sich: *Kann er mir seine Probleme wirklich anvertrauen – bin ich vertrauenswürdig? Übertreibe ich die Sache vielleicht? Bin ich zu dominant und treibe ihn zu den anderen Frauen und zu diesem Verhalten?*

Also verzichtet sie wieder darauf, Grenzen zu ziehen – all das nur, um ihm zu beweisen, dass sie nichts von alledem ist, was er ihr vorgeworfen hat. Sie hofft einfach, dass es wieder besser wird. Aber ihr ist nicht klar, dass für ihn jetzt nicht länger die Notwendigkeit besteht, das eigentliche Problem in Angriff zu nehmen: seine Pornosucht. Sie trägt nun die Konsequenzen seiner Entscheidungen ganz allein – für ihn ist die Pornografie ja nicht wirklich ein Problem – und der Kreislauf der Verletzung wird durch sein Verhalten wahrscheinlich fortgesetzt. Letztlich ist sie am Boden zerstört und wütend und fühlt sich in einer Situation gefangen, an der sich nie etwas ändern wird.

Nachdem die Wut jahrelanger in ihr gebrodelt hat, fängt sie an, auf eine Weise zu reagieren, die sie nie für möglich gehalten hätte: Sie macht passiv-aggressive Bemerkungen. Sie muss unbedingt jederzeit wissen, wo ihr Mann ist und was er tut. Sie hat solche Angst vor dem, was er vielleicht am Computer und am Handy macht, dass sie versucht, jeden seiner Schritte zu kontrollieren. Im Grunde genommen läuft sie Gefahr, genau das zu werden, von dem sie zu beweisen versuchte, dass sie es nicht ist.

Eigentlich ist diese Frau nämlich freundlich, treu, verantwortungsvoll und großzügig. Wenn sie sich diese Eigenschaften bewahren will, hat sie nur einzige Chance: Sie muss sich bewusst machen, dass ihre Grenzen nicht dazu dienen, ihren Mann wegzustoßen. Sie sollen ihr dabei helfen, ihr Innerstes zu schützen. Der Kern des Problems – das, was ihre Ehe zu zerreißen droht – ist nicht ihr Bedürfnis nach Grenzen, sondern das sind seine Entscheidungen und sein unangemessenes Verhalten (Galater 5,19–20).

Wenn du das jetzt liest und merkst, dass du dich in einer ähnlichen Situation befindest, wo das Verhalten eines anderen einen negativen Einfluss auf dich hat: Ich verstehe dich.

Ich kann die quälende Angst nachvollziehen, die ein Betrug und Kummer einer Frau zufügen, die sich nichts mehr wünscht, als in ihrer Ehe gewollt, geliebt und beschützt zu werden. In einer Ehe kann sie sich dem anderen ganz öffnen und verwundbar machen, und deshalb erfährt sie dort auch die tiefsten Verletzungen. Ich haben mit so vielen Frauen gesprochen, die betrogen wurden. Ich habe mit euch geweint. Ich war mit euch frustriert. Ich habe mit euch zu Gott geschrien und ihn angefleht, diesen Wahnsinn zu beenden. Ich habe mich mit euch gefragt, warum das passiert ist. Ich habe mit euch überlegt, wie wir vergeben und weiterleben können. Und dann habe ich noch mehr Tränen mit euch vergossen.

Und natürlich gibt es auch Ehemänner, die diesen Schmerz kennen, wenn man betrogen wird.

Wenn ein Partner anfängt, Geheimnisse zu haben, um etwas zu vertuschen und an verletzenden Verhaltensmustern festhalten zu können; wenn er oder sie den anderen und die Familie nicht (genug) liebt, dann opfert er sein bestes Ich für eine unangemessene Beziehung. Einen schlimmeren Schmerz kann die menschliche Seele nicht erfahren. Und wenn der andere Partner das Problem dann anspricht und nur Halbwahrheiten, Lügen oder leere Versprechungen zu hören bekommt, ist das doppelt so schlimm.

In meinem Kopf habe ich schon Hunderte solcher Gespräche geführt und versucht, Verhalten zu verstehen, das keinen Sinn ergibt.

Es ist ein harter Weg, bis wir endlich begreifen, dass mit uns alles in Ordnung ist, selbst wenn die Entscheidungen eines geliebten Menschen das nicht sind. Und wenn wir dann versuchen, heil zu bleiben, auch wenn der andere vielleicht völlig kaputt ist, klingt das theoretisch ganz toll, klappt aber bei zerbrochenen Frauen wie uns nicht.

Es macht uns so traurig, mitansehen zu müssen, wie jemand das Leben zerstört, an dem wir so sehr hängen. Und weil wir fürchten, dieses Leben zu verlieren, schrecken wir davor zurück, Grenzen zu ziehen und „Bis hierhin und nicht weiter!" zu sagen.

Das alles weckt tiefe Gefühle bei uns und deshalb geht der Schmerz auch so tief. Unser Puls rast ständig, weil uns die Trigger belasten und Ängste und Worst-Case-Szenarien durch den Kopf gehen. Und obwohl wir normalerweise nicht rachsüchtig sind, fühlt es sich manchmal einfach gut an, die Person, die uns so sehr verletzt, all den Schmerz spüren zu lassen, den wir empfinden.

Wenn wir merken, dass wir an diesem Punkt stehen, sollten wir uns eines klarmachen: Der andere hat uns schon zerstört. Doch wir werden nicht zulassen, dass diese Situation uns dazu verleitet, zurückzuschlagen und so dem ganzen Schmerz noch Reue hinzuzufügen.

Doch wie können wir es schaffen, nicht den Verstand zu verlieren, wenn jemand scheinbar Tag für Tag alles daransetzt, uns zu zerstören? Indem wir ihm Grenzen setzen, jemanden um Hilfe bitten und ganz entschieden sagen: „_____ ist nicht akzeptabel, und ich werde etwas unternehmen, um mich selbst zu schützen, ganz gleich, welche Entscheidungen mein Partner von jetzt an trifft."

Natürlich steht nicht jeder, der das hier liest, vor dem Problem, dass er in einer Ehe Grenzen setzen muss, weil er mit Untreue und anderen traumatischen Herausforderungen konfrontiert ist. Aber eines haben wir doch gemeinsam: Wir müssen nicht nur angemessene Grenzen setzen, sondern auch unser wahres Ich schützen.

Es wird häufig Alltagssituationen geben, in denen wir uns vielleicht wegen des Verhaltens eines anderen hinterfragen. Zum Beispiel:

- Eine gute Freundin erkundigt sich nicht, ob du ihre Trauzeugin sein willst, und plötzlich fragst du dich, ob sie dich wirklich als gute Freundin betrachtet.
- Dir ist auf der Arbeit ein Fehler unterlaufen, und dein Chef teilt dir mit, dass du besser auf die Details achten musst. Plötzlich fragst du dich, ob du wirklich für diesen Job geeignet bist.
- Ein Nachbar beschwert sich ständig darüber, dass du deine Hecke nicht schneidest, und du fragst dich, warum du deine Verpflichtungen nie auf die Reihe bekommst.
- Deine Eltern, die 300 Kilometer von dir entfernt leben, geben dir zu verstehen, wie enttäuscht sie sind, dass du sie über die Feiertage nicht besuchst, und du fragst dich, ob du eine schlechte Tochter bist.

Wenn du ein Ereignis persönlich nimmst und gewissermaßen deine Identität daran festmachst, dann wird das Ganze für dich zu einer Belastung. Wenn du die Situation aber nicht persönlich nimmst, sondern sie dazu nutzt, einen Augenblick innezuhalten und nachzudenken, wird es dir eher gelingen, nüchtern zu entscheiden, was zu tun ist und wie du damit umgehen willst.

Vielleicht stellt diese Situation ja eine Gelegenheit dar, dir die Frage zu stellen: „Soll diese Sache mich verändern oder mir nur etwas sagen?" Wenn dir hier etwas hilft, dich auf eine gesunde Art und Weise weiterzuentwickeln, dann nutze doch die Gelegenheit.

Aber wenn das Verhalten eines anderen nicht hilfreich, sondern verletzend ist, oder die Person unrealistische Erwartungen an dich stellt, dann reagiere entsprechend darauf. Überlege dir: „Sollte ich mit dem anderen darüber reden? Sollte ich meine Erwartungen an den anderen anpassen? Sollte ich einfach akzeptieren, dass wir in diesem Punkt nie einer Meinung sein werden? Sollte ich hier eine Grenze ziehen?"

Nehmen wir mal das letzte Beispiel mit dem Besuch über die Feiertage. Wie könnte es aussehen, wenn wir das Ganze klug angehen?

Überleg dir, ob das eine Gelegenheit sein könnte, dich weiterzuentwickeln: Sind deine Eltern enttäuscht, weil du die Beziehung wirklich vernachlässigst? Willst du sie nicht besuchen, weil du dich wegen irgendwas an ihnen rächen willst? Hattest du dir vorgenommen hinzufahren, aber dann hat sich etwas anderes ergeben, das mehr Spaß verspricht? Vielleicht haben deine Eltern ja wirklich allen Grund, enttäuscht zu sein, und du solltest deine Entscheidung überdenken.

Wenn das aber nicht der Fall ist, überleg dir, was es bedeuten könnte: Die Enttäuschung deiner Eltern kann ein Zeichen dafür sein, dass es ihnen schwerfällt, wenn Traditionen sich ändern. Du könntest sie dann ja vielleicht zu dir nach Hause einladen. Oder du willst sie nicht zurückweisen, sondern bist nur realistisch, weil deine Kinder lange Autofahrten nicht mögen. Und du willst auch nicht herzlos sein. Du berücksichtigst nur die Wünsche deiner eigenen Familie – gemeinsam zu Hause zu feiern und eine neue Tradition ins Leben zu rufen.

Oder vielleicht verrät dir die Enttäuschung deiner Eltern, dass es tieferliegende Probleme und ungesunde Entwicklungen gibt, die angesprochen werden sollten. Hier könnte es hilfreich sein, entsprechende Grenzen zu ziehen.

Was auch immer der Fall ist: Folgendes sollten wir auf keinen Fall tun: unsere Identität an ihrer Enttäuschung festmachen. Wenn jemand anderes enttäuscht ist, heißt das nicht, dass *wir* eine Enttäuschung sind. Wir können und sollten uns anhören, was andere sagen, um darüber nachzudenken, ob etwas Wahres daran ist. Wenn ja: Was können wir daraus lernen? Dennoch sollten wir die Enttäuschung eines anderen nicht als Urteil über unsere Person verstehen. Denk hier an Jesus: „Er hat sich nicht gewehrt, wenn er beschimpft wurde. Als er litt, drohte er nicht mit Vergeltung. Er überließ seine Sache Gott, der gerecht richtet" (1. Petrus 2,23).

Ich habe nicht auf alles eine Antwort. Weder auf die alltäglichen Beziehungsprobleme noch im Hinblick auf die Frau, deren Mann sich weigert zuzugeben, dass Pornografie ein ernstes Problem ist, das seine Frau und seine Ehe zerstört. Und auch nicht für alle anderen zerstörerischen Erfahrungen, die viele machen. Oder darauf, warum all das passiert und wann das endlich aufhören wird. Einiges davon ist einfach furchtbar bescheuert und übermäßig verworren.

Aber eine Antwort habe ich: Die anderen entscheiden letztlich nicht darüber, wer wir sind. Das tut allein Gott. Und deshalb kann Folgendes verhindern, dass wir zu einer völlig gebrochenen und schattenhaften Version der Frau werden, als die wir erschaffen wurden: Wir müssen eine Grenze um unsere Identität ziehen und sie schützen und bewahren. Das können wir tun, indem wir Gottes Wahrheit für uns in Anspruch nehmen, damit sie das, was wir wissen, fühlen und tun, festigt und bestärkt.

Wir können nicht kontrollieren, was andere glauben. Wir können nicht kontrollieren, was andere empfinden. Wir können nicht kontrollieren, was andere tun. Aber wir können uns selbst kontrollieren und für uns selbst die Verantwortung übernehmen. Wie wir bereits besprochen haben, dienen Grenzen nicht dazu, einen anderen zu kontrollieren. Grenzen helfen uns, uns zu behaupten.

Im letzten Kapitel haben wir über die grundlegende Frage gesprochen: „Wer bin ich?" Wir haben aufgeschrieben, welche unserer Eigenschaften Gott ehren. Und wir haben uns vorgenommen, entsprechend zu leben. Jetzt wollen wir uns die Frage stellen: „Was macht einen heilen Menschen aus?"

Ich weiß, dass das eine weitreichende Frage ist. Aber sie ist es wert, dass wir darüber nachdenken. Heil zu sein hat nämlich nicht nur einen großen Einfluss auf unsere Gesundheit, sondern auch auf die Qualität der Beziehungen, die uns wichtig sind. Heile Menschen fühlen sich nämlich zu heilen Menschen hingezogen. Kaputte Menschen ziehen kaputte Menschen an.

Gehen wir noch einen Schritt weiter und teilen diese Frage in drei einzelne geistliche Aspekte auf: *Orthodoxie* – rechtes Glauben –, *Orthopathie* – rechtes Empfinden – und *Orthopraxie* – rechtes Handeln. Lass dich von diesen Fachausdrücken nicht einschüchtern. Diese Begriffe sind auch mir neu. Aber ich verrate dir, warum ich mir fest vorgenommen habe, sie besser zu verstehen: Ich will heil sein. Und weil ich heil sein will, muss ich unterscheiden zwischen dem, was andere über mich sagen, und dem, was ich über mich selbst glaube. Und deshalb will ich dafür sorgen, dass das, was ich weiß, was ich fühle und was ich tue, mit Gottes Sicht meiner Person in Einklang ist.

Orthodoxie: Was wir wissen. Die rechte Lehre.

Aber die Weisheit, die von Gott kommt, ist vor allem rein. Sie sucht den Frieden, ist freundlich und bereit, nachzugeben. Sie zeichnet sich durch Barmherzigkeit und gute Taten aus. Sie ist unparteiisch und immer aufrichtig. Und für die, die Frieden stiften, sät Gott die Frucht, die man dann ernten kann: Gerechtigkeit. Jakobus 3,17–18

Denkt nicht an weltliche Angelegenheiten, sondern konzentriert eure Gedanken auf ihn! Kolosser 3,2

Orthopathie: Was wir fühlen. Die rechten Empfindungen.
Weinen hat seine Zeit wie auch das Lachen. Klagen hat seine Zeit wie auch das Tanzen. Prediger 3,4

Wenn ihr verfolgt werdet, weil ihr zu Christus gehört, dann verflucht eure Verfolger nicht, sondern erbittet den Segen Gottes für sie. Sind andere Menschen glücklich, dann freut euch mit ihnen. Sind sie traurig, dann begleitet sie in ihrem Kummer. Römer 12,14–15

Orthopraxie: Was wir tun. Das rechte Verhalten.
Es wurde dir, Mensch, doch schon längst gesagt, was gut ist und wie Gott möchte, dass du leben sollst. Er fordert von euch nichts anderes, als dass ihr euch an das Recht haltet, liebevoll und barmherzig miteinander umgeht und demütig vor Gott euer Leben führt. Micha 6,8

Aber es reicht nicht, nur auf die Botschaft zu hören – ihr müsst auch danach handeln! Sonst betrügt ihr euch nur selbst. Jakobus 1,22

> Ich will dafür sorgen, dass das, was ich weiß, was ich fühle und was ich tue, mit Gottes Sicht meiner Person in Einklang ist.

Wenn diese drei Aspekte im Einklang sind mit dem, wie Gott mich erschaffen hat, dann bin ich heil. Ein kaputter Mensch ist jemand, der einen Teil seines Denkens, Fühlens oder Handelns von dem abgekoppelt hat, wer er wirklich ist.

Wenn ich zum Beispiel ein freundlicher Mensch bin, dann sollten meine Gedanken (Orthodoxie), meine Gefühle (Orthopathie) und mein Handeln (Orthopraxie) mit dieser Realität übereinstimmen. Aber wenn ich zulasse, dass die Äußerungen und das Verhalten anderer mich so aus dem Konzept bringen, dass meine Gedanken gehässig, meine Gefühle bitter und meine Reaktionen bissig werden, kommt es zum Bruch mit dem, wer ich eigentlich sein will. Und das signalisiert mir, dass es nötig wird, Grenzen zu ziehen, damit ich wieder in Einklang mit mir selbst komme und heil werde.

Wenn ich ein verantwortungsbewusster Mensch bin, aber zu oft Ja sage, weil ich davor zurückschrecke, anderen einen Korb zu geben, dann kann es gut sein, dass mir einige Dinge entgleiten. Nicht weil ich verantwortungslos wäre, sondern weil das, wovon ich weiß, dass es richtig ist und was sich richtig anfühlt (Nein zu sagen, wenn mir die Bitten über den Kopf wachsen) sich nicht länger mit dem deckt, was ich tatsächlich tue (zu allem Ja zu sagen).

Wenn unser Denken, wie oben beschrieben, einen „Knacks" hat und wenn unsere Gefühle Achterbahn fahren, gehen wir nicht mehr gesund mit unseren Emotionen um. Wenn unser Handeln widersprüchlich ist, handeln und reagieren wir nicht mehr auf gesunde Weise.

Was hat das nun mit Grenzen zu tun?

Grenzen erinnern uns an die richtige Definition von „gesund"

Wenn du ständig unter Druck stehst und glaubst, dass es nur einen Weg gibt, die Beziehung aufrechtzuerhalten, nämlich der, den anderen glücklich zu machen, solltest du darauf achten, dass dieses Ziel – jemanden glücklich zu machen – nicht zu deiner Definition von „gesund" ist. Du bist heil und gesund, wenn das, was du als Kind Gottes bist, in Einklang ist mit dem, was du weißt, was du fühlst und was du tust.

Unsere Grenzen werden manchen Menschen nicht gefallen.

Unsere Grenzen werden nicht von allen begrüßt oder geschätzt werden, und sie werden ganz sicher nicht dafür sorgen, dass alle glücklich sind. Unsere Grenzen sind auch kein Wundermittel, durch das alle unsere Beziehungen auf einmal besser laufen. Unsere Grenzen sind keine „Geheimwaffe", mit deren Hilfe wir anderen etwas beibringen, das sie von Haus aus nie gelernt haben. Dank unserer Grenzen stehen wir auch nicht als Super-Christen da, die jedes Hindernis nehmen und die Last der Probleme, Verantwortungslosigkeit und irrationaler Erwartungen aller anderen mit einem Lächeln ertragen können.

Aber eines können Grenzen für diejenigen unter uns leisten, die Angst davor haben, missverstanden oder verkannt zu werden: Sie machen endgültig Schluss mit der Auffassung, Grenzen zu setzen und Bedürfnisse zu haben, sei egoistisch. Und wir können endlich akzeptieren, dass nicht jeder über uns glücklich sein wird – und dass das überhaupt nicht schlimm ist.

Grenzen schützen uns davor, dass kaputte Menschen uns kaputtmachen

Ich will die richtigen Menschen aufrichtig lieben. Ich will nicht von kaputten Menschen so ausgelaugt werden, dass ich allen anderen nichts mehr zu geben habe. Und ich will nicht selbst so kaputt sein, dass ich Gottes Güte nicht mehr weitergeben kann.

Seit fast einem Jahrzehnt drohen Schicksalsschläge und persönliche Probleme, mich negativ zu prägen und zu jemandem zu machen, der ich nicht bin. Deshalb habe ich gelernt, genau auf meine Gedanken, meine Gefühle und mein Handeln zu achten. Ich messe sie an der Wahrheit, etwas, das auch Paulus in seinem Brief an die Gemeinde in Korinth lehrt: „Mit ihnen reißen wir alle hohen Gedankengebäude nieder, die sich gegen die Erkenntnis Gottes auftürmen. Wir nehmen alles Denken gefangen, sodass es Christus gehorcht" (2. Korinther 10,5; EÜ).

Dieser Vers motiviert mich, aber manchmal werde ich doch nachdenklich und frage mich: „Wie kann diese Aussage mir jetzt in dieser Situation... bei diesem Schmerz... in dieser Beziehung, die mich schier wahnsinnig macht, helfen?"

Im Grunde darf ich nicht zulassen, dass das kaputte *Denken* anderer mich so stark beeinflusst, dass meine Denkweise nicht länger im Einklang mit Gottes Wahrheit ist. Ich darf nicht zulassen, dass die kaputten *Gefühle* anderer mich so stark beeinflussen, dass meine Gefühle nicht länger im Einklang mit Gottes Wahrheit sind. Und ich darf nicht zulassen, dass das kaputte *Verhalten* anderer mich so stark beeinflusst, dass mein Handeln nicht länger im Einklang mit Gottes Wahrheit ist.

Denn wenn irgendein Teil von mir nicht mehr im Einklang mit Gottes Wahrheit ist, dann geht das auf Kosten meines wahren Ichs.

Wir begeben uns auf die Spur unseres wahren Ichs, damit wir dieses nicht in der kaputten Realität anderer Menschen verlieren. Und deshalb sollte sich unser Leben auch nicht darum drehen, die unrealistischen Erwartungen anderer zu erfüllen.

Also noch einmal: *Wer bist du?* Wenn du freundlich bist, dann sollen dir die richtigen Grenzen helfen, freundlich zu bleiben. Wenn du verantwortungsbewusst bist, dann helfen dir die richtigen Grenzen, verantwortungsbewusst zu bleiben. Wenn du treu bist, dann helfen dir die richtigen Grenzen, treu zu bleiben. Wenn du großzügig bist, dann helfen dir die richtigen Grenzen, großzügig zu bleiben. Halte daran fest, und lebe die Eigenschaften aus, die Gott selbst in dich hineingelegt hat. Führe dein Leben nicht auf der Grundlage dessen, was andere von dir denken oder wollen, sondern aufgrund dessen, wie er dich erschaffen hat.

Es ist so wichtig, dass man für sich die Frage klärt: Wer bist du? Deshalb haben wir uns zwei Kapitel Zeit genommen, um ihr nachzugehen. Und wenn dir klar wird (so wie mir), dass Teile deines wahren Ichs kaputtgegangen sind, weil du Beziehungen zu kaputten Menschen gepflegt hast, dann lass uns dieses Kapitel damit abschließen, einige Eigenschaften unter die Lupe zu nehmen, auf deren Kultivierung wir uns konzentrieren wollen. Und wir sollten sie nicht nur kultivieren, sondern auch ausleben, damit wir zuversichtlich vor Jesus stehen können, der unsere Identität festigt, damit wir sie nicht ständig wieder neu entdecken müssen.

In Kolosser 3,12–16 heißt es:

Da Gott euch erwählt hat, zu seinen Heiligen und Geliebten zu gehören, seid voll Mitleid und Erbarmen, Freundlichkeit, Demut, Sanftheit und Geduld. Seid nachsichtig mit den Fehlern der anderen und vergebt denen, die euch gekränkt haben. Vergesst nicht, dass der Herr euch vergeben hat und dass ihr deshalb auch anderen vergeben müsst. Das Wichtigste aber ist die Liebe. Sie ist das Band, das uns alle in vollkommener Einheit verbindet.

Euren Herzen wünschen wir den Frieden, der von Christus kommt. Denn als Glieder des einen Leibes seid ihr alle berufen, im Frieden miteinander zu leben. Und seid immer dankbar! Gebt den Worten von Christus viel Raum in euren Herzen. Gebraucht seine Worte weise, um einander zu lehren und zu ermahnen. Singt, von Gnade erfüllt, aus ganzem Herzen Psalmen, Lobgesänge und geistliche Lieder für Gott.

Am Anfang des 3. Kapitels sagt Paulus, dass wir „den neuen Menschen angezogen" haben (Vers 10; GN). Paulus' Wortwahl für „anziehen" impliziert prunkvolle Kleidung, wie sie Könige und hohe Hofbeamte zu biblischen Zeiten bei ihrer siegreichen Rückkehr von einer Schlacht trugen. Ebenso gab es eine Zeremonie, bei der ein König oder Anführer, der in der Schlacht geschlagen wurde, seine königlichen Gewänder ablegte und Kleidung anlegte, die seine Niederlage symbolisierte, weil er für gewöhnlich zu seiner Hinrichtung geführt wurde.[1] Wenn Paulus also davon spricht, dass wir etwas „anziehen" oder „ablegen" sollen, spielt das auf diesen historischen Kontext an. Wenn wir behaupten, dass wir zu Jesus gehören, dann aber die Kleider anlegen, die dem widersprechen – zum Beispiel Zorn, Wut, Gehässigkeit, Verleumdung, Schimpfwörter und Lügen –, dann deutet das darauf hin, dass es um diese Beziehung nicht allzu gut bestellt ist.[2]

Stattdessen weist Paulus uns an, unsere Siegeskleidung anzuziehen, die Jesus uns geschenkt hat (Mitleid, Erbarmen, Freundlichkeit, Demut, Sanftheit, Geduld, Nachsicht, Vergebungsbereitschaft, Liebe, Einheit, Friede, Dankbarkeit, Weisheit). Diese Eigenschaften zeigen unserem Umfeld, dass wir zu Jesus gehören.

Doch wir sind nicht einfach nur freundlich, weil wir von Natur aus eben freundlich sind. Und wir sind nicht geduldig, weil wir von Natur aus dazu neigen. Wir legen diese äußerlichen Qualitäten an den Tag, weil wir innerlich verstanden haben, wer wir sind. In der Bibel finden wir immer wieder die Aussage, dass wir erwählt, heilig und zutiefst von Gott geliebt sind – so wie es in Kolosser 3,12 steht.

Wir können unser bestes Ich leben, weil Gott das Wichtigste schon für uns getan hat. Er hat uns erwählt. Er hat uns für sein heiliges Ziel ausgesondert. Und er liebt uns leidenschaftlich – es wird sich nie etwas an dieser Liebe zu uns ändern.

Die Grenzen, die wir setzen, dienen auch als Schutz, damit wir ihm treu bleiben. Wenn du dich also mit der Frage beschäftigen willst, wer du bist, dann ist Kolosser 3 der richtige Ausgangspunkt dafür. Natürlich bilden die Eigenschaften, die Paulus hier aufzählt, keine vollständige Liste. Du findest überall in der Bibel viele weitere Eigenschaften, die Gott ehren und an denen du dich festmachen kannst. Sie sind ein besseres Fundament als die ständig wechselnden Meinungen anderer Menschen.

Erinnerst du dich an die Geschichte über das schwarze Brett mit den Namenslisten und den Farbkarten, die ich im letzten Kapitel erzählt habe? Kürzlich habe ich mich in Gedanken in dieses Klassenzimmer von damals zurückversetzt. Ich ging zu dem schwarzen Brett und habe mich ganz auf meinen Namen konzentriert. Ich habe die rote Karte abgenommen. Und dann auch die gelbe. Und dann habe ich sogar die grüne Karte abgenommen.

Ich habe alle drei zur Seite gelegt.

Und dann habe ich auf die Goldene Regel geschaut und mich gefragt, warum es mir heute so vorkommt, als hätte ich damals gedacht, dort stünde: „Tu alles, damit die anderen ein gutes Bild von dir haben." Das stand da überhaupt nicht. Ich habe wohl übersehen, dass auch die Goldene Regel selbst Grenzen befürwortet: „Behandle andere so, wie du von ihnen behandelt werden willst."

Mit anderen Worten: Wir sollten nicht aus dem Blick verlieren, dass andere das, was wir für sie tun, auch für uns tun sollten.

Und dann habe ich den wichtigsten Schritt überhaupt gemacht: Ich habe mein Namensschild vom schwarzen Brett genommen und das Klassenzimmer verlassen. Es war an der Zeit, dass ich mich wieder daran erinnerte, wer ich wirklich war. Ich bin die, die ich in Gottes Augen bin. Und während ich die wohlgemeinte Lektion von damals zwar immer noch schätze und gar nicht so schlecht finde, ist es doch ein gutes Gefühl, dass sie mich nicht länger definiert.

Eine Anmerkung von Jim zum Thema „Grenzen durchsetzen"

In diesem Kapitel führt Lysa das Beispiel einer Frau an, die versucht hat, Grenzen zu setzen, nachdem sie entdeckt hatte, dass ihr Mann Pornografie konsumierte. Ich will hier klarstellen, dass es ein großer Unterschied ist, ob jemand die Sache mit den Grenzen ausprobiert oder ob er diese Grenze tatsächlich durchsetzt. Aber meines Erachtens sollte diese Frau sich als Allererstes die professionelle Hilfe eines Seelsorgers holen, der sich auf Partnerschaftsverletzungen und Vertrauensbruch spezialisiert hat, damit sie nicht allein ist. Es ist wichtig, dass sie sich gut vorbereitet fühlt, bevor sie mit ihrem Mann über Grenzen spricht.

Ich entwickle mit den Frauen, die ich berate, eine Strategie für die Kommunikation und die Umsetzung notwendiger Grenzen. Beides sollte im richtigen Moment und im richtigen Umfeld passieren. Wir legen auch angemessene Konsequenzen für bestimmte Grenzverletzungen fest. Im Grunde erstellen wir eine Liste, auf der steht: „Wenn er dies tut, tust du das." Was nur vage kommuniziert wird, bleibt auch vage, und wir wollen so konkret wie möglich sein.

Darüber hinaus sollte die Frau auf Folgendes achten: Wie reagiert ihr Mann, wenn sie ihm die Grenzen erklärt? Sträubt er sich gegen die Grenzen, oder ist er bereit, an der Beziehung zu arbeiten? Manchmal sind das Schlimmste an so einer Sache die Lügen, das Versteckspiel, das Leugnen und dass er seine Probleme auf sie abschiebt. Doch wenn er nicht nur bereit ist, an seinem Problem zu arbeiten, sondern auch daran, sein inneres Trauma zu heilen, besteht Hoffnung. Dieses Trauma ist nämlich meistens der eigentliche Grund für dieses äußere Verhalten.

Ich erlebe oft, dass Menschen bei Pornografie und Untreue keine Grenzen setzen, weil sie sowohl über das trauern, was sie schon verloren haben, als auch über das, was sie vielleicht noch verlieren *könnten*. Ich ermutige Frauen, die sich in einer solchen Notlage befinden, damit, dass schon viele andere dieses Problem bewältigt haben, und sie es auch schaffen werden.

Hol dir Hilfe. Erstelle einen Plan, der auch Grenzen, Konsequenzen und Rechenschaft miteinschließt. Entwickle Lösungsansätze, was zu tun ist, wenn die Grenzen verletzt werden und der Plan nicht eingehalten wird. Wenn dein Mann nicht bereit ist, gemeinsam mit dir zusammen zur Beratung zu gehen, suche dir trotzdem allein einen Berater oder eine Seelsorgerin, damit du dein persönliches Trauma verarbeiten kannst.

Jetzt wird's praktisch

VERGISS NICHT

- Wenn andere uns ständig auf den Keks gehen, uns frustrieren, uns ermüden oder uns überrumpeln, dann haben wir entweder nicht die richtigen Grenzen gesetzt oder diese Menschen sollten nicht Teil unseres Lebens sein.
- Gute Grenzen sorgen für Abhilfe und für Erleichterung, wenn wir dazu neigen, unser Leben von der Meinung, den Problemen, Wünschen und Plänen anderer bestimmen zu lassen.
- Wenn jemand anderes enttäuscht ist, heißt das nicht, dass *wir eine Enttäuschung sind.*
- Ich will heil bleiben, indem ich dafür sorge, dass das, was ich weiß, was ich fühle und was ich tue, mit Gottes Sicht meiner Person in Einklang ist.
- Ich will nicht von kaputten Menschen so ausgelaugt werden, dass ich allen anderen nichts mehr zu gebe habe

NIMM ES AN

Es wurde dir, Mensch, doch schon längst gesagt, was gut ist und wie Gott möchte, dass du leben sollst. Er fordert von euch nichts anderes, als dass ihr euch an das Recht haltet, liebevoll und barmherzig miteinander umgeht und demütig vor Gott euer Leben führt. Micha 6,8

Mit ihnen reißen wir alle hohen Gedankengebäude nieder, die sich gegen die Erkenntnis Gottes auftürmen. Wir nehmen alles Denken gefangen, sodass es Christus gehorcht. 2. Korinther 10,5 (EÜ)

Belügt einander nicht, denn ihr habt eure alte, verdorbene Natur mit ihrem bösen Tun abgelegt und habt die neue Natur angenommen. Gott erneuert sie, sodass man erkennen kann, wie sie dem Bild ihres Schöpfers gleicht. Kolosser 3,9–10

DENK NACH

- In diesem Kapitel heißt es: „Wir begeben uns auf die Spur unseres wahren Ichs, damit wir dieses nicht in der kaputten Realität anderer Menschen verlieren. Und deshalb sollte sich unser Leben auch nicht darum drehen, die unrealistischen Erwartungen anderer zu erfüllen." Wo spricht dich das ganz persönlich an?
- Welche Eigenschaften magst du an dir selbst? Welche sollen die Menschen, die dir wichtig sind, an dir erleben, wenn sie mit dir zusammen sind? Wie können Grenzen dir helfen, dass deine besten Eigenschaften immer mehr zum Vorschein treten?

GEBET

Vater im Himmel, während ich über diese Worte nachdenke, die ich gerade gelesen habe, fühle ich mich durch die Tatsache getröstet, dass nichts und niemand außer dir definiert, wer ich bin. Wer ich bin, liegt vollkommen und ganz allein in dem begründet, was du für mich getan hast. Hilf mir, Entscheidungen zu treffen, die im Einklang mit deiner Wahrheit sind. Hilf mir zu erkennen, wo ich nicht bereit bin, jemandem zu vergeben, wo noch Verbitterung ist oder Groll, während ich das, was andere zu mir oder über mich gesagt haben, verarbeite. Danke, dass du einen Weg für mich bereitet hast, damit ich so heil leben kann, wie nur möglich, damit dein Licht noch heller durch mich scheinen kann und andere es sehen. Amen.

Kapitel 9

Wovor habe ich nur
solche Angst?

Ich fürchtete mich davor, jemanden anzurufen, mit dem ich jahrelang befreundet gewesen war und ehrenamtlich zusammengearbeitet hatte. Ich hatte keine Grenzen gezogen, und ich wusste, dass ich das hätte tun sollen. Ehrlich gesagt hatte ich schon oft versucht, bei ihr Grenzen zu setzen. Und zwar so oft, dass sie mich gar nicht mehr ernstnahm, wenn ich es wieder mal versuchte. Letztlich brachte sie mich ständig dazu, daran zu zweifeln, dass es eine gute Idee war, an den Grenzen festzuhalten. Bei anderen funktionierten Grenzen ja gut, aber nicht bei ihr.

Also verlangte sie weiterhin zu viel von mir. Und ich gab ihr zu viel.

Ich kann recht viel leisten. Ich habe viel Energie, und ich liebe es wirklich, meine Freunde zu unterstützen und ihnen zur Seite zu stehen. Und wenn man viel leisten kann und es sich gut anfühlt, dann scheint es keine große Sache zu sein. Bis ich an meine Grenzen stieß. Jeder hat seine Grenzen – körperlich, finanziell, emotional, in Beziehungsdingen. Keiner von uns ist frei davon. Das erste Anzeichen dafür, dass ich an meine Grenzen gekommen war, war die Anspannung, die ich empfand, wenn diese Freundin mich anrief oder mir eine Textnachricht schickte. Allein der Anblick ihres Namens auf dem Display meines Handys brachte meinen Puls zum Rasen, und mich überkam ein Gefühl des Grauens.

Weil ich so schnell wie möglich wieder meine Ruhe haben wollte, hatte ich zu einer ihrer Bitten voreilig Ja gesagt. Aber ich wusste, dass ich sie jetzt zurückrufen musste, um ihr mitzuteilen, dass ich es einfach nicht schaffen würde. Vor diesem Telefonat verspürte ich ein großes Unwohlsein in der Magengegend. Ich bin jemand, der immer zu seinem Wort steht, doch jetzt musste ich das, was ich schon zugesagt hatte, zurücknehmen. Aber Integrität ist nicht das Gleiche wie Perfektion. Integrität ist die demütige Ehrlichkeit vor Gott und anderen. Und so wusste ich, dass ich zu meiner Freundin ehrlich sein und das Ganze mit einer Portion Demut angehen musste.

Ich fing mit einer Entschuldigung an: „Es tut mir leid, dass ich deiner Bitte ursprünglich zugesagt habe, obwohl ich sie eigentlich hätte ablehnen müssen. Ich hab dich gern, deshalb macht es mir auch solche Freude, dich glücklich zu machen. Und weil ich möchte, dass unsere Beziehung zueinander gut ist, und weil ich von dir geschätzt werden will, habe ich meinem Wunsch nachgegeben, es dir recht zu machen. Aber eigentlich hätte ich die Situation ehrlich einschätzen müssen. Aber jetzt merke ich, dass ich die falsche Entscheidung getroffen habe. Deshalb muss ich das ändern und Nein sagen."

Ich wünschte mir, dass sie mich verstand. Ich wollte, dass sie meine Ehrlichkeit zu schätzen wusste und respektierte, wie schwer es mir fiel, dieses Gespräch zu führen. Aber nichts dergleichen geschah. Ich spürte sofort, dass sie verärgert war. Für sie kam es überhaupt nicht infrage, dass ich Nein sagte. Sie wollte ihren Kopf durchsetzen. Und zu ihrer Verteidigung muss ich sagen, dass sie sich natürlich Hoffnungen gemacht hatte, als ich ein paar Tage zuvor zugesagt hatte, was meine jetzige Reaktion für sie noch frustrierender machte.

Aber was sie von mir wollte, hätte mir emotional und zeitlich mehr abverlangt, als ich geben konnte. Als ich zu ihrer Anfrage ursprünglich Ja gesagt hatte, hatte ich einige Rahmenbedingungen gesteckt, damit ich überhaupt in der Lage wäre, es zu schaffen. Das Problem daran war, dass sie meine Grenzen schon früher immer ignoriert und meine Rahmenbedingungen nicht akzeptiert hatte. Und so hatte ich nach meiner Zusage tagelang in Gedanken durchgespielt, was hier wohl schiefgehen könnte und wahrscheinlich auch würde.

Wieder einmal hatte ich dieser Person viel Zugang zu mir gewährt, obwohl ich wusste, dass sie dem nicht mit dem entsprechenden Verantwortungsbewusstsein begegnen würde.

Und ich hatte mich selbst in eine Lage manövriert, wo ich hoffte, dass sie die richtigen Entscheidungen treffen würde, damit mir die Beklemmung nicht über den Kopf wuchs.

Ich beendete das angespannte Gespräch mit der Aussage: „Ich hätte dich nie in die Lage bringen dürfen, wo ich von dir erwarte, dass du meiner inneren Anspannung abhilfst. Das liegt allein in meiner Verantwortung. Deshalb bin ich bereit, dich jetzt zu enttäuschen, um zu verhindern, dass das Ganze schlecht für uns beide endet."

Ich würde jetzt zu gern sagen, dass wieder alles in Butter war, als wir auflegten. Nein. Nichts daran war angenehm. Aber aus der ganzen Sache kam für mich etwas sehr Gutes heraus – ein Augenblick absoluter Klarheit.

Nachdem ich aufgelegt hatte, versuchte ich zu verstehen, was in meinem Herzen vorging. Da war viel Emotion, aber es fiel mir schwer, meine Gefühle zu benennen. War ich stolz darauf, dass ich es geschafft hatte, diese Grenze zu kommunizieren? War ich traurig, weil sie so sauer auf mich war? War ich von mir selbst enttäuscht, weil ich nicht tun konnte, worum meine Freundin mich gebeten hatte? War ich frustriert? War ich erleichtert?

Nichts von alledem.

Das vorherrschende Gefühl war Angst.

Ich hatte Angst. Aber wovor genau hatte ich Angst?

Es war nicht nur die Angst, sie enttäuscht zu haben. Es war nicht nur die Angst, sie wütend gemacht und den Frieden zwischen uns zerstört zu haben.

Ich hatte Angst, dass sie sich von mir zurückziehen würde, weil ich Nein gesagt und eine Grenze gezogen hatte. Dann würde sie etwas mitnehmen, das ich brauchte. Ich versuchte nämlich zum einen, es ihr recht zu machen, weil ich sie gern hatte, aber auch weil ich das Gefühl liebte, dass sie sich nicht von mir abwenden würde, wenn ich dafür sorgte, dass sie glücklich und zufrieden war.

Es ist nicht schön, das zugeben zu müssen. Ich hatte innerhalb von kurzer Zeit viele traumatische Erlebnisse und Verluste erlitten. Und die Vorstellung, noch jemanden zu verlieren, versetzte mich in Panik. Aber die Lösung meines Problems bestand nicht darin, es allen recht zu machen. Kein Trauma kann auf gesunde Weise verarbeitet werden, wenn man ungesunde Bewältigungsstrategien entwickelt.

Ich wusste auch, dass ich nicht einfach so tun durfte, als hätte ich keine Bedürfnisse. Eine Freundin hat mir mal gesagt, die beste Methode, um nicht von Menschen enttäuscht zu werden, bestehe darin, einfach keine Erwartungen an sie zu haben. Aber das hat mir irgendwie nicht gefallen – jedes Extrem scheint nicht auf Dauer zu funktionieren. Außerdem hat Gott die Menschen erschaffen, damit sie Teil einer Gemeinschaft sind. Wir sind menschliche Wesen mit Bedürfnissen, und wir sollten einfach gern in Beziehungen leben und gegenseitig voller Zuneigung die Bedürfnisse des anderen erfüllen. Aber es gab einen Punkt, an dem ich dann das Ganze falsch verstand: Ich hatte solche Angst davor, dass sie mich ablehnen würde, dass ich ihre Verantwortungslosigkeit ständig akzeptierte, als könnte ich nichts dagegen unternehmen.

Ich *wollte*, *d*ass sie mich erwählte und wertschätzte. Das ist an sich nicht schlecht.

Aber für mich war es mehr als das. Ehrlich gesagt fühlte ich mich, als müsste ich von ihr erwählt und wertgeschätzt werden, sonst ging es mir nicht gut und ich fühlte mich nicht sicher und geborgen.

Hast du den Unterschied bemerkt zwischen „Wollen" und „Müssen"? „Ich will" wird von unserem Wunsch getrieben. „Ich muss" wird von einer Forderung getrieben. Und wenn aus unseren Wünschen Forderungen werden, laufen wir Gefahr, uns in eine schlimme Art von People Pleaser zu verwandeln. Ich rede hier nicht davon, dass wir versuchen, es anderen recht zu machen, damit er oder sie glücklich ist und uns mag. Ich rede hier davon, dass wir Angst haben, dass unsere Bedürfnisse nicht erfüllt werden, wenn wir einer Person Grenzen setzen, und deshalb zulassen, dass diese uns ausnutzt.

Wenn wir jeden Tag viel Energie und Anstrengung darauf verwenden, dafür zu sorgen, dass jemand uns mag, verlieren wir unser eigenes Wohlergehen aus dem Blick. Und wir laufen Gefahr, uns von unserer schlimmsten Seite zu zeigen: erschöpft, niedergeschlagen, skeptisch, distanziert, unsicher, verbittert, ständig mit dem Gefühl, ausgenutzt und manipuliert zu werden. Wir können uns negativ entwickeln, ohne überhaupt zu merken, was passiert. Und bevor wir es mitkriegen, geschieht nichts von dem, was wir für andere tun, noch aus Liebe. Genau genommen geht es uns überhaupt nicht mehr um die anderen. Es geht darum, dass wir von jemandem etwas wollen, ohne das wir glauben, nicht mehr leben zu können.

Wir verlieren so schnell unser Selbstwertgefühl, wenn wir

- uns nur dann *angenommen* fühlen, wenn andere uns für die Person halten, auf die man sich immer verlassen kann.
- nur dann das Gefühl haben, alles *unter Kontrolle* zu haben, wenn andere uns für bedeutsam halten und unsere Meinung respektieren.
- uns nur dann *wertvoll* fühlen, wenn wir anderen etwas Beeindruckendes geben oder für sie tun.
- uns nur dann *geliebt* fühlen, wenn wir ihre Bedürfnisse erfüllen, ihnen immer zur Verfügung stehen und ihren Bitten zusagen.

Lies dir mal die nachfolgende Liste durch, und unterstreiche alle Bedürfnisse, die du häufig in eine Beziehung mitbringst.

anerkannt werden

die Kontrolle haben

gemocht werden

als perfekt gelten

lieb sein

angesehen sein

geschätzt werden

gewürdigt werden

erwählt sein

schön sein

verstanden werden

inneren Frieden haben

recht haben

die Zügel in der hand haben

beschützt werden

einzigartig sein

respektiert werden

nett sein

unterstützt werden

bewundert werden

Experte sein

ein Vorbild-Christ sein

ein Held sein

im Mittelpunkt der Aufmerksamkeit stehen

gebraucht werden

akzeptiert werden

verantwortungsvoll sein

geliebt werden

Mach dir ehrlich Gedanken über die Bedürfnisse, die du markiert hast, und beurteile dich selbst.

EIN BLICK AUF DICH SELBST

Bin ich so sehr darauf angewiesen, _____
[z. B. der Held zu sein], *dass ich nicht bereit bin, eine gesunde Grenze zu ziehen und auf ihre Einhaltung zu achten? Fürchte ich, dass mich das zu viel kosten wird? Es könnte mich _____*
[z. B. die Bewunderung] *dieser Person kosten; deshalb ist es mir das nicht wert, eine Grenze zu ziehen. Ich möchte lieber, dass die Dinge so bleiben, wie sie sind, als eine Veränderung zu riskieren, die mich das kostet, was es mir bringt, es anderen recht zu machen.*

Es fiel mir sehr schwer, das durchzudenken. Aber genau darum geht es in diesem Kapitel.

Es anderen recht machen zu wollen, heißt nicht nur, dass wir sie glücklich machen wollen. Es heißt auch, dass wir etwas von ihnen wollen, von dem wir denken, dass wir es zum Leben brauchen.

Ich weiß, dass jetzt einige sagen werden: „Ich habe kein Problem damit, es anderen recht zu machen."

Aber wenn du glaubst, dass du unbedingt etwas von anderen brauchst, solltest du vielleicht doch weiterlesen. Und wenn nicht für dich selbst, dann eben für alle anderen, die es *dir* recht machen wollen, um das zu bekommen, was sie brauchen.

Wir reden hier darüber, dass man zum eigenen Nutzen etwas von einer anderen Person braucht. Aber es geht nicht darum, im vernünftigen Rahmen etwas von anderen zu wollen, von dem wir denken, dass wir es brauchen. Wir lassen uns so leicht aus der Bahn werfen, lassen uns verunsichern und sind am Boden zerstört, wenn wir nicht bekommen, was wir glauben, haben zu müssen. Deshalb wird es zu unserer Hauptmotivation und zu unserer Lebensader, sicherzustellen, dass jemand anderes unsere Bedürfnisse erfüllt, damit wir innerlich ruhig sind und uns sicher fühlen. Je weniger wir das, was wir glauben, von anderen zu brauchen, bekommen, umso mehr neigen wir zu extremen Reaktionen. Entweder laugen wir uns selbst völlig aus, weil wir es anderen auf alle möglichen Arten recht machen wollen, oder wir geben schließlich auf und wenden uns von ihnen ab.

Gute Grenzen helfen uns, hier für ein Gleichgewicht zu sorgen. Grenzen helfen uns zu erkennen, dass es nicht falsch ist, Bedürfnisse zu haben. Tatsächlich ist es sogar gut für uns, wenn wir unsere Bedürfnisse klar zum Ausdruck bringen und mit dem anderen ehrlich über die realistischen Bedürfnisse beider Seiten sprechen. Aber dabei ist es wichtig, dass wir nicht – zwischen den Zeilen – verlangen, dass der andere die

Verantwortung für unsere Bedürfnisse trägt. Und entsprechend sollten wir auch nicht zulassen, dass andere uns die Verantwortung für ihre Bedürfnisse zuschustern.

Als ich meine Bedürfnisse unter die Lupe genommen habe, habe ich mir selbst immer wieder ehrlich die Frage gestellt: Warum sollte ich mich abstrampeln und so versuchen, andere dazu zu bringen, mir das zu geben, was ich um jeden Preis brauche? Womit kämpfe ich hier wirklich? Welcher Sache bin ich mir so unsicher? Wovor fürchte ich mich im Stillen am meisten? Was ist die tiefliegendere Angst, die mich zu alldem treibt – außer der Angst, dass andere sich von mir abwenden könnten?

Es gibt eine noch tiefliegendere Angst als die Furcht, dass mich jemand ablehnen könnte. Auch wenn das sicher ein Grund dafür ist, warum ich immer wieder Ja zu unrealistischen Bitten sage, obwohl ich weiß, dass ich eigentlich Nein sagen sollte.

Vielleicht besteht der Kern des Problems darin, dass ich Angst habe, es könnte eine verheerende Diskrepanz zwischen dem bestehen, was ich zu brauchen meine, und dem, was Gott mir tatsächlich gibt. Vielleicht habe ich Angst, dass Gott mir etwas, das ich zu brauchen meine, nicht geben wird, und deshalb versuche ich, es mir von anderen Menschen zu holen. Und wenn ich befürchte, dass Gottes Fürsorge nicht ausreicht, muss ich diese Lücke eben mit anderen Menschen füllen, sonst werde ich in dieser großen, manchmal beängstigenden, oft bedrohlichen und immer chaotischen Welt nicht klarkommen. Deshalb habe ich Menschen zur Lösung für mein Sicherheitsbedürfnis erklärt und nicht Gott.

Hoppla!

Doch das ist nur eine falsche Sicherheit. Denn wenn wir erkennen, dass andere einfach nicht in der Lage sind, die Lücken zu füllen, die wir aufgrund unseres Zweifels an Gott festzustellen glauben, fühlen wir uns nur immer noch unsicherer.

Daher ist es oft nur ein Vorwand, wenn wir sagen: „Grenzen zu ziehen ist doch unhöflich oder unchristlich." Die ungeschönte Wahrheit ist, dass wir uns immer verzweifelt danach sehnen werden, von anderen das zu bekommen, was wir fürchten, von Gott *nicht* zu bekommen.

Und umgekehrt können auch wir für andere nicht das sein, was sie fürchten, nie von Gott zu bekommen. Wenn wir ein guter Ehepartner, Freund, Kollege, eine gute Tochter, Schwester oder Nachbarin sein wollen, dann nicht dadurch, dass wir den anderen „retten". Wenn wir jemanden – unbewusst – davon abhalten, seinem eigenen tiefen Verlangen nach Gott zu nachzugehen, ist das keine Liebe – es ist grausam. Der Kirchenvater Origenes sagte: „Wer nicht um seine Schwachheit oder Krankheit weiß, kann keinen Arzt aufsuchen; oder zumindest wird derjenige, der nicht zuerst um die Schwere seiner Erkrankung wusste, nachdem er seine Gesundheit wiedererlangt hat, seinem Arzt nicht dankbar sein."[1] Wenn jemandem nie bewusst wird, wie sehr er Gott braucht, wird er niemals wirklich annehmen, was nur Gott ihm geben kann.

Es anderen immer recht zu machen, stellt letztlich weder uns selbst noch den anderen zufrieden, und Gott gefällt es ganz sicher nicht. Ich für meine Person entdecke gerade erst, dass es in Ordnung ist, wenn ich etwas brauche und jemanden darum bitte. Aber wenn ich etwas brauche, und ich *fordere* es von jemandem, ist das ein Zeichen dafür, dass ich die Grenze überschritten habe und vom anderen etwas haben will, das ich von Gott erbitten sollte. Doch eines habe ich gelernt: Vielleicht hat Gott dieses Bedürfnis zugelassen, damit ich mich ihm zuwende.

Das Gleiche gilt auch für die Bedürfnisse anderer. Vielleicht lässt Gott zu, dass es jemandem vorübergehend nicht gut geht, damit diese Person sich mit ihren tiefsten Sehnsüchten an ihn wendet und von ihm empfängt, was wir ihr letztlich nicht geben können. Wenn du ständig Schuldgefühle hast, weil du dir Gedanken machst, dass deine Grenzen negative Auswirkungen auf den anderen haben, dann lies diesen letzten Satz bitte noch mal. Und bitte Gott, dass er mit seinem Heiligen Geist in deine ganz persönliche Situation hineinspricht, damit du gute Entscheidungen triffst.

Wir wollen nicht gnadenlos sein. Aber wir wollen andere auch nicht um das Gute bringen, das sie erfahren könnten, wenn ihnen klar wird, dass wir eben keine unerschöpfliche Quelle sind. Unterm Strich heißt das, wir sollten und können letztlich nicht diejenige sein, die anderen all das gibt, was sie brauchen.

Weil Gottes Vorräte unerschöpflich sind, kann nur er all unsere Bedürfnisse stillen (Philipper 4,19). Weil Gott uns erschaffen hat, weiß nur er wirklich, wie es in uns aussieht (Römer 8,26–27). Weil für Gott nichts zu schwer ist, kann nur er dauerhaft das geben, wonach wir uns verzweifelt sehnen (Jeremia 32,27).

Wir werden uns immer verzweifelt danach sehnen, von anderen das zu bekommen, was wir fürchten, von Gott nicht zu bekommen.

All das kann nur Gott für mich tun. Und für dich. Und für jeden Menschen.

Denk daran, dass Jesus so viele unglaubliche Dinge für andere getan hat. Er hat Menschen etwas zu essen gegeben, hat ihnen die Füße gewaschen, sie gelehrt, sie getröstet und ihnen eine andere Art zu leben und zu denken vorgelebt. Aber das hat er nicht getan, damit die Menschen im Gegenzug ein Bedürfnis in ihm erfüllen würden. Er hat ihnen gedient, weil ihm das ein tiefes Bedürfnis war, und nicht, um sich dann auch bedienen zu lassen (Matthäus 20,28).

Und oft hat er für andere nur das getan, was sie nicht selbst tun konnten. Er gab ihnen, was nur er geben konnte, und forderte sie dann auf, das zu tun, was in ihrer Macht stand. Jesus hat zum Beispiel dem Blinden Matsch auf die Augen gestrichen, hat ihm aber dann gesagt, er solle jetzt selbst an den Teich gehen und sich den Matsch abwaschen. Jesus ist nicht losgelaufen, um ihm das Wasser zu holen.

Er hat den Lahmen geheilt und ihm dann gesagt, er solle aufstehen, seine Matte nehmen und selbst gehen. Er hat weder den Mann noch seine Matte getragen.

Jesus hatte Mitgefühl mit der Ehebrecherin. Er hat ihr Handeln nicht gebilligt, sondern ihr stattdessen gesagt, sie solle ihr sündiges Leben hinter sich lassen.

Jesus war Gott gehorsam und liebte die Menschen wirklich. Er versuchte nicht, es ihnen recht zu machen, damit ihn alle mochten und er von ihnen akzeptiert wurde. Und wenn den Menschen nicht gefiel, was er zu sagen hatte, und sie sich von ihm abwandten – was durchaus viele taten –, hat er seine Grenzen nicht aufgegeben und ist ihnen nicht nachgerannt, um sie anzuflehen, sich ihm wieder zuzuwenden. Jesus hat die Menschen genug geliebt, um ihnen die Wahl zu lassen, sich von ihm abzuwenden.

In der gesamten Bibel lesen wir immer wieder, dass Gott den Israeliten die Wahl lässt, ihm zu folgen oder einen anderen Weg einzuschlagen. „Aber mein Volk wollte nicht hören und Israel wollte mir nicht gehorsam sein. Deshalb überließ ich es seiner Blindheit und Verstocktheit und ließ es nach seinen eigenen Wünschen leben" (Psalm 81,12–13).

Gott fordert uns auf, *ihm* zu gehorchen. Gott fordert uns jedoch nicht auf, jedem Wunsch und jeder Laune anderer Menschen nachzukommen. Gott fordert uns auf, *andere* zu lieben. Gott fordert uns jedoch nicht auf, zu verlangen, dass sie diese Liebe erwidern und alle unsere Bedürfnisse erfüllen.

Wenn du zu denen gehörst, die sich gern Dinge anstreichen, dann nimm dir doch den Textmarker, und streich dir diese letzten beiden Sätze an. Schreib dir diese Wahrheiten auf Zettel, und klebe sie an deinen Badezimmerspiegel, an deinen

Nachttisch, an dein Telefon, auf deinen Kalender, und wenn du willst, sogar auf deine Stirn. Na gut, vielleicht nicht auf die Stirn, aber du weißt schon, was ich meine.

Was machen wir jetzt, wenn wir uns dabei ertappen, dass wir in diesem People-Pleasing feststecken? Wir fangen damit an, dass wir unsere eigenen Gedanken kontrollieren.

In der Situation, die ich zu Beginn des Kapitels beschrieben habe, musste ich meiner Angst auf den Grund gehen. Ich erkannte, dass ich mich davor fürchtete, meine Freundin würde mir nicht das Gefühl von Sicherheit vermitteln, das ich brauchte, und dass sie sich von mir abwenden würde, wenn ich an meinen Grenzen festhielte.

Beenden wir dieses Kapitel damit, dass wir uns einige Methoden anschauen, wie wir unsere Gedanken kontrollieren können. Schauen wir uns zuerst noch mal die Aussage über uns selbst an, die ein paar Seiten weiter vorn steht. Um das Folgende zu illustrieren, fülle ich das Ganze einmal für mich selbst aus. Dann kannst du dir deine eigenen Aussage erarbeiten.

Bin ich so sehr darauf angewiesen, <u>akzeptiert zu werden</u>, dass ich nicht bereit bin, eine gesunde Grenze zu ziehen und auf ihre Einhaltung zu achten? Fürchte ich, dass mich das zu viel kosten wird? Es könnte mich <u>die Unterstützung</u> dieser Person kosten; deshalb ist es mir das nicht wert, eine Grenze zu ziehen. Ich möchte lieber, dass die Dinge so bleiben, wie sie sind, als eine Veränderung zu riskieren, die mich das kostet, was es mir bringt, es anderen recht zu machen.

Und jetzt schreiben wir es neu.

Ich brauche es, <u>akzeptiert zu werden</u>. Aber ich erkenne jetzt, dass es falsch ist, wenn ich versuche, meine Bedürfnisse dadurch erfüllt zu bekommen, dass ich eine vernünftige Grenze aufgebe, um <u>jemanden dazu zu bewegen, mich zu unterstützen</u>.

Und jetzt bist du dran:

Bin ich so sehr darauf angewiesen, _____, dass ich nicht bereit bin, eine gesunde Grenze zu ziehen und auf ihre Einhaltung zu achten? Fürchte ich, dass mich das zu viel kosten wird? Es könnte mich _____ dieser Person kosten; deshalb ist es mir das nicht wert, eine Grenze zu ziehen. Ich möchte lieber, dass die Dinge so bleiben, wie sie sind, als eine Veränderung zu riskieren, die mich das kostet, was es mir bringt, es anderen recht zu machen.

Und jetzt schreiben wir das Ganze neu.

Ich brauche es, _____. Aber ich erkenne jetzt, dass es falsch ist, wenn ich versuche, meine Bedürfnisse dadurch erfüllt zu bekommen, dass ich eine vernünftige Grenze aufgebe, um

_____*.*

Wenn wir nicht wirklich davon überzeugt sind, dass uns Grenzen weiterhelfen, werden wir zu viel Angst davor haben, was es uns kosten könnte, wenn wir an ihnen festhalten.

Wenn ich verstehe, dass Angst mich davon abhält, Grenzen zu setzen, weil mich diese das kosten könnten, was ich zu brauchen meine, sollte ich zuerst Kosten und Nutzen abwägen, bevor ich die Grenze ziehe.

> *Wenn wir nicht wirklich davon überzeugt sind, dass uns Grenzen weiterhelfen, werden wir zu viel Angst davor haben, was es uns kosten könnte, wenn wir an ihnen festhalten.*

Was könnte passieren, wenn du Grenzen ziehst?

Ich habe Angst, dass meine Freundin sich von mir abwenden könnte. Aber wenn sie die Art von Mensch ist, die sich in solchen Situationen von mir abwendet, dann wäre es möglich, dass sie sich selbst dann von mir abwendet, wenn ich alles Menschenmögliche tue, um es ihr recht zu machen.

Ich habe Angst, dass sie von mir enttäuscht ist, wenn ich nicht tue, was sie von mir will. Aber wenn unsere Beziehung so funktioniert, dann besteht die Gefahr, dass sie früher oder später ohnehin von mir enttäuscht ist.

Ich habe Angst, dass ich etwas verlieren werde, was ich nicht verlieren will, wenn ich dieser Person Grenzen setze. Aber wenn meine Freundin eh dazu neigt, mir ihre Unterstützung vorzuenthalten, dann besteht die Gefahr, dass ich sie ohnehin verlieren werde.

Gesunde Beziehungen fühlen sich nicht bedrohlich an. Liebevolle Beziehungen fühlen sich nicht grausam an. Sichere Beziehungen fühlen sich nicht so an, als würde alles zusammenbrechen, wenn du versuchst, Grenzen zu ziehen.

Wenn man all das in Betracht zieht: Was fürchtest du dann am meisten, wenn du eine Grenze ziehst?

Wenn das eintrifft, wovor du dich fürchtest: Was wäre dann?

Und was könnte als Nächstes passieren? Und danach? Und dann? Spiele diesen Gedanken einmal Schritt für Schritt bis zum Ende durch.

Welche deiner Ängste sind berechtigt?

Welchen deiner Ängste liegt etwas zugrunde, von dem du glaubst, dass du es unbedingt von dieser Person brauchst?

Wenn du keine Grenzen ziehst: Welche negativen Auswirkungen wird das dann auf dich haben? Welche negativen Auswirkungen wird das dann auf die Beziehung haben?

Überdenke die negativen Auswirkungen, die die Entscheidung auf dich haben wird. Wird diese Beziehung weiter bestehen bleiben, wenn sich nichts ändert?

Inwiefern könntest du vielleicht dem im Weg stehen, was Gott mit dieser Person vorhat, weil du ständig Ja sagst?

Was könnte der Nutzen sein, wenn du Grenzen ziehst?
Denke über die folgenden Fragen nach, um herauszufinden, was der Nutzen von Grenzen sein könnte. Auch wenn es eine Weile dauert, diese Fragen durchzuarbeiten, ist es das wert. Es ist besser, jetzt darüber nachzudenken, als dauerhaft unter kaputten Beziehungen zu leiden.

- Würdest du in emotionaler oder körperlicher Hinsicht neue Kraft bekommen, wenn du diese Grenzen ziehst?
- Was könnte Gott für dich tun, wenn du diese Grenzen ziehst?
- Inwiefern können diese Grenzen dir helfen, damit du dich nicht länger kraftlos fühlst oder den Eindruck hast, dass du der Meinung, dem Urteil, den unrealistischen Erwartungen und unangemessenen Verhaltensweisen dieser Person ausgeliefert bist?
- Inwiefern würde es deine Stimmung heben oder deine Einstellung und deine Gesundheit verbessern, wenn du diese Grenzen ziehst?
- Inwiefern könnten diese Grenzen dir helfen, nicht länger das Bedürfnis zu verspüren, dieser Person aus dem Weg zu gehen, sondern sie zu mögen?
- Inwiefern könnten diese Grenzen dazu beitragen, dass diese Beziehung mit der Zeit gesünder wird?
- Inwiefern könnten diese Grenzen dazu beitragen, dir die Ängste zu nehmen, die du im Hinblick auf diese Beziehung hegst?

Liebevolle Beziehungen fühlen sich nicht grausam an. Sichere Beziehungen fühlen sich nicht so an, als würde alles zusammenbrechen, wenn du versuchst, Grenzen zu ziehen.

Ich habe heute am Wasser gesessen und den Sonnenaufgang beobachtet, während ich an diesem Kapitel gearbeitet habe. Das Wasser hat sich bis zum Horizont erstreckt und die Farben des Himmels waren faszinierend. Einige Freundinnen waren auch da, und während wir dem großen runden Ball zusahen, der über das Blau des Himmels wanderte, raubte uns die Schönheit des Ganzen den Atem. Meine Freundin Shelly meinte: „Ist das nicht krass, dass ein Feuerball nah genug ist, um uns zu wärmen, aber nicht so nah, dass er uns verbrennt?" Das ist wirklich eine unglaubliche Tatsache! Also entgegnete ich: „Und ist es nicht krass, dass keine von uns Angst davor hat? Wo sonst könnte ein riesiger Feuerball auftauchen, und alle würden nur dasitzen und seine Schönheit bestaunen, statt panisch wegzurennen, um sich in Sicherheit zu bringen? Aber weil wir den Einen kennen, der die Sonne dort platziert hat, haben wir keine Angst. Wir sind so beruhigt und freuen uns so darüber, dass wir Hunderte von Fotos davon machen."

Und genau das wünsche ich mir auch für uns und unsere Bedürfnisse. Wir wissen, dass Gott uns mit Bedürfnissen und als Beziehungswesen erschaffen hat. Aber mit diesen Beziehungen ist es genau wie mit der Sonne: Sie sollten eng genug sein, damit wir uns wohlfühlen, aber nicht so eng, dass sie uns verzehren.

Eine Anmerkung von Jim zum Thema „Bewältigungsstrategien"

Jesus fordert uns zwar auf, in Glaubensdingen wie Kinder zu sein, aber das bedeutet nicht, dass wir auch in anderen Bereichen als Erwachsene kindisch sein dürfen. „Als ich ein Kind war, redete und dachte und urteilte ich wie ein Kind. Doch als ich erwachsen wurde, legte ich das Kindliche ab" (1. Korinther 13,11).

Kindern setzt man ja Grenzen, um dafür zu sorgen, dass sie manche Dinge nicht übermäßig nutzen oder sich selbst und anderen schaden. Wenn wir etwas Traumatisches erleben oder es zu zwischenmenschlichen Verletzungen kommt, ist es daher besonders wichtig, dass wir das im Blick haben und auch für uns selbst reife Entscheidungen treffen.

Ungesunde Bewältigungsstrategien
- Übermäßiger Netflix- oder Fernsehkonsum
- Übermäßiger Konsum von Alkohol oder Medikamenten
- Wut oder Rachegefühle
- Beißender Sarkasmus oder Zynismus
- Kaufsucht oder Essen als emotionaler Ausgleich
- Übermäßige Nutzung der sozialen Netzwerke
- Pornografie oder (sexuelle) Untreue

Gesunde Bewältigungsstrategien
- Auf sich selbst achten (spazieren gehen, Bücher lesen, ausreichend schlafen)
- Mit guten Freunden essen gehen
- Sich ein neues, kreatives Hobby zulegen (malen, kochen, Gedichte schreiben)
- An regelmäßigen Therapiestunden teilnehmen

- Sich im Hinblick auf geistliche und emotionale Themen, die die eigene Heilung betreffen, weiterbilden (Podcasts, Bibelstudium, Internetquellen, Workshops und Seminare)
- Tagebuch schreiben und Bibelstellen auswendig lernen

Jetzt wird's praktisch

VERGISS NICHT

- Es anderen recht machen zu wollen, heißt nicht nur, dass wir sie glücklich machen wollen. Es heißt auch, dass wir etwas von ihnen wollen, von dem wir denken, dass wir es zum Leben brauchen.
- Wir werden uns immer verzweifelt danach sehnen, von anderen das zu bekommen, was wir fürchten, von Gott *nicht* zu bekommen.
- Jesus hat ihnen gedient, weil ihm das ein tiefes Bedürfnis war, und nicht, um sich dann auch bedienen zu lassen.
- Jesus hat die Menschen genug geliebt, um ihnen die Wahl zu lassen, sich von ihm abzuwenden.
- Wenn den Menschen nicht gefiel, was Jesus zu sagen hatte, und sie sich von ihm abwandten – was durchaus viele taten –, hat er seine Grenzen nicht aufgegeben und ist ihnen nicht nachgerannt, um sie anzuflehen, sich ihm wieder zuzuwenden.
- Nur Gott sind keine Grenzen gesetzt.
- Sichere Beziehungen fühlen sich nicht so an, als würde alles zusammenbrechen, wenn du versuchst, Grenzen zu ziehen.

NIMM ES AN

„Der Menschensohn ist nicht gekommen, um sich bedienen zu lassen, sondern um anderen zu dienen und sein Leben als Lösegeld für viele hinzugeben." Matthäus 20,28

Und mein Gott wird euch aus seinem großen Reichtum, den wir in Christus Jesus haben, alles geben, was ihr braucht. Philipper 4,19

„Ich bin der Herr, der Gott aller Völker der Welt. Sollte mir irgendetwas unmöglich sein?" Jeremia 32,27

DENK NACH

- Es anderen recht machen zu wollen, beinhaltet nicht nur, dass wir dafür sorgen wollen, dass sie glücklich und zufrieden sind. Es bedeutet auch, dass wir etwas von ihnen wollen, von dem wir denken, dass wir es unbedingt brauchen. Denk an eine Beziehung, in der du Angst hast, Nein zu sagen. Wenn du das im Hinterkopf hast, was wir in diesem Kapitel besprochen haben: Was könnte der wahre Grund für deine Angst sein?
- Inwiefern könntest du dem im Weg stehen, was Gott mit dieser Person (oder diesen Personen) vorhat, weil du ständig Ja sagst?
- Welchen Nutzen könntest du davon haben, hier Grenzen zu ziehen?

GEBET

Herr, danke, dass du immer für mich da bist. Du wirst meiner nie müde oder kannst es irgendwann nicht mehr hören, wenn ich dich um Hilfe bitte. Bitte hilf mir zu erkennen, wann ich zu Anfragen Ja und wann Nein sagen sollte. Ich bitte dich, meinem Herz deinen Frieden zu schenken, wenn ich vor schwierigen Entscheidungen oder Gesprächen stehe, in denen es darum geht, Grenzen zu ziehen. Zeige mir doch heute, wie sehr du mich liebst, damit ich nicht versucht bin, mir von anderen das zu erhoffen, was ich mir eigentlich von dir erhoffen sollte. Amen.

Kapitel 10

Kann eine Trennung auch etwas Gutes haben?

Ich habe meiner größten Angst ins Auge geschaut. Ich wünschte, ich könnte sagen, dass die Angst selbst schlimmer war, als sich ihr zu stellen, aber das stimmt nicht wirklich. Das wäre so, als würde man sagen, es sei schlimmer, sich vor einem Autounfall auf den Aufprall vorzubereiten, als den Aufprall selbst zu erleben. Beides ist beängstigend. Beides ist erschreckend. Beides kann dich gleichzeitig dazu bringen, die Luft anzuhalten und laut zu schreien. Und auch ein emotionaler „Aufprall" kann dir schier die Knochen zerbrechen, das Herz zerreißen und dich am Boden zerstören.

Meine Erfahrung in dieser Hinsicht schmerzte mehr, als ich je gedacht hätte, ertragen zu können. Aber irgendwie habe ich es trotzdem ausgehalten. An diesem Punkt unterscheiden wir uns sicher nicht voneinander. Schau dich nur an: Du atmest noch, obwohl es dir den Atem verschlagen hat, als deine größte Hoffnung geplatzt ist. Du tanzt noch, obwohl deine Seele hinkt. Du stehst wieder auf, und obwohl du den Staub der rauen Wirklichkeit noch nicht ganz von dir abgeschüttelt hast, merkst du, dass Sand auch etwas Gutes hat.

Du hast den schlimmen Tag überlebt. Du hast seither jeden Tag überlebt. Und du wirst auch diesen Tag überleben.

Also ja, wir sind uns so viel ähnlicher, als wir je ahnen würden, wenn wir an irgendeinem Mittwochvormittag im Supermarkt am Brotregal aneinander vorbeilaufen würden. Wir würden beide ziemlich normal aussehen und uns gerade mit den Alltäglichkeiten unseres Lebens beschäftigen. Aber während du gerade darüber nachdenkst, ob du Vollkornbrot kaufen oder lieber doch zum Knäcke greifen solltest, blitzt in deinen Gedanken eine Erinnerung auf. Und mit deinem Seufzer atmest du die Trauer in dir aus, die von außen niemand sehen kann.

In dieser Erinnerung sahst du eine Szene aus deinem Leben vor dir – vor dem Verlust, dem Kummer, dem Ereignis, das alles verändert hat.

Trauer bleibt nicht in dir drinnen. Sie wartet nicht, bis du allein bist, hinter einer verschlossenen Tür. Sie platzt heraus, wann und wo sie will. Das weiß ich, weil ich das auch erlebt habe. Und nächstes Mal, wenn du das Gefühl hast, ganz allein zu sein, während du vor dem Brotregal stehst und weinst, dann denk daran, dass ich bei dir bin. In diesem Laden wurden schon so viele Tränen vergossen – innerlich und äußerlich.

Während ich dort vor dem Brotregal stand, kam mir eine Szene aus meinem Leben in den Sinn – ein kurzer Gedanke an den schon uralten Pfannenwender, den wir benutzten, wenn wir für einen ganzen Tisch voller hungriger Kinder Arme Ritter machten. Damals, als es in der Küche unseres Lebens noch ein *Wir* gab. Damals, als es noch *unser* Tisch war. *Unsere* Tradition. Eine Gemeinsamkeit, die keine Gemeinsamkeit mehr ist.

Ich hätte nie gedacht, dass eine einfache Packung Brot einen solchen Schmerz auslösen konnte. An einem ganz gewöhnlichen Mittwochvormittag. Mitten in der Woche, mitten an einem Vormittag, mitten im Supermarkt zusammenzubrechen, stand nicht auf meiner Einkaufsliste. Und doch passierte es.

Wir haben das, wovor wir uns so sehr gefürchtet haben, überlebt. Aber können wir auch die Erinnerung daran überleben?

Erinnerungen sind unser größter Schatz und fügen uns zugleich unseren größten Schmerz zu. Tolle Erinnerungen teilt man mit einem Smiley, mit Herzchen, Ausrufezeichen und einem begeisterten „Weißt du noch, damals ...!". Traurige Erinnerungen werden unter Schmerz begraben und auf Pergament aus lauter emotionalen Narben festgehalten. Und wenn man sich von jemandem getrennt hat, bestehen die Erinnerungen meistens aus einem Gewirr aus beidem – aus Schlimmem und Schönem, Kummer und Freude und aus Seufzern vor dem Brotregal an einem Mittwochvormittag.

Ich frage mich, warum man sich bei Trennungen eigentlich manchmal „Alles Gute" wünscht. Was ist so gut an einer Trennung, die dir das Herz zerreißt? Was ist so gut an einer Trennung, bei der du dich fragst, ob du die Erinnerung daran überleben wirst? Was ist so gut an einer Trennung, die so unglaublich endgültig ist und eigentlich nicht Teil deines Plans war und dich hinterrücks erwischt hat?

Wir werden später noch darauf eingehen, wie und wann man lieber einen Schlussstrich unter eine Beziehung ziehen sollte. Als Erstes wollen wir uns damit beschäftigen, mit welcher innere Haltung wir das Ende einer Beziehung, einer Freundschaft idealerweise angehen.

Ehrlich gesagt habe ich immer mit Abschieden zu kämpfen gehabt.

Ich habe ja schon erwähnt, dass ich ein unheimlich treuer Mensch bin. Das klingt zwar edel, aber es kann auch darauf hindeuten, dass ich co-abhängig bin. Daran arbeite ich aber noch mit meinem Seelsorger. Und ich arbeite auch daran, warum ich immer das Gefühl hatte, dass ich als Christ versagt habe, wenn ich einer Beziehung den Rücken kehre. Ganz abgesehen davon, dass Abschiede gemein sind – und manchmal sind sie das auch tatsächlich. Aber je mehr Therapiestunden ich hatte und je mehr ich in der Bibel darüber gelesen habe, umso mehr ändert sich hier meine Sichtweise. Vielleicht kann die Art und Weise, wie wir uns von einer anderen Person und aus der Beziehung „verabschieden", uns helfen, mit den Erinnerungen zu leben.

Vielleicht ist es möglich, eine Beziehung so zu beenden, dass man sich ehrlich eingesteht, was daran ungesund war, und sich trotzdem an dem freut, was gut war. Vielleicht ist es möglich, Schmerz, Verrat und Enttäuschung zu empfinden, und die andere Person trotzdem von Zeit zu Zeit zu sehen, ohne das Verlangen zu verspüren, auf die nächste Toilette zu rennen und einer Freundin zu schreiben, wie sehr du dich gerade aufregst. Vielleicht ist beides möglich – ehrlich zuzugeben, was nicht funktioniert hat, und das Positive trotzdem in guter Erinnerung zu behalten.

Vielleicht ist das in manchen Situationen nicht möglich. Ich will ehrlich zugeben, dass manche Erfahrungen einfach nur brutal und grausam sind. Und es wäre völlig unangemessen, diese Situationen mit christlichen Plattitüden und einem übertriebenen Optimismus abzutun. Und es ist mehr als grausam, der Person, die dabei verletzt wurde, ein schlechtes Gewissen zu machen, weil sie den Mut hatte, die Beziehung zu beenden. In solchen Situationen reagieren manche Christen einfach realitätsfremd, taktlos und ätzend. Und ich habe auch keine Lust, meine Worte zu beschönigen. Ich sage nur, dass es falsch ist. Punkt.

Aber was ist mit den anderen Trennungen? Das Ende von Beziehungen, bei denen es einmal etwas Gutes gegeben hat? Wo es schöne Dinge gegeben hat? Wo es schöne Erinnerungen gibt, auch wenn aus dem Schönen etwas Schlechtes geworden ist – nämlich der Grund dafür, warum es einfach notwendig ist, das Ganze zu beenden? Gibt es hier eine Möglichkeit, sich vom anderen abzuwenden und dennoch die eigene Integrität zu wahren? Gibt es eine Möglichkeit, sich darauf einzulassen, dass jemand sich von uns abwendet, ohne dass wir denjenigen gleich hassen? Gibt es eine Chance, dass ein trauriger Abschied auch etwas Gutes hat?

Es gibt ja Gegenden, in denen man jemanden mit „Gott befohlen" oder „Geh mit Gott" grüßt. Wie wäre es, wenn wir eine Trennung eher als ein „Wegschicken mit Gott" betrachten und nicht als eine zugeschlagene Tür oder einen gelöschten Kontakt? Könnte das Ende einer Beziehung anders aussehen, als jemanden nur mit einem wütend ausgestoßenen „Geh mit Gott, aber geh" loszuwerden? Welchen Ausdruck hatte Jesus wohl in Augen, als er den reichen Jüngling gehen ließ? Wie sah sein Abschied von Petrus wohl aus, der Jesus unmittelbar vor der Kreuzigung verleugnete und ihm den Rücken kehrte? Diesen Abschied konnte Jesus mit seinem zerschundenen Körper und seinem gebrochenen Herzen sicher nur noch flüstern. Oder wie es war, als Judas Jesus auf hinterlistige Weise auf die Wange küsste, dann dafür ein paar Silberlinge einsackte und sich letztlich erhängte? Wie zog Jesus unter diese Erfahrungen einen Schlussstrich?

In diesem Leben werde ich das wohl nie erfahren.

Aber ich habe da so meine Vermutungen. Ich glaube, Jesus hat sich von diesen Männern genauso verabschiedet, wie er vor diesen Verletzungen, vor diesem Verrat, vor dieser Ablehnung und diesem Verlassenwerden *gelebt* hat. Es hat sich zweifellos etwas an diesen Beziehungen geändert, aber Jesus hat nicht zugelassen, dass diese Erfahrungen *ihn* verändert haben. Er ließ zu, dass Menschen sich von ihm abwandten, aber das hieß nicht, dass sich etwas an dem änderte, wer und wie er war.

Obwohl ich natürlich nicht annähernd an seine Vollkommenheit und Integrität herankomme, will ich doch nicht, dass es so aussieht, als hätte ich nie auch nur einen Moment mit Jesus verbracht, wenn ich eine Beziehung beende.

Ist es möglich, sich den Schmerz einzugestehen, ohne wiederum Schmerz zu verursachen?

Ist es möglich, eine Beziehung zu beenden, ohne den anderen zu kränken?

Ist es möglich, ein bisschen reifer mit dem Ende einer Beziehung umzugehen und in Frieden weiterzuleben?

In der Vergangenheit ist mir das nicht besonders gut gelungen.

Aber ich möchte da gern besser werden.

Ich wollte schon immer dem folgen, was die Bibel uns hier vorgibt. Nicht, indem ich mit meiner eigenen Meinung anfange und dann nach Bibelversen suche, die meine Ansicht stützen. Ich will bei Gottes Wahrheit anfangen und meine Gedanken durch seine formen lassen. In der Bibel werden ganz eindeutig Situationen beschrieben, in denen wir an einer Beziehung festhalten und darum kämpfen sollten. Aber es gibt in der Bibel auch ganz eindeutige Situationen und Umstände, in denen es Gott mehr Ehre macht, wenn wir auf Distanz gehen und uns aus einer Beziehung verabschieden.

Als ich über diese notwendige Trennung nachgedacht habe, ist mir klargeworden, dass es manchmal zuerst eine Trennung braucht, damit etwas Gutes daraus entstehen kann.

Also habe ich angefangen, in der Bibel nachzuforschen, ob darin von Menschen berichtet wird, die Gott liebten und das Richtige tun wollten, aber in eine so schwierige Situation gerieten, dass sie die Beziehung beenden mussten.

Erstaunlicherweise lautet die Antwort Ja.

Jesus ließ zu, dass Menschen sich von ihm abwandten, aber das hieß nicht, dass sich etwas an dem änderte, wer und wie er war.

In 1. Mose 13 wird beschrieben, dass Abraham und sein Neffe Lot den Entschluss fassten, getrennte Wege zu gehen. Die beiden hatten einfach genug davon, dass es ständig zwischen ihnen und zwischen ihren Viehhirten Streit gab. Es ist interessant, dass diese Trennung so lange anhielt, bis Abraham Lot und seine Familie vor dem bevorstehenden Untergang von Sodom bewahrte. Obwohl sie seit Jahren getrennt gelebt hatten, waren Abraham und Lot schließlich wiedervereint, nachdem Ersterer erfahren hatte, dass sein Neffe gefangengenommen worden war und gerettet werden musste. Abraham schickte

seine Männer auf eine Rettungsmission und sie „eroberten...
alles zurück: die ganze Beute, Abrams Neffen Lot und dessen ganzen Besitz, alle Frauen und alle anderen Gefangenen"
(1. Mose 14,16).

Was lernen wir daraus? Manchmal gibt es gute Gründe,
warum man die Beziehung zu jemandem abbrechen sollte.
Aber das muss nicht unbedingt bedeutet, dass dir diese Person
anschließend gleichgültig ist und du nicht länger das Beste für
sie willst.

Im Neuen Testament wird berichtet, dass Paulus und Barnabas sich darüber nicht einig waren, ob sie Barnabas' Cousin
Johannes Markus auf ihre nächste Missionsreise mitnehmen
wollten. „Ihre Uneinigkeit in dieser Frage führte dazu, dass sie
sich trennten" (Apostelgeschichte 15,36–41). Als ich nach genau-
eren Informationen über diese Sache zwischen Paulus und Barnabas forschte, fand ich einen interessanten Artikel:

*Sie konnten sich nicht einigen, also gingen sie getrennte Wege. Soweit
uns in der Bibel berichtet wird, haben diese beiden bemerkenswerten
Männer sich nie wiedergesehen.... Bei dieser Streitigkeit zwischen
Paulus und Barnabas ging es nicht um Lehrfragen. Der Bruch be-
zog sich auf einen persönlichen Streit über eine Ermessensentschei-
dung. Man muss ihnen zugutehalten, dass weder Paulus noch Barnabas sich durch diesen Konflikt von ihren Bemühungen abhalten
ließen, das Evangelium zu verbreiten. Für Christen heute bedeutet das, dass es immer Zeiten geben wird, wo wohlmeinende Glau-
bensbrüder sich bei einer Sache uneins sind. Das Wichtige dabei
ist, den Blick immer auf den Willen Christi zu richten. Und genau
das taten Paulus und Barnabas. Und als Folge ihres Umgangs mit
dieser Meinungsverschiedenheit konnte vielleicht sogar noch mehr
für Gott erreicht werden.... Die berufliche Trennung änderte nicht
dauerhaft etwas an der Zuneigung und dem Respekt, den Paulus
und Barnabas füreinander empfanden. Später sollte Paulus Barnabas sehr liebevoll als jemanden erwähnen, der es wert ist, in seinen*

Bemühungen für die Gute Nachricht finanziell unterstützt zu werden (1. Korinther 9).[1]

> ## Ist es möglich, sich den Schmerz einzugestehen, ohne wiederum Schmerz zu verursachen?

Was lernen wir daraus? Manchmal ist eine Trennung nicht nur vorübergehend, sondern endgültig. Aber wenn zwei gute Menschen sich voneinander trennen und sich dabei nicht gegenseitig verletzen, kann sogar für jeden von ihnen noch etwas Gutes dabei herauskommen.

Aber was ist mit den Trennungen, die auf absichtliches Fehlverhalten, zerstörerisches, krankhaftes Verhalten zurückzuführen sind?

Gary Thomas schreibt in seinem Buch *When to Walk Away*:

Manche von euch können sich selbst dann noch nicht vorstellen, jemandem den Rücken zu kehren oder jemanden gehen zu lassen, wenn die Beziehung schädlich geworden ist. Jesus hat dieses Problem nicht: „Am Tag des Gerichts werden viele zu mir kommen und sagen: ‚Herr, Herr, wir haben in deinem Namen prophezeit und in deinem Namen Dämonen ausgetrieben und viele Wunder vollbracht.' Doch ich werde ihnen antworten: ‚Ich habe euch nie gekannt. Fort mit euch. Ihr lebt nicht nach Gottes Gebot'" (Matthäus 7,22–23). Er schickte diese Menschen sogar weg. Er teilte ihnen die Fakten mit und respektierte die Entscheidungen der anderen ... Eine gestörte Beziehung erkennt man vor allem daran, dass einer den anderen zu kontrollieren versucht. Aber das ist keinesfalls eine geeignete Methode für die Verbreitung des Evangeliums. Jesus hat die Bedeutung seiner Worte nie dadurch geschmälert, dass er diese verzweifelt aufgehübscht hätte. Er hat sogar eher das genaue Gegenteil getan. Er verbreitete seine Botschaft nach dem Motto: Hier ist die Wahrheit, nimm sie an oder lass es bleiben. Und in diesem Bewusstsein wurde die erste Gemeinde gegründet.[2]

Manche Menschen scheinen zwar das Richtige zu sagen, aber ihr Handeln verrät, wie es wirklich in ihnen aussieht. In Bezug auf solche Menschen hat Jesus Jesaja 29,13 zitiert: „Dieses Volk sucht meine Nähe nur mit dem Mund und ehrt mich nur mit Lippenbekenntnissen. In seinem Herzen aber hält es einen weiten Abstand von mir. Seine Furcht vor mir erschöpft sich in auswendig gelernten Sprüchen." Das können wir im 15. Kapitel des Matthäusevangeliums nachlesen. Jesus geht auf Nachfrage von Schriftgelehrten und Pharisäern zunächst auf das ein, was einen Menschen unrein macht. Doch dann erklärt er, dass sie ja „blinde Blindenführer" seien, und wies seine Zuhörer an, ihnen keine Beachtung zu schenken:

Danach rief Jesus die Menschen zu sich und sagte: „Hört gut zu, was ich euch jetzt sage, und versucht, es zu verstehen. Ihr werdet nicht durch das unrein, was ihr esst; ihr werdet unrein durch das, was ihr sagt und tut." Da kamen die Jünger zu ihm und fragten ihn: „Weißt du, dass du mit deinen Worten die Pharisäer gegen dich aufgebracht hast?" Jesus antwortete: „Jede Pflanze, die nicht von meinem Vater im Himmel gepflanzt worden ist, wird ausgerissen. Beachtet sie deshalb gar nicht. Sie sind nur blinde Blindenführer, und wenn ein Blinder einen anderen führt, werden beide in den Graben fallen." Matthäus 15,10–14

Was lernen wir daraus? Denk dran, wie Jesus die blinden Blindenführer beschreibt: „Aus dem Herzen kommen böse Gedanken wie zum Beispiel Mord, Ehebruch, Unzucht, Diebstahl, Lüge und Verleumdung. Das macht unrein" (Matthäus 15,19–20). Es ist also nicht nur in Ordnung, eine Beziehung zu beenden, in der diese Dinge vorkommen, Jesus warnt uns sogar: Wenn wir es nicht tun, laufen wir Gefahr, gemeinsam mit dem anderen zu Fall zu kommen.

Also, ich für meine Person will kein Grubenhocker sein. Ich will so leben, dass Gott Freude daran hat. Ich will mich über das freuen, was wahr ist. Und ich will, dass mein Herz, meine Gedanken und meine Worte meine Hingabe an Gott widerspiegeln. Ich werde nicht zulassen, dass mich jemand anderer schlecht behandelt. Aber ich will die Beziehung aus Angst oder Wut auch nicht auf eine Weise beenden, dass ich gegen Gottes Wahrheit verstoße. Ich wünsche mir, dass sich meine Trennungen durch ein bisschen mehr „Gott mit dir" auszeichnen.

Und das habe ich auch schon das eine oder andere Mal probiert. Manchmal ist es schwierig und schlimm. Manchmal schmerzt es so sehr, dass ich keine Kraft mehr habe, sondern nur noch die Zähne zusammenbeiße und mich bei meinem Seelsorger ausheule. Manche Erinnerungen werden wahrscheinlich immer schmerzhaft sein und nie verschwinden. Aber der Gedanke an ein „Gott mit dir" hat in meinem Herzen schon Wurzeln geschlagen. Und er reicht auch schon bis in meine Gedanken und meine Überlegungen und sogar in meine Unterhaltungen hinein.

Und neulich abends habe ich buchstäglich einfach die Augen zugemacht und mir die Hände von Jesus vorgestellt. In Gedanken habe ich angefangen, eine Erinnerung nach der anderen in seine starken, schwieligen Zimmermannshände zu legen, die von Nägeln durchbohrt und von Gnade erfüllt sind. Ich bat ihn, mir zu helfen, ein leises „Gott mit dir" über jeder dieser Erinnerungen zu flüstern. Ich bat Jesus, mir dabei zu helfen, einige dieser Erinnerungen loszulassen, an anderen festzuhalten und so gut wie möglich mit allem Frieden zu schließen. Natürlich ist dadurch noch lange nicht alles geklärt. Aber es war ein Anfang, und ich glaube, dass Jesus an mir arbeitet und mein Herz heilt. Schließlich steht in Jesaja 61,1, dass der Messias kommen würde, um die Verzweifelten zu heilen. Ich werde diese Dinge aber wohl trotzdem noch jahrelang in der Seelsorge in Angriff nehmen müssen.

Dennoch merke ich, dass mich die Erinnerungen nicht länger fertigmachen, sondern dass ich tatsächlich glaube, ich kann wieder Arme Ritter machen, ohne dabei in Tränen auszubrechen. Und das ist gut. Mach's gut. Mach's gut. Gott mit dir. Mach's gut.

Eine Anmerkung von Jim zum Thema „Co-Abhängigkeit"

In den 1970er-Jahren kam das Wort „Co-Abhängigkeit" oder auch „Kodependenz" aus dem Bereich der Drogenabhängigkeit in die Psychologie. Der „Co-Abhängige" ist ein dem Suchtkranken nahestehender Mensch oder Freund, der zwar versucht, dem Abhängigen zu helfen, dessen Suchterkrankung letztlich aber noch fördert. „Co" bedeutet „mit"; „Dependenz" kommt vom lateinischen *dependere*: „abhängen", „abhängig sein". Kodependenz bedeutet also so viel wie von einer Person abhängig zu sein.

In einer kodependenten Beziehung liegt der Fokus meist mehr auf der kranken Person (die wir an dieser Stelle als „Süchtigen" bezeichnen) als auf seiner Familie, dem Partner oder Freunden (die wir hier als Co-Abhängige bezeichnen). Kodependente Personen verbringen unglaublich viel Zeit damit, es dem Süchtigen recht zu machen oder dafür zu sorgen, dass es ihm gut geht und er seine Sucht ausleben kann. Die meisten Menschen, die in einer Beziehung mit einem Süchtigen sind, haben wenige bis gar keine Grenzen. Sie investieren ihre gesamte Energie in den Süchtigen und in das, was er braucht. Der Süchtige gibt ihnen durch Worte und Verhalten zu verstehen: „Ich will, dass du mich tun lässt, was ich will. Verlange nichts von mir und setze mir keine Grenzen." Die Loyalität zum Süchtigen geht über die Gesundheit des Co-Abhängigen.

Dieser Dysfunktion liegt nicht nur unverarbeitetes oder ein nicht überwundenes Trauma zugrunde, sondern auch ein Schmerz, der aktuell in der Beziehung präsent ist. Der Süchtige traumatisiert den Co-Abhängigen, indem er verlangt, dass dieser bei seinen Lügen mitmacht, dass er diese deckt und glaubt und sein zerstörerisches Verhalten, seine Gewohnheiten, seine Sucht und sein Fehlverhalten entschuldigt. Damit fügt er beiden Parteien Schaden zu – sich selbst und dem Co-Abhängigen.

Dadurch kommt es zu einem Teufelskreis, in dem beide Parteien aus unterschiedlichen Gründen ein ungesundes Verhalten an den Tag legen. Aber der primäre Grund ist der, dass sich keiner der beiden der Realität verpflichtet fühlt. Man kann nur dann seelisch gesund werden, wenn man sich um jeden Preis der Realität stellt.

Wenn du herausfinden willst, ob du zur Kodependenz neigst, kannst du dir die Frage stellen: „Gibt es in meinem Leben eine Beziehung, bei der ich das Gefühl habe, dass es mir nur dann gut geht, wenn ich mich zuerst darum bemühe, dass es dem anderen gut geht?"

Jetzt wird's praktisch

VERGISS NICHT
- Erinnerungen sind unser größter Schatz und fügen uns zugleich unseren größten Schmerz zu.
- Vielleicht kann die Art und Weise, wie wir uns von einer anderen Person und aus der Beziehung „verabschieden", uns helfen, mit den Erinnerungen zu leben.
- Jesus ließ zu, dass Menschen sich von ihm abwandten, aber das hieß nicht, dass sich etwas an dem änderte, wer und wie er war.

- Ist es möglich, sich Schmerz einzugestehen, ohne wiederum Schmerz zu verursachen? Ist es möglich, eine Beziehung zu beenden, ohne den anderen zu kränken?
- Ich wünsche mir, dass sich meine Trennungen durch ein bisschen mehr „Gott mit dir" auszeichnen.

NIMM ES AN

Der Herr hat gesagt: „Dieses Volk sucht meine Nähe nur mit dem Mund und ehrt mich nur mit Lippenbekenntnissen. In seinem Herzen aber hält es einen weiten Abstand von mir. Seine Furcht vor mir erschöpft sich in auswendig gelernten Sprüchen." Jesaja 29,13

„Der Geist Gottes, des Herrn, ruht auf mir, denn der Herr hat mich gesalbt, um den Armen eine gute Botschaft zu verkünden. Er hat mich gesandt, um die zu heilen, die ein gebrochenes Herz haben, und zu verkündigen, dass die Gefangenen freigelassen und die Gefesselten befreit werden." Jesaja 61,1

DENK NACH

- Welche Erfahrungen hast du mit Trennungen gemacht? Gab es gute Erfahrungen? Was war schwierig?
- Inwiefern hilft es dir zu wissen, dass es auch biblisch sein kann, eine Beziehung zu beenden?
- Probier's doch mal mit der Erfahrung, von der ich am Ende des Kapitels erzählt habe: Lege in Gedanken eine schwere oder schmerzhafte Erinnerung nach der anderen in die starken, schwieligen Zimmermannshände von Jesus, die von Nägeln durchbohrt und von Gnade erfüllt sind. Bitte ihn, dir zu helfen, ein leises „Gott mit dir" über jeder dieser Erinnerungen zu flüstern. Welche Erinnerungen solltest du loslassen? An welchen Erinnerungen darfst du festhalten?

GEBET

Gott, du verstehst so gut, wie weh es tut, wenn man zusehen muss, wie jemand, den man liebt, sich von einem abwendet. Wenn ich auf das zurückschaue, was war, und nach vorne auf das schaue, was kommen wird, weiß ich, dass du mein Zufluchtsort und mein Schutz bist. Du willst mir helfen, diese Gefühle zu verarbeiten. Danke, dass du mir während dieser Zeit so nahe bist. Ich richte meinen Blick auf dich und glaube fest daran, dass ich heute einige Schritte weiterkomme und denen, die mich verletzt haben, ein „Gott mit dir" zuflüstern kann. Das heißt nicht, dass das, was sie getan haben, in Ordnung ist – ich weiß aber, dass du sie letzten Endes dafür zur Rechenschaft ziehen wirst. Aber es bedeutet, dass einmal alles wieder in Ordnung sein wird ... mehr als nur in Ordnung. Ich will wieder in Fülle dessen genießen, was du mir schenken willst. Du kannst am Ende aus allem etwas Gutes machen und darauf will ich heute vertrauen. Amen.

Kapitel 11

Ich gebe nicht auf –
ich akzeptiere nur die Realität

Ich wohne jetzt schon seit dreißig Jahren im selben Haus. Hier haben sich all die großen und kleinen Begebenheiten meines Erwachsenenlebens ereignet. Unzählige Male bin ich schon über diese Türschwelle getreten. Diese eine schmale Grenze zwischen der Welt da draußen und der Sicherheit meiner Familie, einem Ort aus Holz, Steinen und einer Haustür. Dieser eine Fleck hat mitangesehen, wie ich Hochzeitsgeschenke, Neugeborene, Einkaufstaschen, Luftballons für Partys, Pflaster für Wehwehs, Osterkleidchen, Abschlussballkleider und Hochzeitskleider getragen habe. Ich habe aber auch tiefen Kummer, unzählige verheulte Taschentücher und leise geflüsterte Gebete der Verzweiflung hinein- und hinausgetragen.

Ich bin voller Aufregung in dieses Haus gestürmt, weil wir endlich unsere beiden Jungs adoptieren konnten, weil ich meinen ersten richtigen Buchvertrag hatte und weil unsere Kinder mit ihrem nagelneuen Führerschein nach ihrer ersten Fahrt sicher nach Hause gekommen waren. Und ich bin vor Panik hinausgerannt, um die Kinder ins Krankenhaus zu fahren, damit der Arzt eine Platzwunde näht, um einen unserer Hunde zu suchen, der weggelaufen war, und weil ich Beweise gefunden hatte, die mich zwangen, meiner größten Angst ins Auge zu schauen, und das bei jemandem, von dem ich dachte, ich könnte ihm für den Rest meines Lebens vertrauen.

Ich habe auf der Treppe gesessen und gelacht, geträumt, geweint, gebetet, geredet, geschrien, nachgedacht und Tausende Male tief Luft geholt, bevor ich wieder hineingegangen bin.

So viel Leben.

So viele Momente.

Wenn ich richtig gerechnet habe, sind es 60 Sekunden mal 60 Minuten mal 24 Stunden mal 365 Tage mal 30 Jahre, was 946 080 000 Momente macht, plus/minus noch ein paar Tage für die Schaltjahre.

Ich bin mein gesamtes Erwachsenenleben lang zu dem Ort zurückgekehrt, an dem ich dann 24, 32, 45 und 53 geworden bin.

Hast du schon mal davon gehört, dass ein Haus einen guten Kern hat? Nun, bei meinem Haus ist mit „Kern" nicht nur die Bausubstanz gemeint. Dieses Haus ist der heilige Ort erster Worte, erster Schritte und der Platz, an dem ich meine Kinder aufgezogen habe, die ich mehr liebe als alles andere auf der Welt. Dieses Haus hat mich willkommen geheißen. Es ist der Ort, der mit ansah, wie ich mich weiterentwickelte und wie ich zerbrach. Und als seine Wände, seine Farben und manche Räume, die mit schlimmen Erinnerungen gefüllt waren, mich zu sehr belasteten, überlebte es selbst die Kernsanierung und stand auch dann noch, als nur noch die tragenden Wände übrig waren. Dieses Haus niederzureißen und neu aufzubauen, half mir, äußerlich zu sehen, was in mir drin geschah. Selbst in dieser Umbauphase war das Haus gut zu mir.

Das Haus hatte auch so seine Probleme, aber ich habe an diesem sicheren Hafen festgehalten, an den ich all diese Jahre zurückkehren konnte. Ich bin geblieben.

Während ich die schwierigste Trennung durchlebte, die es für mich je geben wird, habe ich viel darüber nachgedacht. Als sich der Kloß in meinem Hals, der das Ergebnis jahrelangen Kummers war, in eine erdrückende Last auf meiner Brust verwandelte, konnte ich nicht länger leugnen, dass sich etwas verändert hatte. Meine Beziehung war nicht nur schwierig, sie war zerstörerisch. Drei verschiedene Seelsorger hatten mir gesagt: Wenn ich das Ende der Beziehung nicht akzeptierte, würde diese mich höchstwahrscheinlich umbringen.

Ich fand, das sei ein bisschen übertrieben.

Ungläubig schüttelte ich den Kopf.

Das stimmt nicht, dachte ich, *das stimmt einfach nicht. Ich bin stark. Ich bin geduldig. Ich bin sehr loyal. Meine Liebe ist stark genug, um das alles zu ertragen. Ich werde nicht aufgeben. Ich werde mich nicht von ihm abwenden. Ich werde nicht gehen.*

Also blieb ich. Eine Weile lang schien das auch die richtige Entscheidung zu sein. Aber dann kehrten seine alten zerstörerischen Gewohnheiten zurück und Täuschungen vergifteten unsere Gespräche. Doch das deutlichste Anzeichen dafür, dass diese Beziehung mir nicht guttat, war, dass ich wieder anfing zu denken, ich würde durchdrehen. Wenn nichts mehr einen Sinn ergibt, verliert man leicht den Sinn für die Realität. Ich wusste, ich musste ein paar Entscheidungen fällen, doch diese Entscheidungen würde das Ende der Beziehung bedeuten, und das wollte ich wiederum auch nicht. Also tat ich alles in meiner Macht Stehende, um das zu verhindern. Doch das war, als stünde man mit ausgestreckten Armen vor einem Tornado und hoffte, diesen tödlichen Strudel so von sich weglenken zu können. Letztlich wird der Tornado dich aber ergreifen, aufsaugen und wieder hinausschleudern. Ihm ist es egal, wie schwer du dabei traumatisiert wirst.

Was mir nicht klar war, ist, dass ein Trauma nicht nur etwas ist, das dir *widerfährt*. Es geschieht *in* dir. Und ich beging den Fehler zu denken, dass ich einfach nur wieder heil werden, vergeben und trotz des Betrugs weiterleben musste. Aber ein emotionales Trauma besteht nicht aus einer Liste von Fakten. Das Schlimmste sind die *Auswirkungen*, die all das auf dich hat – wie du empfindest, wie du funktionierst und wie du denkst.

Wenn wir über eine Beziehung nachdenken, die sich von *schwierig* zu *destruktiv* entwickelt hat, dürfen wir nicht nur die

Fakten berücksichtigen. Wir müssen auch die Auswirkungen beachten.

Wir können beschließen, der Person, die uns verletzt hat, all die Dinge, die eben passiert sind, zu vergeben. Aber wir sollten auch den viel langwierigeren Prozess in Angriff nehmen, die Auswirkungen, die das Verhalten des anderen auf uns hatte, zu vergeben und davon zu heilen. Ja, Gott hat uns angewiesen, anderen zu vergeben, aber Versöhnung hängt von vielen verschiedenen Faktoren ab – allen voran davon, ob die Beteiligten sicher und gesund sein werden, wenn sie zusammen sind.[1]

> *Ein Trauma ist nicht nur etwas, das dir widerfährt. Es geschieht in dir.*

Wenn man die emotionalen Verwüstungen verarbeiten will, ist es normal, dass die Auswirkungen dessen, was geschehen ist, sich in Form von Triggern bemerkbar machen. Aber was mir wirklich einen Schlag versetzte, war, dass ich dachte, meine Alarmglocken seien durch vorhandene Trigger ausgelöst worden. Dabei waren sie in Wirklichkeit ein Hinweis auf ein neues Trauma. Neue Lügen. Neuer Schmerz. Neues Trauma. Neues Leugnen. Neue Verwirrung. Neue Zerstörung.

Trotzdem wollte ich nicht gehen.

Doch als ich dann eines Tages in meinem bis auf die Grundmauern niedergerissenen Haus saß, umgeben von Staub, Schutt und Chaos, wurde mir plötzlich bewusst, dass es mir nichts ausmacht, schwierige Renovierungsarbeiten in Angriff zu nehmen. Ich habe ja jedes Mal die Vision von etwas Besserem vor Augen, das ganz sicher aus all diesen Schwierigkeiten hervorgehen wird. Genauso wie ich mit dem Chaos dieser Hausrenovierung fertigwerde und das alte Haus trotzdem noch liebe, kann ich es auch mit Menschen machen. Eine Renovierung ist ein vorübergehender Rückschlag, der tatsächlich die Grundlage für etwas noch Schöneres legt. Es gibt einen Plan, und wenn man sich an diesen Plan hält, dann weiß man, dass etwas nur deshalb niedergerissen wird, damit man es hinterher besser und schön und stärker wiederaufbauen kann.

Nur galt das nicht für meine Ehe. Es gab zwar einen Plan, aber ich war die Einzige, die sich daran hielt. Nur ich blieb am Ball. Wir hatten uns beide auf bestimmte Grenzen geeinigt, aber er respektierte diese nicht länger. Alles, woran wir so hart gearbeitet hatten, um es wieder aufzubauen, lag jetzt in Schutt und Asche. Denn: Es gibt einen großen Unterschied zwischen einem Herzen, das fest entschlossen ist aufzubauen, und einem, das scheinbar wild entschlossen ist, alles zu zerstören.

Ich war nicht diejenige, die eine Beziehung aufgab.

Ich war nicht diejenige, die Versprechen und Herzen brach.

Ich war nicht diejenige, die den Ort verließ, für den wir so hart gearbeitet hatten.

Und an diesem Punkt konnte ich endlich sagen: „Ich gebe nicht auf. Ich gehe nicht weg. Ich akzeptiere nur endlich die Realität."

DIE REALITÄT AKZEPTIEREN

Jim hat mich wahrscheinlich schon Hunderte Male an eine Sache erinnert: „Man kann nur dann seelisch gesund werden, wenn man sich um jeden Preis der Realität stellt." Ich weiß nicht, welchen Tatsachen du im Moment ins Auge schauen solltest. Vielleicht fällt dir das ja leichter als mir. Oder vielleicht ist deine Realität nicht so schlimm wie die, die ich gerade beschrieben habe. Wenn du Grenzen ziehen willst, muss du nicht nur die Tatsache akzeptieren, dass du das tust, weil eine Veränderung dringend nötig ist. Du solltest dich ebenfalls der Tatsache stellen, dass du aktiv werden musst, damit diese Veränderung Wirklichkeit wird. Und das gilt selbst dann, wenn dein

Beziehungsproblem nicht so groß ist! Die gute Nachricht lautet: Du musst nicht alle Veränderungen auf einmal vornehmen. Und du musst nicht mit der größten Veränderung anfangen.

Aber tu, was auch immer nötig ist, und geh, wohin auch immer Gott dich führt. Und genau das haben wir in diesem Buch getan.

Doch was ist, wenn du alles in deiner Macht Stehende getan hast? Du hast große Veränderungen vorgenommen, du hast gebetet, hast dich beraten lassen, Gespräche geführt, Grenzen gesetzt, die Konsequenzen gezogen, noch klarere Grenzen gesetzt, und nichts davon hat gewirkt.

- Dein Nachbar kommt immer noch rüber und „leiht" sich, ohne zu fragen, Dinge aus deiner Garage aus.
- Ein Familienmitglied taucht immer noch betrunken auf, wenn ihr euch trefft.
- Deine Freundin stellt immer noch unrealistische Forderungen und kritisiert dich, wenn du nicht tust, was sie will.
- Deine Kollegin stiehlt immer noch Geld aus der Kasse und erwartet, dass du sie deckst.
- Der Typ, mit dem du dich momentan triffst und der behauptet, Christ zu sein, macht immer noch unangemessene Bemerkungen und versucht, dir ein schlechtes Gewissen zu machen, weil du nicht mit ihm schläfst.
- Dein Partner lügt dich immer noch an, versteckt Dinge, von denen er nicht möchte, dass du sie siehst. Er weigert sich auch, dir zu sagen, was hinter den mysteriösen Abbuchungen von eurem Konto steckt.
- Deine Freundin, die die Nachbarschafts-Krabbelgruppe mit organisiert, erlaubt ihren Kindern immer noch, deine Kleine zu schikanieren, als sei das keine große Sache.

Behalte im Hinterkopf, dass es bei all der Mühe, die du dir gemacht hast, um Grenzen zu ziehen, nicht darum geht, das

Verhalten des anderen zu kontrollieren. Es geht darum, darauf zu achten und sich ehrlich einzugestehen, wo das schlechte Benehmen und das mangelnde Verantwortungsbewusstsein eines anderen vielleicht *dich* kontrolliert. Und wenn Menschen, die uns nahestehen, die Kontrolle über ihr Leben verlieren, besteht die Gefahr, dass es uns ähnlich ergeht.

Wenn eine Beziehung sich von *schwierig* zu *destruktiv* entwickelt, ist es an der Zeit, darüber nachzudenken, diese zu beenden. Die christliche Seelsorgerin Leslie Vernick definiert den Unterschied zwischen einer schwierigen und einer destruktiven Beziehung folgendermaßen:

Meine Definition einer emotional zerstörerischen Beziehung lautet: tiefgreifende und sich ständig wiederholende Handlungsmuster und Denkweisen, die dazu führen, dass jemand herabgesetzt oder in seinem persönlichen Fortkommen gehemmt wird, oft begleitet von mangelndem Problembewusstsein, fehlender Reue und ausbleibender Veränderungsbereitschaft.[2]

In einem anderen Artikel, in dem es speziell um das Thema „Ehe" geht, schreibt Leslie:

Gott sagt uns, dass es in dieser Welt Tyrannen, Peiniger und Unterdrücker gibt. Aber er sagt uns auch deutlich, dass wir diese als Christen niemals beschützen, billigen oder unterstützen dürfen, insbesondere dann nicht, wenn es um eine intime Beziehung geht (Epheser 5,25; Kolosser 3,19) ... Die eheliche Beziehung ist die innigste Beziehung, die Gott eingesetzt hat. Gottes Absichten für die Ehe sehen nie vor, dass das Verheiratetsein zu einem Verlust an Sicherheit, (geistiger) Gesundheit oder Selbstvertrauen für die einzelnen Partner in dieser Beziehung führen. Im Gegenteil, die Ehe sollte vielmehr diese Qualitäten fördern und nähren. Sicherheit und Vertrauen bilden die wichtigste Grundlage einer gesunden Ehe.[3]

Auch wenn Leslie hier speziell die Ehe anspricht, denke ich, dass ihre Äußerungen auf alle Beziehungen zutreffen. Wenn wir Menschen Zugang zu unserer Person gewähren, sollte dies bei uns niemals „zu einem Verlust an Sicherheit, (geistiger) Gesundheit oder Selbstvertrauen für die einzelnen Personen in dieser Beziehung führen".

Denk daran, dass Grenzen nicht funktionieren, wenn wir Menschen, die nicht verantwortungsvoll mit diesem Zugang umgehen, weiterhin zu viel Zugang gewähren. Und wenn ihr Verantwortungsbewusstsein gleich Null ist, sollte auch ihr Zugang zu dir gleich Null sein.

Und wenn das passiert, ist Gott sicher nicht enttäuscht, wenn du dich aus dieser Beziehung zurückziehst.

Tatsächlich hat Gott uns genau das vorgelebt. Und wir sollten seinem Beispiel folgen.

Erinnerst du dich, wie wir in Kapitel 4 darüber gesprochen haben, dass Gott Adam im Garten Eden die erste Grenze setzte und dass er das Gespräch über diese Grenze mit den Worten „Du bist frei..." begann? Adam und Eva durften von jedem der Bäume im Garten essen, außer von der Frucht des Baumes der Erkenntnis von Gut und Böse. Gott machte deutlich: „Wenn ihr in meinem heiligen Garten lebt, habt ihr viele Freiheiten, aber eines dürft ihr nicht: Ihr dürft die Sünde nicht in diesen Ort hineintragen." Als Adam und Eva aber genau das taten, zeigte sich, dass sie nicht genügend Verantwortungsbewusstsein besaßen, um weiterhin Zugang zum Garten Eden zu haben, wo sie auch direkten Zugang zu Gott hatten.

Gott warf sie daraufhin nicht nur aus dem Garten, sondern stellte auch Wachen auf, damit sie nie mehr zurückkehren konnten. Das war zum Teil darauf zurückzuführen, dass Adam und Eva das einzige Gebot verletzt hatten. Der Garten war das Äquivalent zu dem, was später das Allerheiligste im Tempel werden sollte. Gott ist heilig. Und wo immer Gott wohnt, ist ein heiliger Ort. Adam und Eva waren nun völlig ungeschützt und so verletzlich wie nie zuvor. Generationen später, als der Tempel errichtet wurde, fiel ein Hohepriester, der das Allerheiligste betrat, ohne vollständig von seiner Sünde gereinigt zu sein, tot um! Adam und Eva waren die Hohepriester des Gartens Eden gewesen. Doch dann hatten sie Gottes Gebot übertreten und kannten nun den Unterschied zwischen Richtig und Falsch. Sie konnten den Geschmack des Bösen auf ihrer Zunge noch schmecken. Und sie mussten nun die Folgen dieser Entscheidung tragen. Tragischerweise trennte ihre Schuld sie nun von Gott und machte der innigen Beziehung, die sie einst genossen hatten, ein Ende. Und nicht nur ihr Körper würde nun einmal sterben müssen, sie hatten auch ihre Seelen dem Verfall preisgegeben. Die „Anziehungskraft" des Feindes würde für immer darin bestehen, die Menschen zu Sünde und Tod zu verführen. Die „Anziehungskraft" Gottes würde für immer darin bestehen, die Menschen zu Heiligkeit und zum Leben einzuladen. Die Dunkelheit der Sünde konnte damals nicht neben dem reinen Licht der Heiligkeit Gottes existieren.

Aber es gab noch einen anderen Grund, warum Adam und Eva den Garten verlassen mussten. Hätten sie weiterhin Zugang zum Garten gehabt, hätten sie vielleicht vom Baum des Lebens gegessen. Wer von der Frucht dieses Baumes des Lebens aß, erhielt ewiges Leben (1. Mose 3,22). Adam und Eva wären also für immer im Zustand der Sünde gefangen gewesen und ewig von Gott getrennt.

Gott wollte, dass Adam und Eva noch einmal eine Chance erhielten, zu ihm zurückzukehren... deshalb hat er ihnen nicht geholfen. Er hat das Problem, das sie geschaffen hatten, nicht entschuldigt. Er hat keine Ausnahme gemacht und das Beste gehofft. Er hat ihnen nicht erlaubt, in seinem heiligen Garten weiter zu sündigen. Nein, er ließ sie die Konsequenzen ihrer eigenen Entscheidungen tragen. Er reagierte auf die Entscheidung, die sie getroffen hatten, und verwies sie aus dem Garten. Es war einfach notwendig, ihnen den Zugang zum Garten zu verwehren.

Sie zeigten keinerlei Verantwortungsbewusstsein, als sie im Garten lebten, daher wurde ihnen der Zugang zum Garten verwehrt.

Gott hat Adam und Eva nicht den Rücken gekehrt, aber ihre Beziehung veränderte sich drastisch. Gott sorgte nicht länger für eine perfekte Umgebung, in der die Gartenarbeit sofort Früchte brachte. Jetzt musste Adam hart arbeiten, damit der Boden Nahrung hervorbrachte, und manchmal waren seine gärtnerischen Bemühungen vergeblich. Adam und Eva genossen nicht länger dieselbe Art von Versorgung, Macht und Autorität, die sie einst im Garten gehabt hatten. Und sie und ihre Nachkommen würden für immer hin- und hergerissen sein zwischen ihren selbstsüchtigen Wünschen auf der einen und dem besseren Weg mit Gott, der ihnen Frieden bescheren würde (1. Korinther 10,13).

Wir alle leiden noch heute unter den Folgen dieser Entscheidung. Aber die gute Nachricht ist, dass wir den Frieden wiedererlangen können, der einst durch Adam und Eva verloren ging. In Römer 8,5–6 heißt es: „Wer von seiner menschlichen Natur beherrscht wird, ist von ihren selbstsüchtigen Wünschen bestimmt, doch wer vom Heiligen Geist geleitet wird, richtet sich nach dem, was der Geist will. Wenn du dich von deiner menschlichen Natur bestimmen lässt, führt das zum Tod. Doch wenn der Heilige Geist dich bestimmt, bedeutet das Leben und Frieden."

Kolosser 3,1–5 erinnert uns daran, unser Herz und unsere Gedanken auf Gottes himmlische Welt zu richten, weil wir zu Jesus Christus gehören. „Deshalb sollt ihr die Schwächen der Welt in euch abtöten: Haltet euch fern von Unzucht, Unreinheit, Zügellosigkeit und falschen Leidenschaften. Seid nicht geldgierig, denn das ist Götzendienst."

„Abtöten" bedeutet, dass wir täglich etwas unternehmen, um uns von selbstsüchtigen Haltungen, Wünschen, Entscheidungen und Gewohnheiten zu befreien. Grenzen sind entscheidend, will man entsprechend dieser Verse leben. Wenn wir uns bemühen, unseren Geist und unser Herz frei von Schuld zu halten, sollten wir es auch nicht länger unterstützen, wenn Menschen in unserem Umfeld Aktivitäten nachgehen, die Gott nicht gefallen.

Das bedeutet nicht, dass wir jemanden, der aktiv sündigt, nicht mehr lieben dürfen. Aber es bedeutet, dass wir uns nicht an dem beteiligen sollten, was er oder sie tut. Und wir sollten ebenfalls nicht zulassen, dass ihre Entscheidungen uns Schaden zufügen und uns auch selbst zu Kompromissen, Chaos oder Täuschungen verleiten.

Noch einmal: Wir alle brauchen Gottes Gnade, wenn wir Fehler machen. Aber wir sollten uns bewusst sein, dass es einen Unterschied gibt zwischen einem gelegentlichen Ausrutscher und einem durchgängigen Verhaltensmuster. Seien wir also ganz ehrlich zu uns selbst und zu denen, die uns dabei helfen können zu erkennen, was die beste Lösung und der beste Weg zur Heilung ist. Wenn Heilung gemeinsam mit dem anderen möglich ist, dann können wir diesen Weg zum Frieden auch gemeinsam gehen. Aber wenn Heilung nicht möglich ist, solange du in einer Beziehung mit dieser Person bist, dann geh deinen Weg zum Frieden allein.

Ich weiß, dass diese Entscheidung nicht leicht ist und wirklich weh tun kann und auch niemals auf die leichte Schulter genommen werden sollte. Ich plädiere hier nicht dafür, dass wir Freunde und Familienmitglieder den Rücken kehren, wenn es schwierig wird. Im Gegenteil, ich bitte Gott immer darum, dass er am Herzen der anderen Person und in meinem Herzen arbeitet. Wir sollten nichts überstürzen, was Zeit braucht. Und das bedeutet, dass man sich nicht vorschnell von Freunden trennt, seine Eltern nicht mehr sieht oder sich von seinem Ehepartner scheiden lässt. Wenn man darüber nachdenkt, eine Beziehung zu beenden, bedeutet dies noch lange nicht, dass man sich gleich verkriechen oder aufgeben sollte. Man begibt sich schlicht auf den Weg und nimmt sich Zeit zum Trauern und eine der härtesten Realitäten zu akzeptieren, mit denen wir je konfrontiert werden – eine unhaltbare Beziehung.

Wenn ich die Worte „unhaltbare Beziehung" lese, ist das wie ein Stich ins Herz. Ich wünsche mir doch, dass Beziehungen gut sind und lange halten. Ich habe nur selten tiefer getrauert wie über das Ende einer Beziehung. Manchmal ist ein solcher Verlust schlimmer als der Tod. Es gab aber auch Beziehungen, mit deren Ende die ständigen Turbulenzen und die Belastungen vorüber waren und damit auch der tägliche Kampf. Aber selbst dann brach es mir das Herz, weil es doch nicht zu einer Versöhnung kam, wie ich gehofft hatte.

Es gibt einen Vers, der mich manchmal aus der Fassung bringt, wenn ich ihn lese, denn ich hoffe so sehr darauf, dass es möglich ist, mit allen Menschen Frieden zu schließen. In Römer 12,18 heißt es: „Tragt euren Teil dazu bei, mit anderen in Frieden zu leben, soweit es möglich ist!" In meiner Ehe dachte ich irrtümlicherweise, dass ich irgendwann genug tun, genug beten, genug nachgeben, genug retten oder mich genug für ihn ändern könnte und dass wir dann endlich in Frieden miteinander leben würden. Aber darum geht es bei diesem Vers gar nicht. Ich schätze, ich habe immer die letzten Worte übersehen, die Paulus in diesem Vers anfügt, nämlich: „soweit es möglich ist", was bedeutet, dass es eben manchmal nicht möglich ist.

Charles Spurgeon, einer der berühmtesten Prediger des 19. Jahrhunderts, predigte einmal über diesen Vers. Und was er dazu sagte, hilft mir heute, mit uneinsichtigen Menschen besser umzugehen:

> *Wenn man darüber nachdenkt, eine Beziehung zu beenden, bedeutet dies noch lange nicht, dass man sich gleich verkriechen oder aufgeben sollte. Man begibt sich schlicht auf den Weg und nimmt sich Zeit zum Trauern und eine der härtesten Realitäten zu akzeptieren, mit denen wir je konfrontiert werden – eine unhaltbare Beziehung.*

Im Jardin des Plantes sahen wir eine Kapuzennatter, die sich in einem äußerst unangenehmen Gemütszustand befand. Ein dickes Glas und ein starker Draht trennten uns von ihr, und wir sahen sie nur an, doch sie stürzte sich immer wieder mit äußerster Vehemenz auf uns. Schließlich bat der Wärter uns weiterzugehen. Es sei nicht gut, solche Kreaturen zu reizen.

Wenn man auf einen jähzornigen, bösartigen Menschen trifft, der auf einen Streit aus ist und mit der gesamten Welt im Clinch liegt, ist es am besten, weiterzugehen und ihn in Ruhe zu lassen. Auch wenn er dir keinen Schaden zufügen kann und seine Gereiztheit völlig unbegründet ist, ist es am besten, alles, was ihn provozieren könnte, zu entfernen, denn es ist nie klug, giftige Zeitgenossen zu reizen. Man sollte nicht absichtlich mit schweren Schritten herumstapfen, um einem Gichtkranken zu zeigen, dass man keinen Respekt vor seinen Gefühlen hat und dass er doch nicht so empfindlich sein sollte. Und ebenso wenig sollte man Leute mit schlechter Laune ärgern und argumentieren, dass sie ja kein Recht haben, so leicht erregbar zu sein. Wenn unsere Nachbarn schnell explodieren, sollten wir lieber nicht mit dem Feuer spielen.[4]

Die Giftschlange in Spurgeons Geschichte befand sich hinter Glas. Es gab also eine Begrenzung. Und die Schlange wurde auch nicht provoziert, sondern nur betrachtet. Das bedeutet, dass die Irritation und der Wunsch zuzuschlagen in der Schlange vorhanden waren. Dass die Schlange äußerlich keinen Frieden fand, lag an ihrem Mangel an Frieden im Inneren. Wenn die Menschen ursprünglich etwas getan hätten, um den Frieden der Schlange zu stören, dann wäre wahrscheinlich wieder Frieden eingekehrt, wenn sie damit aufgehört hätten. Aber der Wärter der Schlange wusste, dass es keinen Frieden geben würde, solange die Betrachter sich nicht von der Schlange entfernten. Ihre Anwesenheit – und nicht ihr Verhalten – reizte die Schlange so sehr, dass sie den Versuch unternahm, die Menschen anzugreifen. Und wenn es diese gläserne Grenze zwischen ihnen nicht gibt, ist der Biss einer Viper immer noch giftig, ganz unabhängig davon, ob die Menschen sie reizen wollten oder nicht.

Spurgeon setzt diese giftige Natter mit Menschen gleich, deren Gereiztheit ebenfalls nicht nachvollziehbar ist. Ihnen fehlt der innere Frieden und deshalb können sie wahrscheinlich auch nach außen hin nicht friedlich sein. Menschen, die emotional, physisch, zwischenmenschlich, sexuell, finanziell, geistlich oder intellektuell Schaden anrichten, haben – ob sie das nun beabsichtigen oder nicht – einen negativen Einfluss auf diejenigen, die mit ihnen Kontakt haben. Damit meine ich nicht diejenigen, die ihren Fehler einsehen, sich Hilfe suchen und dann ihr Verhalten ändern. Aber wenn diejenigen, die Schaden anrichten, nicht um Hilfe bitten, damit sie das nie wieder tun, *werden* sie es höchstwahrscheinlich wieder tun. Und je mehr Zugang wir ihnen zu unserer Person gewähren, desto stärker werden wir die Auswirkungen ihres schlimmen Verhaltens zu spüren bekommen und desto länger werden wir brauchen, um uns davon zu erholen.

Wenn wir wirklich heil werden wollen, wäre es also klug, eine Beziehungspause einzulegen oder die Beziehung zu der Person, die uns verletzt hat, ganz abzubrechen.

Wenn wir die Beziehung zu jemandem beenden...

...sollten wir ohne Hass Lebwohl sagen.
Sündigt nicht, wenn ihr zornig seid, und lasst die Sonne nicht über eurem Zorn untergehen. Epheser 4,26

...sollten wir vorübergehend oder für immer Lebwohl sagen.
Suchen hat seine Zeit wie auch das Verlieren. Behalten hat seine Zeit wie auch das Wegwerfen. Prediger 3,6

... sollten wir Mitgefühl mit dem anderen haben.
Selbst in der Finsternis wird es für den Gottesfürchtigen hell. Er ist gnädig, barmherzig und gerecht. Psalm 112,4

... sollten wir uns bemühen, dem anderen zu vergeben.
Seid stattdessen freundlich und mitfühlend zueinander und vergebt euch gegenseitig, wie auch Gott euch durch Christus vergeben hat. Epheser 4,32

... sollten wir nicht verbittert sein.
Achtet aufeinander, damit niemand die Gnade Gottes versäumt. Seht zu, dass keine bittere Wurzel unter euch Fuß fassen kann, denn sonst wird sie euch zur Last werden und viele durch ihr Gift verderben. Hebräer 12,15

Befreit euch von Bitterkeit und Wut, von Ärger, harten Worten und übler Nachrede sowie jeder Art von Bosheit. Epheser 4,31

> **Wenn wir wirklich heil werden wollen, wäre es klug, eine Beziehungspause einzulegen oder die Beziehung zu der Person, die uns verletzt hat, ganz abzubrechen.**

... sollten wir weiter für den anderen beten.
„Ich aber sage: Liebt eure Feinde! Betet für die, die euch verfolgen!" Matthäus 5,44

... sollten wir diese Menschen hinter uns lassen und unser Leben weiterleben.
Denn die Menschen werden nur sich selbst und ihr Geld lieben. Sie werden stolz und eingebildet sein, Gott verachten und ihren Eltern ungehorsam und undankbar begegnen. Nichts wird ihnen heilig

sein. Sie werden lieblos sein und zur Vergebung nicht bereit; sie wer-
den andere verleumden und keine Selbstbeherrschung kennen; sie
werden grausam sein und vom Guten nichts wissen wollen. Sie wer-
den ihre Freunde verraten, leichtsinnig handeln, sich aufspielen und
ihr Vergnügen mehr lieben als Gott. Sie werden so tun, als seien sie
fromm, doch die Kraft Gottes, die sie verändern könnte, werden sie
ablehnen. Von solchen Leuten halte dich fern! 2. Timotheus 3,2–5

Nichts davon ist leicht. Und die Entscheidung, eine Beziehung
komplett zu beenden, sollte wie gesagt auch nicht überstürzt
und ohne klugen Rat und viel Gebet getroffen werden. Aber
auch Gott setzt uns ja Grenzen, an denen nicht zu rütteln ist:
Obwohl Gott die Menschen so sehr liebt, dass er das Leben
seines einzigen Sohnes opferte, damit wir gerettet werden, ist
er auch bereit, unsere Weigerung zu akzeptieren, gerettet zu
werden. Gott hat eine Grenze, deren Überschreitung er nicht
zulassen wird. Wenn jemand sein Rettungsangebot ablehnt,
wird er nicht damit belohnt, dass er in alle Ewigkeit Zugang
zu Gott hat.

Werfen wir noch einen Blick auf Hebräer 12,14–15: „Versucht,
mit allen Menschen in Frieden zu leben, und bemüht euch, ein
heiliges Leben nach dem Willen Gottes zu führen, denn wer
nicht heilig ist, wird den Herrn nicht sehen. Achtet aufeinander,
damit niemand die Gnade Gottes versäumt. Seht zu, dass keine
bittere Wurzel unter euch Fuß fassen kann, denn sonst wird
sie euch zur Last werden und viele durch ihr Gift verderben."

Wenn unter den gegebenen Umständen in einer Beziehung
kein Frieden möglich ist, können wir uns um Frieden mit dieser Person bemühen, indem wir die Umstände oder etwas an
der Beziehung ändern. Denn: Je länger eine destruktive Beziehung anhält, desto größer ist die Gefahr, dass sich Bitterkeit einschleicht. Und Bitterkeit macht nicht nur der Person zu
schaffen, die sie empfindet, sie wirkt sich auch negativ auf alle
Menschen in ihrem Umfeld aus.

216

Hier noch ein paar Bibelverse, die wir in unsere Überlegungen und Gebete einbeziehen können, wenn wir darüber nachdenken, eine Beziehung zu beenden.

Ich will schlechten Gedanken keinen Raum in mir geben und mich von allem Bösen fernhalten. Ich will nicht dulden, dass einer schlecht über einen anderen redet. Stolz und Hochmut will ich nicht zulassen. Psalm 101,4–5

In meinem Haus sollen keine Betrüger wohnen und Lügner will ich in meiner Gegenwart nicht dulden. Psalm 101,7

Wenn jemand unter euch Spaltungen auslöst, verwarne ihn ein erstes und dann noch ein zweites Mal. Danach gib dich mit dem Betreffenden nicht mehr ab. Denn so ein Mensch hat sich von der Wahrheit abgewandt. Er sündigt und verurteilt sich damit selbst! Titus 3,10–11

Wer den Schuldigen freispricht und den Unschuldigen verurteilt, den verabscheut der Herr. Sprüche 17,15

Wenn aber der Ehepartner, der nicht an Christus glaubt, auf einer Trennung besteht, dann lasst ihn gehen. In diesem Fall ist der gläubige Partner nicht zum Zusammenbleiben verpflichtet, denn Gott will, dass seine Kinder in Frieden leben. 1. Korinther 7,15

Und nun möchte ich euch, liebe Brüder, noch einmal vor solchen Leuten warnen, die die Gemeinde spalten und den Glauben anderer erschüttern. Denn sie lehren euch etwas anderes als das, was ihr gelernt habt. Haltet euch von ihnen fern! Römer 16,17

Was tun wir aber mit dem Kummer, den all das in uns auslöst? Darüber werden wir im nächsten Kapitel sprechen. Und gibt es eine Möglichkeit, die Beziehung zu beenden, ohne die Person ganz aus unserem Leben zu streichen? In manchen Fällen ja, und auch darüber werden wir noch sprechen.

Aber erst einmal wollen wir darüber nachdenken, warum wir das tun sollten, was wir wahrscheinlich schon seit Langem zu vermeiden versuchen. Sollten wir die Beziehung beenden, damit wieder Frieden einzieht? Damit wir nicht verbittert sind? Damit wir nicht in Aktivitäten und Verhaltensweisen hineingezogen werden, mit denen wir nicht einverstanden sind? Oder weil wir dem Schmerz ein Ende bereiten und endlich heil werden wollen? All das sind wichtige Aspekte.

Es gibt jedoch noch einen anderen relevanten Faktor. Erinnerst du dich an mein Haus und wie ich es bis auf die Grundmauern abreißen ließ, um es schöner und besser und stärker wieder errichten zu lassen? Jetzt ist es fertig. Die Trümmer sind weg. Der Zerbruch ist weg. Das Chaos ist verschwunden.

Wenn ich es jetzt betrete, fühlt es sich völlig lebendig und neu an.

Und genau das möchte ich auch sein.

Irenäus, ein Kirchenvater im 2. Jahrhundert, sagte: „Gottes Ruhm ist der lebendige Mensch."[5] Jesus sagte zwar: „Wenn einer von euch mit mir gehen will, muss er sich selbst verleugnen, jeden Tag aufs Neue sein Kreuz auf sich nehmen und mir nachfolgen" (Lukas 9,23). Aber wenn wir diesen Vers strikt anwenden, ohne den Rest der Bibel zu berücksichtigen, führt er zum genauen Gegenteil dessen, was Jesus hier sagen will. Gemeint ist, dass wir die sündigen Seiten unseres Wesens ablegen sollen. Oder um es mit Peter Scazzero zu sagen: „Gott ruft uns nicht dazu auf, die ‚guten‘ Seiten unseres Wesens abzulegen. Gott fordert uns nie auf, den gesunden Wünschen und Freuden des Lebens zu entsagen – Freundschaften, Freude, Kunst, Musik, Schönheit, Erholung, Lachen und die Natur."[6]

Nachdem dies gesagt ist, atme ich meinen Kummer aus. Und zum ersten Mal seit langer Zeit wage ich es, den Mut einzuatmen, von dem ich weiß, dass Gott ihn mir sicher schenken wird.

Ich öffne meine Haustür, überschreite meine alte Schwelle und nehme die neuen Möglichkeiten in Besitz, ich selbst zu sein – gesund, heil und voller Leben.

Anmerkungen von Jim zum Thema „Trennungen"

Es ist ein großer Unterschied, ob man auf einen Bruch wartet oder ob man einen Bruch herbeiführt. Ein Beziehungsende sollte uns nicht überraschen, denn wenn wir Grenzen setzen und Konsequenzen ankündigen, werden die Sollbruchstellen bereits im Voraus festgelegt. Wenn es zu Grenzverletzungen kommt, muss sich auch die Beziehung verändern, damit du dich vor negativen Verhaltensmustern schützen kannst, die du nicht länger tolerieren willst.

Eine solche Sollbruchstelle kann zum Beispiel eine Grenze sein, die dazu beiträgt, dass die Beziehung sich gesund entwickelt. Sie klärt die „nebulösen" Fragen, was zwischen dir und der anderen Person erlaubt ist und was nicht. Durch diese gewonnene Klarheit zeigt sich dann für beide Parteien, wann eine Beziehung vielleicht lieber enden sollte.

Es ist hilfreich, über Grenzen und Sollbruchstellen nachzudenken, wenn man sich *nicht* gerade an einem emotionalen, konfrontativen Punkt befindet. Denk daran, dass es wichtig ist, sich in den Phasen, in denen dir die Beziehung Sicherheit schenkt, auf die Zeiten vorzubereiten, wenn sie dies nicht länger tut. Und sich in Phasen, in denen es rundläuft, auf die Zeiten vorzubereiten, wenn dies nicht länger der Fall ist. Hier einige Fragen, die dir helfen können herauszufinden, wo für dich eine solche Sollbruchstelle ist:

- Womit kann ich leben?
- Was ist für mich akzeptables Verhalten und was nicht?
- Was sind für mich die K.-o.-Kriterien, bei denen für mich „gesund" aufhört und „ungesund" anfängt?

Jetzt wird's praktisch

VERGISS NICHT

- Ein Trauma ist nicht nur etwas, das dir *widerfährt*. Es geschieht *in* dir.
- Wenn wir über eine Beziehung nachdenken, die sich von *schwierig* zu *destruktiv* entwickelt hat, dürfen wir nicht nur die Fakten bedenken. Wir müssen auch die Auswirkungen beachten.
- Wenn Menschen, die uns nahestehen, die Kontrolle über ihr Leben verlieren, besteht die Gefahr, dass es uns ähnlich ergeht.
- Wenn man darüber nachdenkt, eine Beziehung zu beenden, bedeutet dies noch lange nicht, dass man sich gleich verkriechen oder aufgeben sollte. Man begibt sich schlicht auf den Weg und nimmt sich Zeit zum Trauern und eine der härtesten Realitäten zu akzeptieren, mit denen wir je konfrontiert werden – eine unhaltbare Beziehung.
- Wenn wir wirklich heil werden wollen, wäre es klug, eine Beziehungspause einzulegen oder die Beziehung zu der Person, die uns verletzt hat, ganz abzubrechen.

NIMM ES AN

Wer von seiner menschlichen Natur beherrscht wird, ist von ihren selbstsüchtigen Wünschen bestimmt, doch wer vom Heiligen Geist geleitet wird, richtet sich nach dem, was der Geist will. Wenn du dich von deiner menschlichen Natur bestimmen lässt, führt das zum Tod. Doch wenn der Heilige Geist dich bestimmt, bedeutet das Leben und Frieden. Römer 8,5–6

Tragt euren Teil dazu bei, mit anderen in Frieden zu leben, soweit es möglich ist! Römer 12,18

Außerdem sollst du wissen, Timotheus, dass in den letzten Tagen der Welt schwere Zeiten kommen werden. Denn die Menschen werden nur sich selbst und ihr Geld lieben. Sie werden stolz und eingebildet sein, Gott verachten und ihren Eltern ungehorsam und undankbar begegnen. Nichts wird ihnen heilig sein. Sie werden lieblos sein und zur Vergebung nicht bereit; sie werden andere verleumden und keine Selbstbeherrschung kennen; sie werden grausam sein und vom Guten nichts wissen wollen. Sie werden ihre Freunde verraten, leichtsinnig handeln, sich aufspielen und ihr Vergnügen mehr lieben als Gott. Sie werden so tun, als seien sie fromm, doch die Kraft Gottes, die sie verändern könnte, werden sie ablehnen. Von solchen Leuten halte dich fern! 2. Timotheus 3,1–5

Und nun möchte ich euch, liebe Brüder, noch einmal vor solchen Leuten warnen, die die Gemeinde spalten und den Glauben anderer erschüttern. Denn sie lehren euch etwas anderes als das, was ihr gelernt habt. Haltet euch von ihnen fern! Römer 16,17

DENK NACH

- Gibt es eine Beziehung, die davon profitieren könnte, wenn du die Tatsachen akzeptieren würdest? Was könnte sich dadurch für dich ändern?
- Inwiefern trifft die folgende Aussage im Moment auf dein Leben zu: „Wenn unter den gegebenen Umständen in einer Beziehung kein Frieden möglich ist, können wir uns um Frieden mit dieser Person bemühen, indem wir die Umstände oder etwas an der Beziehung ändern"?
- Wie hast du „sich selbst verleugnen, täglich sein Kreuz auf sich nehmen und Jesus nachfolgen" bisher verstanden (Lukas 9,23)?

GEBET

Gott, manchmal ist es wirklich schwer, die Dinge zu akzeptieren, die ich nicht ändern kann. Aber du bist der Einzige, der echte Veränderungen in meinem Leben bewirken kann. Und deshalb will ich dir vertrauen. Ich will für Veränderungen in Beziehungen beten, die ich vielleicht vornehmen sollte – darunter auch einige Trennungen –, und deshalb bitte ich dich, mir Erkenntnis und Weisheit zu schenken, wenn ich Entscheidungen treffen muss. Zeige mir, wem ich vertrauen kann, wenn ich Hilfe brauche, um einige dieser Dinge zu verarbeiten. Ich danke dir für deine nie endende Liebe und Treue zu mir. Ich weiß, dass du mich niemals verlassen wirst. Amen.

Kapitel 12

Unzählige kleine Beerdigungen

Kann ich eine Beziehung beenden, ohne diese Person völlig aus meinem Leben zu streichen? Ist es möglich, mir eine Auszeit zu nehmen, um zu heilen, aber mit dieser Person nicht völlig Schluss zu machen? Gibt es einen Weg, wie ich mit dieser Person wieder Frieden schließen kann, auch wenn ich mit ihr immer noch nicht einer Meinung bin, ihre Entscheidungen nicht gutheiße oder nicht nachvollziehen kann, wie sie ihr Leben leben will? Was ist, wenn es sich um eine schwierige, aber keine destruktive Beziehung handelt? Was ist, wenn ich einfach noch nicht bereit bin, mich aus der Beziehung zu verabschieden, aber den emotionalen Zugang, den der andere zu mir hat, reduzieren möchten? Was ist, wenn der andere immer noch nicht auf meine Gefühle eingeht, mich ständig enttäuscht oder den Träumen, die ich für uns beide hatte, nicht gerecht wird, er mir aber keinen Schaden zufügt? Wie stehen da die Chancen für eine Veränderung?

Diese Fragen stellst du dir vielleicht bei einigen deiner Beziehungen. Vor allem, wenn es wirklich nicht möglich ist, den physischen Zugang zu dir einzuschränken.

Betrachten wir es einmal so: Hast du schon mal um die Abendessenszeit mit jemandem telefoniert, der in einer anderen Zeitzone lebt? Ihr sprecht in Echtzeit am selben Tag miteinander. Aber dein Tag sieht ganz anders aus als der Tag des anderen. Du bist bereits von der Arbeit nach Hause gekommen, hast den Sonnenuntergang beobachtet, zu Abend gegessen und einen Gang runtergeschaltet. Währenddessen bereitet sich die Person am anderen Ende der Leitung gerade auf eine weitere Besprechung im Büro vor, die Sonne steht hoch am Himmel, und sie ist noch satt vom Mittagessen.

Was für einen Unterschied es doch macht, ob deine Uhr 19:30 Uhr oder 14:30 Uhr anzeigt!

Ihr erlebt beide denselben Tag, befindet euch aber an zwei völlig verschiedenen Orten. Und selbst wenn ihr miteinander telefonieren und dabei den Sonnenuntergang beobachten wolltet, wäre das nicht möglich, es sei denn, einer von euch beiden nimmt eine lange Reise zum anderen auf sich. Und wenn keiner von euch dazu in der Lage ist, müsst ihr vielleicht darauf verzichten, euch den Sonnenuntergang gemeinsam anzuschauen. Das macht euch nicht zu schlechten Menschen, es bedeutet nur, dass ihr euch nicht am selben Ort befindet.

Das gilt für unseren Wohnort, aber das gilt auch für die Art und Weise, wie ihr eine Beziehung lebt.

Wie wir bereits besprochen haben, gibt es manchmal eine Kluft, die diese Beziehungsunterschiede offenlegt und sie umso deutlicher macht. Wenn du dich im Laufe deines Lebens bemühst, Demut zu entwickeln, geistlich zu reifen, emotional und körperlich gesund zu bleiben und deine Beziehungen weise zu gestalten, wirst du feststellen, dass die Kluft zwischen dir und einigen deiner Mitmenschen immer größer wird. Wenn andere sich weigern, zur Seelsorge zu gehen, während du lernst, gesündere Wege zu finden, um das Erlebte zu verarbeiten, ist es nur natürlich, dass sich eure Gespräche langsam seltsam und unangenehm anfühlen. Wenn du dich von dem leiten lässt, was in der Bibel steht, werden die Äußerungen derjenigen, die sich nicht dafür interessieren oder in anderen Religionen nach Antworten suchen, vielleicht für dich nicht mehr so viel Sinn ergeben. Und wenn du gelernt hast zu vergeben, wirst du über diejenigen, die an ihrem Groll festhalten, frustriert sein.

Es ist so schwer, den Ist-Zustand zu erkennen, wenn man ständig versucht, jemanden dazu zu bringen, das zu leben, was unserer Meinung nach sein könnte. Du kannst es doch schon so deutlich erkennen. Für dich ist es bereits 19:30 Uhr. Aber der andere lebt noch um 14:30 Uhr. Und wenn du nicht das Universum verändern und mit der Sonne ringen willst, wirst du nicht in der Lage sein, deine Sicht und die Sicht des anderen in Einklang zu bringen.

Und wahrscheinlich wird das dazu führen, dass du die eine oder andere Träne vergießt. Nicht, weil der andere den Sonnenuntergang verpasst, sondern weil ihr beide das verpassen werdet, was hätte sein können. Es kommt dir alles so sinnlos vor.

Es kommt dir so sinnlos vor, wenn dein leiblicher Vater dich nicht liebt oder nicht so respektvoll mit dir umgeht, wie es die Väter deiner Freundinnen für sie tun. Du hast davon geträumt, mit ihm tiefgehende Gespräche zu führen. Stattdessen wirkt er gehetzt und als ob du ihm ein bisschen lästig wärst.

Es bricht dir das Herz, wenn du die verbalen Angriffe deiner Mutter, Großmutter oder einer engen Freundin fürchten musst, weil du etwas anders siehst oder tust, als sie es tun würde. Du wünschst dir doch, dass sie eine Quelle der Weisheit für dich ist. Aber stattdessen musst du jetzt vermeiden, dich verletzlich zu machen und deine Gedanken mit ihr zu teilen, weil du sonst Gefahr läufst, dass sie dich mit ihrer Meinung und ihren unrealistischen Erwartungen erdrückt.

Ich verstehe das. Früher habe ich mir so sehr gewünscht und gehofft, dass jemand etwas sagt, das er noch nie gesagt hat, oder etwas tut, das er noch nie getan hat. Aber mittlerweile habe ich beschlossen zu akzeptieren, dass diese Person das vielleicht nie tun wird.

Und ich habe es überlebt. Ich habe es mehr als nur überlebt.

Ich habe über diese verletzten Stellen in meiner Seele getrauert. Und genau diese Trauer, die ich jahrelang vermieden habe, hat mir geholfen, das Erlebte hinter mir zu lassen und nach vorn zu schauen. Ich hatte angenommen, dass nur eine bestimmte Person diese unerfüllte Sehnsucht stillen könnte. Aber als ich die Trauer zuließ, wurde das, was so lange wie betäubt gewesen war, wieder lebendig. Denn: Ich war zunehmend ehrlicher zu mir selbst:

„Er hat mich noch nie wirklich beschützt."

„Sie hat mir doch nie wirklich zugehört."

Durch die Trauer musste ich mich meinen Enttäuschungen stellen. Durch die Trauer wurde mir klar, dass meine Traurigkeit nicht daher rührte, dass ich mir wünschte, dass tote Dinge wieder zum Leben erweckt würden. Ich weinte, weil meine grundlegenden Sehnsüchte nie gestillt worden waren.

Und ich hatte ja auch keine übertriebenen Erwartungen. Ich sehnte mich nach ganz normalen Dingen, die eben zu gesunden Beziehungen dazugehören: Ich wollte mich sicher fühlen. Ich wollte das Gefühl haben, dass ich gehört wurde. Ich wollte die Gewissheit haben, dass ich dem, was die Person sagte, tatsächlich Glauben schenken konnte. Und ich wollte sicher sein, dass sie mein Bestes im Sinn hatte, genauso wie auch ich ihr Bestes wollte.

Ich musste mir eingestehen, dass ich diese Menschen nicht für das liebte, was sie waren. Ich liebte nur das Bild, das ich eben von einem guten Ehepartner, einem liebevollen Familienmitglied, einem netten Freund oder einem hilfsbereiten Kollegen hatte. Ich liebte die Vorstellung, dass sie mich sehr lieben würden, aber ich mochte nicht, wie sie mich tatsächlich behandelten. Ich hegte in Bezug auf diese Personen und unsere Beziehungen bestimmte Hoffnungen, die sie aber überhaupt nicht teilten. Ich glaube, wir es an sich nichts Schlimmes ist, wenn wir ein bestimmtes Bild von den Rollen haben, die andere Menschen in unserem Leben spielen (sollen). Aber es ist alles andere als hilfreich, wenn wir mit dem Finger auf sie zeigen und versuchen, sie dazu zu bringen, sich zu ändern, um diesem Idealbild zu entsprechen. Und je länger wir das tun, desto mehr versäumen wir es, sie tatsächlich kennenzulernen und zu akzeptieren, wer und wie sie wirklich sind.

Ich würde doch dieser Person nie angemessene Grenzen setzen können, wenn ich an meiner Idealversion von ihr festhielt. Das Problem bestand nicht darin, dass die anderen nicht wussten oder erkannten, was ich mir für unsere Beziehung wünschte oder was ich von ihnen erwartete. Das eigentliche Problem war, dass ich mich weigerte, sie so zu sehen, wie sie wirklich waren.

Die Trauer half mir, dem ins Auge zu schauen, was sterben musste: Ich musste das Bild in meinem Kopf loslassen, an das ich mich geklammert hatte und um das ich Tränen vergoss; das Bild, das ich verzweifelt anstarrte und wegen dem ich schmollte. Ich musste aufhören, sie zum Essen einzuladen und davon auszugehen, dass sie sich so verhalten würden, wie ich sie mir gewünscht hatte, nur um dann wieder von ihren gefühllosen Worten und Taten erdrückt zu werden. Leider hatten sie, während sie die Soße weiterreichten, niemals die lebensverändernde Offenbarung, die ich mir für sie erhoffte. Niemals.

Als ich später das schmutzige Geschirr spülte, empfand ich nur Kälte und Leere. Ich war frustriert darüber, dass an diesem Abend die Traurigkeit wieder mal vorprogrammiert gewesen war. Die Trauer klopfte immer wieder bei mir an. Und als ich sie schließlich hereinließ, wurde alles ein wenig klarer. Ich wusste endlich, was ich zu tun hatte. Ich musste das unrealistische Bild, das ich von dieser Person und dieser Beziehung hatte, sterben lassen. Und eine Beerdigung planen.

Manchmal führen solche Beerdigungen zu einer neuen Beziehung. Wenn frühere Erwartungen verblassen, können wir endlich erkennen, wer die andere Person wirklich ist. Vielleicht ist sie nicht genau das, was wir uns erhofft hatten, aber es gibt sicher etwas, das wir mögen können. Vielleicht macht die Beerdigung einen Neuanfang möglich.

Manchmal führen solche Beerdigungen zu einer vorübergehenden Beziehungspause, in der man eine Weile nicht miteinander spricht oder sich nicht sieht, aber schließlich wieder zusammenkommt. Vielleicht eröffnet uns diese Beerdigung eine Chance, die Beziehung nach einer Zeit der Trennung langsam wieder aufzubauen.

In anderen Fällen führen diese Beerdigungen zu einem endgültigen Abschied von der Beziehung, die du einmal hattest. Ein Ende.

Ich wünschte, ich könnte dir eine Formel an die Hand geben, mit der du berechnen kannst, ob es gesund oder klug ist, jemals wieder mit dieser Person in Kontakt zu treten. Es könnte sogar sein, dass ich gegoogelt habe, ob es eine solche Formel gibt. Ich habe keine gefunden.

Stattdessen versuche ich, die individuelle Situation in Angriff zu nehmen und eine gesunde Entscheidung darüber zu treffen, was zu tun ist. Dabei helfen mir die Weisheit, die ich in der Bibel finde, der Ratschlag vertrauenswürdiger Personen und das Urteilsvermögen, das mir der Heilige Geist schenkt. Das Ganze kann sich echt chaotisch anfühlen. Und uns unterlaufen vielleicht auch Fehler. Ich bin die Art Mensch, der sich an Regeln hält, und deshalb fällt es mir auf lange Sicht schwer, diese Vorgehensweise zu akzeptieren. Ich möchte einfach wissen, dass $2 \times 2 = 4$ ist – möchte wissen, was das Richtige ist, und ich möchte, dass das Richtige mir mit tödlicher Sicherheit Glück und Zufriedenheit beschert.

Ich muss mich also mit der Tatsache abfinden, dass es keine Formel gibt, mit der man berechnen kann, wohin sich eine Beziehung entwickeln wird. Es wird Beziehungen geben, die einen Neuanfang bekommen. Es wird Beziehungen geben, bei denen wir erst mal eine Pause einlegen möchten. Und es wird Beziehungen gehen, von denen wir uns endgültig verabschieden müssen. Aber was gilt für jedes dieser Szenarien? Sie gehen mit einem gewissen Maß an Trauer einher – etwas muss sterben.

Du wirst wahrscheinlich weinen – mal mehr, mal weniger –, wenn die angespannte Beziehung ihren Gang nimmt.

Ich liebe sehr intensiv. Also neige ich auch dazu, tief verletzt zu sein. Und deshalb kann ich nur dann erkennen, wo der Schmerz aufhört und die Heilung beginnt, wenn ich etwas zu Grabe trage.

Ich weiß nicht, wie viele solcher Beerdigungen ich schon geplant habe. Aber damit ich wieder aufs Neue welche feiere, sage ich mir immer vor, dass es in meinem Leben bestimmt Hunderte solcher kleinen Beerdigungen geben wird, an denen außer mir niemand teilnimmt. Und in deinem Leben wird es wahrscheinlich ähnlich sein. Niemand wird dir Blumen bringen und anschließend mit dir Kaffee trinken. Solche Beerdigungen feierst du mal am Dienstagmorgen, dann wieder am Freitagabend, um 19:30 Uhr bei Sonnenuntergang oder direkt nach der Arbeit. Andere Beerdigungen finden statt, während du dir die Zähne putzt oder eine Tasse Kaffee eingießt oder mit dem Auto eine vertraute Strecke entlangfährst. Sie sind nicht aufwendig oder langwierig oder benötigen eine perfekt ausgearbeitete Rede.

Sie sind unglaublich einfach. Und für mich sind sie unglaublich hilfreich.

Und so läuft eine solche Beerdigung bei mir ab:

1. Ich gestehe mir ein, was fehlt oder nicht so ist, wie ich es gern hätte.
2. Ich spreche laut aus, warum ich so enttäuscht bin und dass ich die ganze Situation ungerecht finde. Ich weine mich auch bei Gott aus – ich lasse alles heraus, denn er kann mit meiner Ehrlichkeit, meiner Angst, meiner Wut und meiner Verzweiflung umgehen, die ich völlig unverblümt zum Ausdruck bringe.
3. Ich erlaube mir, so lange wie nötig zu weinen.
4. Dann zerreiße ich das Bild der Person, an dem ich festgehalten habe. Mein Wunschbild dieser Person entspricht nicht

der Wirklichkeit. Dieses Bild entspricht einfach nicht der Wirklichkeit.

5. Ich akzeptiere, dass die Person nicht willens oder nicht in der Lage ist, das zu tun, was ich mir so sehr für sie und unsere Beziehung wünsche. Aber mein Wunsch deckt sich eben nicht mit ihrem Wunsch. Das Ganze ist also im Moment nicht realistisch.

6. Ich akzeptiere auch, dass diese Person für ihr Leben verantwortlich ist, so wie ich für mein Leben verantwortlich bin.

7. Ich gönne mir etwas Zeit, um traurig zu sein und die Trauer zu durchleben.

8. Ich spreche laut aus, was ich loslassen will: „Ich entscheide mich jetzt, _____ loszulassen" (zum Beispiel Groll, Wut, Bitterkeit).

9. Ich spreche laut aus, dass diese Trennung mir neuen Freiraum schenkt, etwas Gutes zu empfangen. „Ich möchte jetzt _____ in mein Leben einladen" (zum Beispiel Freude, Hoffnung, eine bessere Zukunft).

10. Ich verpflichte mich, gute Grenzen zu setzen und auf ihre Einhaltung zu achten – zu meinem Wohl.

11. Und wenn es sein muss, werde ich diese Sache morgen noch einmal begraben.

> *Ich kann nur dann erkennen, wo der Schmerz aufhört und die Heilung beginnt, wenn ich etwas zu Grabe trage.*

Wir können Trauer nicht verhindern. Sie wird uns alle in verschiedenen Formen und aus vielen verschiedenen Gründen heimsuchen. Aber eines haben alle Formen von Trauer gemeinsam: Sie werden von Enttäuschung und Schmerz begleitet. Wir trauern um das, was nie sein wird. Aber noch mehr trauern wir um das, was Unvollkommenheit und Sünde uns allen angetan haben. Wir alle tragen dazu bei, dass es so viel Schmerz in dieser Welt gibt. Wir alle verletzen andere. Wir alle versagen in den Rollen, die wir spielen, und der Verantwortung, die wir tragen. Wir alle verursachen Kummer. Wir alle schleppen Kummer mit uns herum.

Aber die gute Nachricht ist, dass wir uns nicht von unserer Trauer auffressen lassen müssen.

Jesaja 53,2–6 ist hier für mich sehr tröstlich, weil diese Verse mich daran erinnern, dass ich diesen Kummer nicht allein tragen muss. Jesus hat unseren Kummer getragen – sowohl den Kummer, den wir verursachen, als auch den Kummer, den wir ertragen. Und er möchte uns Heilung und Hoffnung schenken. Ich finde es toll, wie Eugene Peterson das, was Jesus für uns getan hat, in seiner Übertragung dieser Verse wiedergibt:

Der Knecht wuchs vor Gott heran –
ein dürres Pflänzchen, ein kümmerliches Gewächs auf einem ausgetrockneten Feld.
Er hatte nichts Anziehendes an sich,
nichts, das uns veranlasste, einen zweiten Blick auf ihn zu werfen.
Man schaute auf ihn herab und überging ihn,
einen Mann, der litt, der den Schmerz aus erster Hand kannte.
Ein Blick auf ihn, und die Leute wandten sich ab.
Wir sahen auf ihn herab, hielten ihn für Abschaum.
Aber Tatsache ist, dass es unsere Schmerzen waren, die er trug –
unsere Entstellungen, all das, was mit uns nicht stimmt.
Wir dachten, er hätte es sich selbst zuzuschreiben,
dass Gott ihn für sein eigenes Versagen bestrafen würde.
Aber es waren unsere Sünden, die ihm das angetan haben,
die ihn zerrissen und zermalmt haben – unsere Sünden!
Er hat die Strafe auf sich genommen, und das hat uns heil gemacht.
Durch seine Wunden werden wir geheilt.
Wir sind alle wie Schafe, die sich verirrt haben und verloren gegangen sind.

Wir haben alle unser eigenes Ding gemacht, sind unseren eigenen Weg gegangen.

Und Gott hat alle unsere Schuld, alles, was wir falsch gemacht haben, auf ihn geladen, auf ihn.[1]

Der letzte Teil meiner Beerdigung besteht also darin, alles zu Jesus zu bringen: den Kummer. Den Schmerz. Die unerfüllten Sehnsüchte. Das, was ich dem anderen angetan habe. Das, was er mir angetan hat. Dass ich Vergebung brauche. Dass ich vergeben sollte. Ich bitte Jesus, die Kluft zu überbrücken – die Kluft zwischen dem Punkt, an dem ich bin, und dem, an dem ich sein möchte. Ich gebe das an ihn ab, wovon ich jetzt weiß, dass es nicht Wirklichkeit werden wird, und bitte ihn, meine Leere mit seiner Fülle zu füllen.

Und ich gebe mich einfach hin.

Wenn es sein muss, weine ich.

Wenn ich es in mein Tagebuch schreiben muss, tue ich das.

Wenn ich alles auf ein Blatt Papier schreiben und dieses dann in tausend Fetzen reißen muss, tue ich auch das.

Wenn ich dann mit meinem Seelsorger oder einer Freundin über alles reden muss, greife ich zum Telefon.

Aber eines werde ich ganz sicher nicht tun: mir etwas vormachen und die Realität leugnen. Ich habe diesen Kummer akzeptiert. Ich habe jenen entscheidenden Moment erlebt, in dem ich das akzeptierte, was ist, aber auch das, was nicht ist. Und von diesem Punkt aus werde ich mich auf den Weg der Heilung machen.

Ich bin das auch mit meiner Freundin Madi durchgegangen, die gerade lernt, ihre unzähligen kleinen Beerdigungen zu feiern, die alle unterschiedlich ausfallen werden. Eines Abends saßen wir auf der Treppe und tranken Apfelmost. Das war einer der Punkte auf ihrer Gabelliste für die Herbstsaison. Merke: Ich brauche unbedingt ein paar jahreszeitenabhängige Listen, auf denen all das steht, was ich unbedingt noch tun will. Madi sagte:

„Was vor uns liegt, muss besser sein als das, was hinter uns liegt. Gott wird mich nicht an einen Ort bringen, der schlimmer ist als der, an dem ich schon war." Doch dann kamen ihr Zweifel: „Ist das auch wirklich wahr?"

Ich nahm noch einen Schluck und dachte weiter über diese Frage nach. Am nächsten Morgen antwortete ich: „Ich denke, die Antwort auf deine Frage lautet Ja und Nein. Nein insofern, dass Gott noch mehr Schwierigkeiten zulassen kann und wahrscheinlich auch wird. Ja insofern, dass alles, was du in deinem Leben schon erlebt hast, dir Kraft geschenkt hat. Dadurch kannst du dem, was vor dir liegt, mit mehr Widerstandskraft und der Gewissheit begegnen, dass Gott aus allem letztlich etwas Gutes machen wird (2. Korinther 4,17–18). Du bist heute nicht mehr das unsichere und verletzliche Mädchen, das du noch vor zehn Jahren warst. Du hast zugelassen, dass das, was du erlebt hast, dich stärker macht. Du bist weiser. Du hast ein besseres Urteilsvermögen. Du weißt besser, wie du die Beziehung zu Gott pflegen kannst. So wirst du Gott bereitwilliger folgen und schneller erkennen, wo er dich mit seiner Güte überschüttet. Fang an, deine Beerdigungen zu feiern – die Augenblicke, in denen du mit etwas abschließt. Dann wirst du sehen, was geschieht: Diese Beerdigung wird dich besser auf die nächste vorbereiten und diese auf die übernächste."

Das gilt für Madi, das gilt für mich. Und es gilt auch für dich. Wenn es uns immer besser gelingt, über das zu trauern, was uns Kummer bereitet, werden wir den neuen Tag schon bald mit ein wenig mehr Heilung und viel mehr Leben begrüßen.

„Denkt nicht mehr daran, was war und grübelt nicht mehr über das Vergangene. Seht hin; ich mache etwas Neues; schon keimt es auf. Seht ihr es nicht? Ich bahne einen Weg durch die Wüste und lasse Flüsse in der Einöde entstehen." Jesaja 43,18–19

Wenn es uns immer besser gelingt, über das zu trauern, was uns Kummer bereitet, werden wir den neuen Tag schon bald mit ein wenig mehr Heilung und viel mehr Leben begrüßen.

Anmerkung von Jim zum Thema „Trauerprozesse"

Über Beziehungen bewusst zu trauern und sie gewissermaßen zu Grabe zu tragen, ist gar nicht so leicht. Aber es ist gesund und nützlich, unter anderem aus folgenden Gründen:

1. Es hilft dir, einen Schlussstrich zu ziehen. Wenn du um eine Beziehung trauerst, ist das deine eigene, persönliche Erfahrung. Die andere Person hat damit zunächst einmal nichts zu tun.
2. Du kannst alles loslassen – das, was real war, was nicht real war und was nie wieder so sein wird wie vorher.
3. Du kannst bewusst den Verlust spüren, den du erlitten hast, weil du viele Jahre deines Lebens in eine Beziehung investiert hast, die sich nicht so entwickelt hat, wie du es dir gewünscht hast, oder die nicht so lange gehalten hat, wie du gehofft hast.
4. So kannst du endlich die Vorstellung loslassen, die du vom anderen hattest, die aber nicht mit der Realität übereingestimmt hat. Gleichzeitig kannst du aber auch darüber nachdenken, wer du für diese Person wohl warst. Das gibt dir die Gelegenheit, dir selbst einige Fragen zu stellen, z. B.: „Welche Warnsignale habe ich vielleicht schon ganz zu Beginn unserer Beziehung übersehen? Was habe ich zu lange toleriert? Welche Aspekte meiner Persönlichkeit sind in dieser Beziehung verloren gegangen, die ich zurückgewinnen möchte?"
5. Es hilft dir, dich besser zu fühlen und auch besser vorbereitet zu sein, wenn neue Wellen des Kummers über dich hinweggehen. Zum Beispiel kannst du dich der Tatsache stellen, dass

andere deinen Ehepartner, von dem du dich hast scheiden lassen, oder deine Freundin, mit der du nicht länger befreundet bist, für einen tollen Menschen halten, obwohl du das gar nicht so erlebt hast.

6. Es hilft dir, den Weg der Heilung einzuschlagen, denn womit du dich nicht auseinandersetzt, das wird man irgendwann an deinem Verhalten und deinen Worten ablesen können. Wenn du deinen Kummer nicht verarbeitest, wird dieser auf andere Menschen überschwappen – deine Kinder, Familienmitglieder, Freunde – oder sich vielleicht sogar ausbreiten, was zu langfristigen psychischen Problemen führen kann.

Jetzt wird's praktisch

Vergiss nicht

- Wenn wir sehr intensiv lieben, neigen wir auch dazu, tief verletzt zu sein.
- Ich kann nur dann erkennen, wo der Schmerz aufhört und die Heilung beginnt, wenn ich etwas zu Grabe trage.
- Wir können Trauer nicht verhindern. Sie wird uns alle in verschiedenen Formen und aus vielen verschiedenen Gründen heimsuchen.
- Wenn es uns immer besser gelingt, über das zu trauern, was uns Kummer bereitet, werden wir den neuen Tag schon bald mit ein wenig mehr Heilung und viel mehr Leben begrüßen.

Nimm es an

Denn unsere jetzigen Sorgen und Schwierigkeiten sind nur gering und von kurzer Dauer, doch sie bewirken in uns eine unermesslich große Herrlichkeit, die ewig andauern wird! So sind wir nicht auf das Schwere fixiert, das wir jetzt sehen, sondern blicken nach vorn auf das, was wir noch nicht gesehen haben. Denn die Sorgen, die wir jetzt vor uns sehen, werden bald vorüber sein, aber die Freude, die wir noch nicht gesehen haben, wird ewig dauern. 2. Korinther 4,17–18

Er hat die Strafe auf sich genommen, und das hat uns heil gemacht. Durch seine Wunden werden wir geheilt. Jesaja 53,5 (The Message)

Denk nach

- Kommt dir jemand in den Sinn, wenn du darüber nachdenkst, deine Vorstellung von jemandem loszulassen? Was solltest du zu Grabe tragen oder zum Abschluss bringen, um deine Trauer besser zu bewältigen?
- Inwiefern kann es dir in Beziehungsdingen oder anderen Bereichen helfen, trauern zu lernen?

Gebet

Himmlischer Vater, es gibt so viele Dinge, dir mir gerade zu schaffen machen. Bitte hilf mir durch all diese „kleinen Beerdigungen" hindurch, die ich verarbeiten und durchbeten muss. Erfülle mich nach all dem Schmerz und der Heilung mit deiner übernatürlichen Freude. Ich weiß, dass die Geschichte, die du für mein Leben schreibst, so viel besser ist als jede Geschichte, die ich mir jemals ausdenken könne. Ich weiß, dass du immer noch gute Absichten für mein Leben und meine Beziehungen hast. Deshalb will ich dir auch dann vertrauen, wenn meine Lebensumstände unsicher und unvorhersehbar sind. Amen.

Eine Bibel, ein Ring und ein Gott, der uns nie verlässt

Ich kann nicht glauben, dass wir schon die letzten Seiten dieses Buches erreicht haben! Ich bin so froh, dass wir uns gemeinsam mit diesen Gedanken beschäftigt haben. Auf den letzten gut 200 Seiten haben wir entdeckt, dass wir nicht einfach mal schnell Grenzen aufstellen können, und schon läuft es in unseren schwierigen Beziehungen wieder rund. Menschen sind kompliziert. Wir sind kompliziert. Und deshalb werden natürlich auch Beziehungen kompliziert sein. Aber gute Grenzen sorgen hier für Beständigkeit und dafür, dass wir mit dem anderen im Gespräch bleiben.

Wird es für uns weiterhin eine Herausforderung sein, Grenzen zu setzen? Ja. Aber zumindest wissen wir, was zu tun ist, auch wenn es uns manchmal noch schwerfällt. Das Schlimmste an „zwischenmenschlichen Störungen" ist das Gefühl der Hoffnungslosigkeit und Ohnmacht, das viele von uns schon seit Jahren umtreibt.

Das Wissen darüber, wie man mit schwierigen Beziehungen umgeht, ist hoffentlich das größte Geschenk, das du aus diesem Buch für dich mitnimmst. Ich bin mehr denn je davon überzeugt, dass gute Grenzen funktionieren. Wenn sie richtig gesetzt und konsequent eingehalten werden, tragen Grenzen wirklich dazu bei, dass wir uns sicher fühlen und unsere Beziehungen funktionieren.

Während ich dieses Buch geschrieben habe, musste ich einige gesunde Grenzen ziehen. Infolgedessen haben sich einige für mich wirklich wichtige Beziehungen verändert und sind gesünder geworden, sowohl für mich als auch für die Person, die mir wichtig ist. Ich bin erstaunt und dankbar dafür. Ich habe jetzt die Freiheit, diese Beziehungen zu genießen, ohne das Gefühl zu haben, etwas zurückhalten zu müssen, weil ich verletzt werden könnte.

Bei einer der Beziehungen, die mir hier in den Sinn kommen, geht es um eine enge Freundin, die eine starke Persönlichkeit hat und sehr bestimmend auftritt. Manchmal hilft mir das. Manchmal ärgert es mich aber auch. Und manchmal frustriert meine sanftere und weniger direkte Herangehensweise sie auch. Aber im Laufe der Zeit, in der wir uns gegenseitig Grenzen gesetzt haben, haben wir gelernt, wie wichtig es ist, sich an drei Dinge zu erinnern: Wir müssen die Grenzen, die wir brauchen, kommunizieren, uns gegenseitig an diese Grenzen erinnern (vor allem, wenn eine von uns zu leichtfertig damit umgeht) und sollten nicht aus allem eine große Sache machen. Manchmal müssen wir über die Grenzen diskutieren. Ein anderes Mal müssen wir uns nur daran erinnern, warum diese Grenzen wichtig sind. Aber letztlich geht es nur darum, dass wir einander mit mehr Nachsicht begegnen. Ich denke, all das hat dazu beigetragen, dass unsere Beziehung schon seit Jahren hält.

Früher, als wir noch keine Grenzen gesetzt hatten, hätte ich mich wahrscheinlich von dieser Person distanziert, weil ich nicht gewusst hätte, wie ich mit der Bestimmtheit umgehen sollte, mit der sie Dinge sagt oder tut. Aber jetzt habe ich dank der Grenzen das nötige Rüstzeug, um meine Schwachstellen zu schützen, ohne ihre Stärken ständig zu kritisieren. Unsere Freundschaft hat sich durch die Grenzen vertieft. Und da wir unsere Differenzen auf gesunde Art und Weise ausgeräumt haben, haben wir uns beide durch das, was wir gemeinsam durchgestanden haben, weiterentwickelt.

Aber während ich dieses Buch schrieb, musste ich auch von einer Freundschaft Abschied nehmen, obwohl ich das eigentlich nie wollte. Dass diese Beziehung zu Ende gegangen ist, ist für mich an manchen Tagen immer noch schwer vorstellbar. Der Weg dahin war chaotisch, hat mich wahnsinnig gemacht und sehr frustriert. Und doch war das Ganze notwendig.

Vielleicht hast du in dieser Phase deines Lebens auch schon beides erlebt: dass gute Grenzen etwas sehr Schönes sein können – das Ende einer Freundschaft aber auch zutiefst traurig. Ich hoffe, du hast dich beim Lesen dieses Buches ein bisschen weniger allein gefühlt. Manchmal hilft mir jedenfalls die Gewissheit, dass ich nicht die Einzige bin, die so was durchmacht, durch die schwersten Zeiten meines Lebens.

Wenn sie richtig gesetzt und konsequent eingehalten werden, tragen Grenzen dazu bei, dass wir uns sicher fühlen und unsere Beziehungen funktionieren.

Du magst dich vielleicht einsam fühlen, aber du bist nicht allein. Und obwohl ich meine Leserinnen natürlich nicht sehen kann, habe ich beim Schreiben jedes einzelnen Wortes an euch gedacht. Das hat mir geholfen, mich auch nicht allein zu fühlen. Ich war so dankbar und so getröstet zu wissen, dass es euch gibt und dass sich unsere Wege dank dieses Buch kreuzen. So wie ich hoffe, dass es euch geholfen hat, hat es auch mir geholfen.

Wenn du diese Worte liest, ist ein Jahr vergangen, seit das, von dem ich hier erzähle, passiert ist. Aber heute ist der Kummer für mich noch ganz frisch und wieder einmal durfte ich in diesem ganzen Prozess einen neuen Durchbruch erleben.

Diese Woche erhielt ich innerhalb weniger Stunden zwei E-Mails. Die eine enthielt das „Wort des Tages". Da ich ja mit Worten arbeite, das Leben durchs Schreiben verarbeite und gern neue Wörter dazulerne, schätze ich diese tägliche E-Mail. Meistens habe ich das betreffende englische Wort noch nie gehört und keine Ahnung, was es bedeutet. Aber an diesem Tag lautete das Wort *poignant* („schmerzlich"). Und es rief ein starkes Gefühl der Traurigkeit oder des Bedauerns in mir hervor. Es geht es auf das lateinische Verb *pungere* zurück, was „stechen", „verletzen, kränken" oder „beunruhigen, quälen" bedeutet.[1]

Mit diesem Wort war ich vertraut. Schon seit Jahren empfand ich ein starkes Gefühl der Trauer über das Scheitern meiner Ehe, der wichtigsten zwischenmenschlichen Beziehung meines Lebens. Der Schmerz saß tief. Ich hatte den Schock erlitten, dass vor meinen Augen und denen meiner Kinder Dinge geschahen, mit denen ich nie gerechnet hätte. Es war schier unerträglich gewesen. Ich hatte aber auch Hoffnung geschöpft, dass alles wieder besser werden würde, und das war fast zu schön gewesen, um wahr zu sein. Nur um dann wieder enttäuscht feststellen zu müssen, dass es in unserer Beziehung nicht zur Versöhnung kommen würde. Und das ließ mich am Boden zerstört und mit unzähligen unbeantworteten Fragen und einem tränengetränkten Kissen zurück.

Die nächste E-Mail kam von meinem Anwalt. Es waren die Scheidungspapiere.

Das war wirklich ein quälender und auch verletzender Moment. Und ein weiterer Stich in das tiefste Innere meines Herzens.

Ich stand vor dem Ende dessen, was eigentlich hatte für immer sein sollen. Aber ich konnte ja nicht die Einzige sein, die dieses heilige Gelübde zweier Menschen hielt und eine Ehe führte, die Gott ehrte. Ich wurde so oft gefragt, warum ich an meiner Ehe festgehalten habe. Es gab gute Gründe. Aber es gab auch weniger gute, weniger gesunde Gründe. Ich musste mich lange in Therapie begeben, um zu verarbeiten, dass ich unwissentlich eine co-abhängige Retterin gewesen war, die am Ende erkennen musste, dass ihre Bemühungen angesichts von

Abhängigkeiten und Entscheidungen, die sie nicht zu verantworten hatte, vergebens waren.

Aber obwohl ich mit meiner Nachsicht und meiner Liebe gute Absichten verfolgte, musste ich schließlich den anderen loslassen und an den Problemen arbeiten, die ich selbst zu verantworten hatte. Das Beste, was ich tun konnte, war, Gott als dem Retter zu vertrauen. Ich musste mutig genug sein, alles an ihn abzugeben und die nächsten Kapitel meiner Geschichte aufzuschlagen.

Ich trennte mich von meinem Mann und wartete noch ein ganzes Jahr, um zu sehen, was Gott tun würde. Ich hörte auf, mich einzumischen. Ich hörte auf, meinem Mann Dinge vorzuschlagen, von denen ich hoffte, dass sie ihm helfen würden. Ich hörte auf, Gott Vorschläge zu machen. Und ich hörte auf, mich hilflos zu fühlen. Ich ließ zu, dass das geschah, was eben geschehen würde.

Ich war davon ausgegangen, dass es das schlimmste Jahr meines Lebens werden würde. Aber ich erkannte, dass es weniger schlimm war, mich rauszuhalten, die Tatsachen zu akzeptieren und Gott das tun zu lassen, was nur er tun kann. Mein Leid und mein Schmerz waren vor allem auf meine Weigerung zurückzuführen, das zu akzeptieren, was ich nicht ändern konnte.

Gegen Ende des Jahres gab es Anzeichen dafür, dass die Dinge sich womöglich ändern würden, aber dann verschlechterte sich alles auf dramatische Weise. Meine Freundin Laci nannte es „das bittere Ende". Der letzte Teil einer langen Reise, auf der ich darum rang, dass all die Bitterkeit, die mir entgegengebracht wurde, nicht an mir hängen blieb. Mir war schon genug angetan worden.

Ein paar Wochen bevor ich die Scheidung einreichte, erhielt ich ein unglaubliches Geschenk.

Eine Frau namens Julie, mit der ich zusammen studiert, die ich aber seit dreißig Jahren nicht mehr gesehen hatte, fand meine alte Bibel in einer Kiste mit Büchern, die sie nach ihrem

Abschluss irgendwo verstaut hatte. Sie wusste, dass einige Mitglieder meiner Familie in einem örtlichen Restaurant arbeiteten, und da wir nun in derselben Stadt lebten, gab sie meine Bibel dort mit einer sehr netten Nachricht ab. Schließlich erreichte die Bibel meine Tochter, die sie mir dann vorbeibrachte: „Mama, der Buchrücken ist gebrochen, und wenn man sie aufschlägt, landet man immer auf dieser einen Seite, an der du dir vor all den Jahren einen Vers angestrichen hast. Und du wirst nicht glauben, wie der Vers lautet."

Es war Epheser 5,3–7:

Weil ihr Gott gehört, soll es keine Unzucht, Unreinheit oder Habgier unter euch geben. Genauso unpassend für euch ist schmutziges, dummes und anzügliches Gerede; vielmehr sollt ihr Gott danken. Ihr könnt sicher sein, dass kein unzüchtiger, unreiner oder habgieriger Mensch je das Reich Christi und Gottes miterben wird. Denn ein Habgieriger ist nur ein Götzendiener, der weltliche Dinge anbetet. Lasst euch nicht von leeren Worten verführen! Der Zorn Gottes wird alle treffen, die ihm ungehorsam sind. Gebt euch also nicht mit ihnen ab.

Neben dem Vers hatte ich in meiner Teenager-Handschrift einige Notizen gemacht, die sehr gut zu dem passten, was ich bei der Scheidung durchgemacht hatte. Wir sahen uns beide voller Zuversicht an, weil wir wussten, dass dies die Bestätigung für die schwerste Entscheidung war, die ich je in meinem Leben getroffen hatte.

Als ich meinem Seelsorger später diese Geschichte erzählte und ihm die Bibel zeigte, war er genauso verblüfft wie ich. Er sagte: „Ich bitte meine Klienten oft, Geschichten zu schreiben, in denen sie als Erwachsene zu ihrem jüngeren Ich sprechen. Ich habe noch nie erlebt, dass eine Jugendliche etwas geschrieben hat, das Jahrzehnte später als perfekte Anleitung für sein Leben als Erwachsener dienen kann."

Nicht, dass ich das gebraucht hätte, um den Mut zu bekommen, die nächsten Schritte zu gehen, von denen ich wusste, dass sie dran waren. Es ging darum, dass ich Gott wichtig genug war, dass er mich trösten wollte, als ich die letzten Schritte dieser sehr langen und sehr traurigen Reise ging.

Wieder war es schmerzhaft. Aber dieses Mal war es kein stechender Schmerz, sondern eher eine sanfte Erinnerung daran, dass es hier für mich immer noch Erlösung geben kann, auch wenn sie nicht so aussieht, wie ich sie mir vorgestellt habe.

Eine Woche nachdem ich meine Bibel zurückbekommen hatte, saß ich in einer weiteren langen Sitzung mit Jim. Ich erzählte ihm, wie schwer es war, die Scheidungspapiere schwarz auf weiß vor mir zu sehen. Er hatte mich und meine Familie in fast jeder Phase dieser Tragödie begleitet, die immer wieder alles auf den Kopf gestellt hatte und keinen von uns unversehrt ließ. So oft hatte ich zu Jim gesagt: „Ich weiß nicht, wie viel ich noch ertragen kann." Und er antwortete immer: „Lysa, für jede Frau ist irgendwo Schluss. Es gibt einen Punkt, an dem es kein Zurück mehr gibt. Wenn du das Ende erreichst, wirst du es wissen."

Ich brauchte Jahre.

Und ich denke, ich werde noch jahrelang mit den guten und den weniger guten Seiten dieser Erfahrung zu kämpfen haben. Aber es gab einen Augenblick, in dem ich es wusste. Ich spürte buchstäblich, wie etwas in mir zerbrach. Ich wollte das mit Jim besprechen, weil ich mir Sorgen machte, dass dieser Bruch meine Fähigkeit beeinträchtigen würde, andere Menschen zu lieben und ihnen zu vertrauen – meine Kinder, meine Freundinnen, die Menschen, mit denen ich zusammenarbeite. Bedeutete dieser Bruch nun, dass ich ein für alle Mal zerbrochen war?

Ohne zu zögern, erwiderte Jim: „Lysa, ich glaube nicht, dass das der Augenblick war, in dem du zerbrochen bist. Ich glaube, es war der Augenblick, in dem du heil geworden bist."

Genau das hatte ich hören müssen.

Nicht der Schmerz allein
schreibt unsere Geschichte.

Als ich an jenem Abend mein Haus betrat, war ich mir sicherer als je zuvor, dass ich es schaffen würde.

Ich ging zu meinem Kleiderschrank und zog die Schublade heraus, in der ich meinen Schmuck aufbewahre. Ich nahm meinen Ehering heraus. Ich hielt ihn in der Hand, schloss die Augen und wusste endlich, was ich damit tun musste. Ich steckte meinen Ehering in meine Jugendbibel. Es war, als wären diese beiden Gegenstände die Buchstützen meines Lebens. Ein Mädchen, das von seinem Leben träumte, und die erwachsene Frau, die ich jetzt geworden bin. Zwei unterschiedliche Lebensabschnitte, die ich in meinem Herzen trage und die verwoben sind mit dem gemeinsamen Faden des Vertrauens in einen Gott, der mich unendlich liebt (sogar mit meinen Unvollkommenheiten) und mir täglich nachgeht.

Wir sind nicht dann wirklich glücklich, wenn alles so klappt, wie wir es uns erhofft haben. Wir sind dann glücklich, wenn wir erleben, dass der Gott des Universums innehält, um mit uns zu sprechen und uns daran zu erinnern, dass wir nicht allein sind. Nicht der Schmerz allein schreibt unsere Geschichte. Und diese kaputte Welt ist nicht unser letztendliches Ziel. Wenn wir zu Gott gehören, gibt es noch so viel mehr.

Das Geheimnis besteht darin, sich nicht im Kummer zu verlieren, nicht in all dem festzustecken, was eben ungerecht ist, oder sich durch eigene Fehler lähmen zu lassen. Ich schloss meine Augen und ein paar Tränen glitten über meine Wangen. Wieder flüsterte ich: „Mach's gut. Mach's gut. Gott mit dir. Mach's gut" Und dann legte ich die Bibel und den Ring in eine Schachtel, die oben auf einem Regal neben einigen Bildern und Karten stand, die sowohl die schmerzlichen als auch die kostbaren Momente meines Lebens enthielten.

Hilfreiche Weisheiten,
wenn unsere Grenzen hinterfragt werden

Wenn man lange Zeit in einer schwierigen Beziehung war, hat man manchmal das Gefühl, dass man den Ort verloren hat, an dem man sich sicher und geborgen fühlt. So als gäbe es das Zuhause, an das man nach einem langen, anstrengenden Tag zurückkehrt, nicht mehr. Man ist sich nicht sicher, ob man vor jemandem davonläuft oder zu jemandem hinläuft, weil sich die Beziehung wie eine verwirrende Mischung aus beidem anfühlt.

Du hattest eine klare Vorstellung von dieser Person. Du liebst sie oder magst sie zumindest wirklich gern. Und ein Teil von dir hat das Gefühl, dass es unmöglich ist, das Gute am anderen loszulassen. Und vielleicht wird es dieses Mal anders sein – denn was wäre, wenn du genau dann aufgibst, wenn es endlich richtig gut wird?

Das, worauf du so lange gewartet, gehofft, wofür du gebetet und so hart gearbeitet hast, scheint endlich in greifbarer Nähe zu sein. Wenn du jetzt eine Grenze ziehst und etwas veränderst, könntest du den epischen Moment verpassen, in dem diese Person wirklich so ist, wie von dir erhofft und erwartet.

Aber gleichzeitig weißt du, dass das nicht stimmt. Erinnerst du dich noch? Es gibt dein „Zuhause" nicht länger. Das wird dir bewusst, wenn du das nächste Mal verletzt wirst – und es gibt immer ein nächstes Mal – und du nicht weißt, wohin du dich wenden sollst. An den anderen? Bloß nicht an ihn? Und der Teufelskreis der Dysfunktion geht immer weiter.

Und das Schlimmste daran ist, dass du dich schuldig fühlst, weil du etwas ändern willst. Eigentlich fühlst du dich richtiggehend furchtbar. Und das liegt nicht nur an dem, was dein Gegenüber zu dir gesagt hat. Die verletzendsten Dinge sind die, die du zu dir selbst sagst, weil du verzweifelt versuchst, das Richtige zu tun. Und du weißt, welches Verhalten die Bibel von dir erwartet. Du spürst irgendwie, dass es nicht richtig ist, eine Beziehung zu verändern, wenn diese Veränderungen der anderen Person in irgendeiner Weise Schwierigkeiten bereiten würden. Und es ist einfacher, sich mit dem Schmerz auseinanderzusetzen, der uns zugefügt wurde, als mit dem Schmerz, den wir möglicherweise jemand anderem zufügen, wenn wir eine Grenze setzen.

Also versuchst du es weiter. Du trägst weiterhin die Last, die du nicht tragen solltest. Du zahlst weiterhin den Preis für die Entscheidungen anderer. Du sagst immer wieder Ja. Du gibst immer wieder nach und betest nur dafür, dass deine Seele nicht nachgibt. Vielleicht braucht der andere ja noch ein einziges Mal eine Extraportion Nachsicht von dir. Vielleicht musst du den anderen nur noch ein einziges Mal vor sich selbst retten. Vielleicht nur noch ein Mal wegschauen, und plötzlich macht der andere endlich eine Kehrtwende und dein sicheres Zuhause ist wieder da.

Du weißt, dass es so nicht funktioniert. Aber du willst gern glauben, dass es dieses Mal vielleicht doch klappt. Vielleicht wirst du die Heldin sein. Vielleicht wird gerade dieser Mensch die Ausnahme sein. Vielleicht wird er sich ja ändern.

Du hältst an Aussagen fest, von denen du glaubst, dass sie wahr sind, und predigst sie dir immer wieder selbst vor. Und dann tränkst du dein Kissen wieder einmal mit Tränen, weil du weißt, dass du so nicht weitermachen kannst.

Ich bin mir nicht sicher, warum ich diese Worte so geschrieben habe, als ginge es um dich. Wo es doch um mich geht. Manchmal gehen mir diese und ähnliche Gedanken durch den

Kopf, weil andere Menschen etwas zu mir gesagt oder mir Vorwürfe gemacht haben, als ich versucht habe, Grenzen zu setzen, um nicht kaputt zu gehen. Hier sind einige Aussagen, die mir so durch den Kopf gehen:

- *„Wenn ich mehr für andere tue, bin ich ein besserer Christ.“*
- *„Es ist ein Zeichen von geistlicher Reife, wenn ich die Bedürfnisse anderer über meine eigenen stelle.“*
- *„Wenn ich von einem Bedürfnis weiß, ist es meine moralische Pflicht, mich um dieses Bedürfnis zu kümmern.“*
- *„Wenn mich jemand verletzt, mir Unrecht tut oder mich ausnutzt, sollte ich das nicht direkt ansprechen, sondern mich beherrschen und das als Gelegenheit sehen, Christus ähnlicher zu werden.“*

In jeder einzelnen der oben genannten Aussagen stecken gute Absichten. Und oberflächlich betrachtet haben viele dieser Denkweisen etwas von Selbstaufopferung und christlichen Werten und kommen uns edel vor. Sie erinnern uns sogar an einige bekannte Bibelverse, daher muss dieses Verhalten ja richtig sein. Das ist doch genau das, was Jesus vorgelebt hat, als er sein Leben für andere hingab, oder?! Wir halten also unsere WWJD-Armbänder hoch, ohne diese Annahmen mit dem zu vergleichen, was die Bibel wirklich dazu sagt.

Ich habe eine Umfrage in den sozialen Medien gemacht, um herauszufinden, mit welchen Versen sich meine Freunde und Follower im Hinblick auf Grenzen und Beziehungsabbrüche selbst das Leben schwermachen oder welche Verse andere ihnen vorgehalten haben, als sie versuchten, klare Richtlinien für eine Beziehung festzulegen. Schauen wir uns an, inwiefern wir einige dieser Verse möglicherweise falsch interpretiert haben, was sie wirklich bedeuten und wie wir reagieren können, wenn wir uns mit jemandem unterhalten, der unsere Grenzen hinterfragt, indem er Verse aus dem Kontext reißt.

„Ich aber sage: Wehrt euch nicht, wenn euch jemand Böses tut! Wer euch auf die rechte Wange schlägt, dem haltet auch die andere hin."

So wird dieser Vers fehlinterpretiert:
Eine gute Christin sieht immer darüber hinweg, wenn ihr Unrecht getan wird, und wenn sie schlecht behandelt wird, lässt sie das auf sich beruhen und spricht es nicht an.

Und das bedeutet dieser Vers wirklich:
Dieser Vers spricht ein wichtiges Prinzip an, nämlich wie man sich verhalten soll, wenn einem jemand Unrecht tut. Jesus geht es aber nicht darum, dass wir die Grenzen dieses Beispiels ausloten, sondern dass wir uns das Prinzip dieses Beispiels zu eigen machen. Das bedeutet, dass wir auf eine Beleidigung nicht gleich mit einer Beleidigung reagieren, sondern vielmehr Reife an den Tag legen.

Das kann etwas so Einfaches sein wie ein hitziges Gespräch zu beenden, bevor man die andere Person verbal angreift oder sich revanchiert. Indem wir ruhig bleiben, behalten wir die Kontrolle, auch wenn die andere Person außer Kontrolle gerät. Damit zeigen wir, dass die andere Person nicht die Macht hat, uns dazu zu bringen, unsere Würde gegen einen billigen verbalen Konter einzutauschen.

In der Antike war eine Ohrfeige ein Angriff auf die Würde eines Menschen. Jesus will uns hier daran erinnern, dass wir, wenn unsere Würde verletzt wird, den Missbrauch nicht dadurch bestärken sollen, dass wir dem anderen dasselbe antun, was er uns angetan hat. Er hat uns bereits verletzt. Aber er schadet uns doppelt, wenn wir zulassen, dass sein falsches Verhalten uns zu jemandem macht, der wir nicht sind. Dieser Vers soll also keineswegs sagen, dass wir den Missbrauch durch andere hinnehmen oder gutheißen sollen. Er besagt lediglich, dass wir nicht absichtlich mit einer Retourkutsche reagieren sollen, wenn uns jemand verletzt. Auf diese Weise machen wir durch unsere Reaktion deutlich, dass Missbrauch nicht akzeptabel ist und daher von uns nicht toleriert oder praktiziert wird.

Falls jemand diesen Vers anführt, wenn du eine Grenze ziehen musst, kannst du freundlich und selbstbewusst antworten:
„Danke, dass du diesen Bibelvers erwähnst. Es ist von entscheidender Bedeutung, dass wir uns von der Wahrheit Gottes leiten lassen, vor allem, wenn wir in einer Sache nicht einer Meinung sind. Dieser Vers lehrt uns eigentlich Folgendes: Vergelte nicht, und greif nicht an, wenn jemand dich beleidigt oder dir Unrecht tut. Jesus will nicht, dass wir uns auf das Niveau herablassen, Böses mit Bösem zu vergelten. Ich bin so dankbar, dass Jesus uns lehrt, dass Missbrauch, egal, welcher Art, nicht toleriert oder gutgeheißen werden sollte. Ich ziehe eine Grenze, damit ich mich sicher fühle und in dieser Situation nicht so sehr verletzt werde, dass ich aus Rache zurückschlage. Mir sind Liebe und Heilsein so wichtig, dass ich möchte, dass man das an meinem Verhalten ablesen kann."

PHILIPPER 2,3–4
Seid nicht selbstsüchtig; strebt nicht danach, einen guten Eindruck auf andere zu machen, sondern seid bescheiden und achtet die anderen höher als euch selbst. Denkt nicht nur an eure eigenen Angelegenheiten, sondern interessiert euch auch für die anderen und für das, was sie tun.

So wird dieser Vers fehlinterpretiert:
Es ist egoistisch, eigene Bedürfnisse zu haben und auszudrücken. Sich um die Interessen anderer zu kümmern, ohne sich um die eigenen Interessen zu kümmern, zeugt von Demut und erfreut Gott.

Und das bedeutet dieser Vers wirklich:

Der Schlüssel zu diesem Vers ist das Wort „bescheiden", das in anderen Bibelübersetzungen auch mit „Demut" übersetzt wird. Was bedeutet es, eine Art von Demut zu besitzen, die andere höher achtet als sich selbst? Oder was bedeutet es vielmehr *nicht*? Es bedeutet nicht, dass wir keine Rücksicht auf unsere Bedürfnisse und Grenzen nehmen dürfen. Es bedeutet, dass wir verstehen, dass nur Gott grenzenlos ist in seiner Fähigkeit, anderen zu geben, was sie brauchen, und für sie zu sorgen. Uns als Menschen sind da Grenzen gesetzt. Das zu akzeptieren, ist nicht egoistisch. Es bedeutet vielmehr, dass wir die Tatsache ehren, dass es einen Gott gibt – und dass wir das nicht sind. Deshalb lassen wir es nicht zu, dass wir emotional so ausgelaugt, finanziell ruiniert, körperlich erschöpft oder über Zwischenmenschliches so frustriert sind, dass wir keine Kraft mehr haben, um andere wertzuschätzen und für sie zu sorgen.

Ein weiteres Wort, auf das wir hier achten sollten, ist „interessieren". Es fordert uns auf zu prüfen, ob wir etwas nur tun, um unseren Stolz zu befriedigen, um andere zu übertrumpfen oder um das Gefühl zu haben, dass wir besser sind als andere. Um das zu verhindern, sollten wir sicherstellen, dass wir nicht aus Ehrgeiz oder Eitelkeit die Bedürfnisse anderer ignorieren. Aber in Demut und Ehrlichkeit erkennen wir einfach an, was für uns realistisch ist und was nicht.

In dieser Bibelstelle fordert Paulus uns also auf, uns um die Bedürfnisse anderer zu kümmern und sie zu berücksichtigen, während wir gleichzeitig die Verantwortung für unsere eigenen Bedürfnisse übernehmen. Sie ist eher eine Warnung an uns, damit wir unsere Bedürfnisse nicht so hoch ansetzen, dass sie Gottes Willen für uns und seinen Wunsch gefährden, dass wir in Beziehung zu anderen Christen leben.

Wenn jemand diesen Vers heranzieht, um dich davon abzuhalten, notwendige Grenzen zu ziehen, kannst du freundlich und selbstbewusst antworten:

„Ich liebe es, Menschen, die mir wichtig sind, anzuspornen und ihre Bemühungen zu unterstützen. Gleichzeitig bin ich aber dafür verantwortlich, mein Budget nicht über alle Maßen zu belasten, deshalb kann ich dir kein Geld mehr geben. Das soll keineswegs heißen, dass ich mich nicht kümmere – das tue ich. Ich muss meine Fürsorge und Unterstützung nur auf eine andere Art und Weise zeigen."

JOHANNES 15,13
„Die größte Liebe beweist der, der sein Leben für die Freunde hingibt."

So wird dieser Vers fehlinterpretiert:
Der größte Liebesbeweis besteht darin, sein eigenes Leben für das Wohl anderer zu opfern, selbst wenn es zum eigenen Nachteil ist.

Und das bedeutet dieser Vers wirklich:
Denk daran, dass Jesus sein Leben nur ein einziges Mal hingegeben hat, und zwar für einen hohen und heiligen Zweck. Jesus hat sein Leben nicht geopfert, um schlimme Dinge möglich zu machen, um unverantwortliches Verhalten zu unterstützen oder um andere glücklich zu machen.

Jesus sagte die obigen Worte in einem antiken Kontext, wo Freundschaft wirklich geschätzt und begehrt war. Diese Art von „Freundschaft beinhaltete das Teilen von Vertraulichkeiten [und] Besitztümern".[1] Liebe zwischen Freundinnen und Freunden ist etwas Tolles und sollte nicht geringgeschätzt werden. Wir sollten deshalb in unserem alltäglichen Leben bereit sein zu teilen und unseren Lieben und Freunden im Rahmen des uns Möglichen etwas geben. Hier die Warnung: Wir dürfen ihnen helfen, wenn sie Hilfe brauchen, aber wir dürfen nicht die Quelle sein, von der sie alles erwarten.

Bei der Anweisung geht es weniger um unsere Bereitschaft, buchstäblich unser Leben zu geben oder unsere Bedürfnisse so weit zu opfern, dass wir uns selbst Schaden zufügen. Vielmehr erinnert uns Jesus daran, willens zu sein, eine Art von Liebe an den Tag zu legen und zu verbreiten, die ehrenhaft und bereit ist, sich selbst zu opfern, wenn es nötig und möglich ist.

Wenn jemand diesen Vers heranzieht, um dich davon abzuhalten, notwendige Grenzen zu ziehen, kannst du freundlich und selbstbewusst antworten:

„Ich stimme dir zu, dass Jesus uns gelehrt hat, dass wir seinem Vorbild folgen und bereit sein sollen, Opfer zu bringen, wenn es nötig und möglich ist. Ich bin deshalb gern bereit, dir zur Seite zu stehen, wenn du mich brauchst. Aber wenn du alles von mir erwartest – das ist leider nicht möglich. Und es ist auch nicht realistisch oder biblisch, dass ich dich vor den Folgen deiner Entscheidungen bewahre, auf die ich ja keinen Einfluss hatte.

Ich will jemand sein, der gern gibt, daher achte ich darauf, dass ich nichts unterstütze, was sich nicht mit meiner Definition von ‚gut‘ und ‚richtig‘ deckt. Ich verurteile dich nicht und kritisiere dich auch nicht, ich bleibe nur dabei: Ich unterstützte bloß das, was richtig und gesund ist. Und das ist doch auch ein Vorteil für uns beide: Wenn ich ehrlich zu dir bin und dir sage, was ich tun kann und was nicht, vermeidet das Groll und eine unangenehme Spannung zwischen uns, die Beziehungen zerstören könnten. Ich will nicht versuchen, dich zu kontrollieren oder dich zu ändern. Ich möchte dich lieben und so gesund bleiben, dass ich authentisch für dich da sein kann, so viel es mir möglich ist.“

Helft einander, eure Lasten zu tragen. So erfüllt ihr das Gesetz, das Christus uns gibt. ... Jeder wird genug an dem zu tragen haben, was er selbst vor Gott verantworten muss. (GN)

So wird dieser Vers fehlinterpretiert:

Egal, was es kostet: Es ist biblisch, einzuspringen und die Last eines anderen Menschen zu tragen. Es ist unsere christliche Pflicht und Schuldigkeit, anderen zu helfen, ihre schweren Lasten zu schleppen, wenn sie in Not sind – sei es in emotionaler, finanzieller, geistlicher oder anderer Hinsicht.

Und das bedeutet dieser Vers wirklich:

Wir sollten hier auf zwei Schlüsselwörter achten: „Lasten" und „tragen". Manchmal denken wir, dass es unsere Aufgabe ist, mit den Menschen, mit denen wir in einer Beziehung stehen, die Lasten zu „tauschen". Mit anderen Worten: Wir fühlen uns unter Druck gesetzt, weil wir glauben, dass es unsere Rolle und Verantwortung ist, ihre Last zu übernehmen und diese für sie zu tragen.

Stattdessen sollten wir ihnen lediglich zur Seite stehen, mit ihrem Schmerz mitfühlen und helfen, den Schmerz und die Last, die ihnen auferlegt wurde, zu lindern.

Aber vielleicht gibt es hier auch noch einen Aspekt, den wir übersehen, zumal es in Vers 5 heißt, dass jeder seine eigene Last tragen soll. Es gibt einen Unterschied zwischen „jemandem beim Tragen einer ihm auferlegten Last zu helfen" (Vers 2) und der in Vers 5 erwähnten Last. Die Last einer Person könnte die Last ihrer alltäglichen Verpflichtungen oder die Folge schlechter Entscheidungen sein, die sie getroffen hat.

„In Galater 6,2 wird der Christ aufgefordert, ‚die Lasten' der anderen zu tragen, und zwar in dem Sinne, dass er mit ihnen in ihren Nöten mitfühlt. Hier (in Galater 6,5) wird ihm gesagt, dass er ‚seine eigene Last tragen' muss, und zwar in dem Sinne, dass er sich direkt vor Gott für sein eigenes Handeln verantworten muss. Er kann seine Verantwortung nicht auf andere abwälzen."[2]

Wenn jemand diesen Vers heranzieht, um dich davon abzuhalten, notwendige Grenzen zu ziehen, kannst du freundlich und selbstbewusst antworten:
„Ich helfe dir gern und möchte natürlich dazu beitragen, deinen Stress zu lindern, wenn du das Gefühl hast, dass du dir dieses Jahr zu viel vorgenommen hast. Ich kann nachvollziehen, dass es schwer ist, in diesem Jahr den Vorsitz bei der Spendenaktion in der Schule zu übernehmen, während du gleichzeitig noch so viele andere Dinge zu tun hast. Ich kann diese Aufgabe zwar nicht für dich übernehmen, aber ich bin gern bereit, einige Lösungen anzubieten, die vor dem Hintergrund meines eigenen Zeitplans realistisch sind. Hier sind zwei Dinge, die ich tun kann, um dir zu helfen: _____ und _____.
Die komplette Leitung der Spendenaktion kann ich aber einfach nicht übernehmen."

1. KORINTHER 13,5
Liebe verletzt nicht den Anstand und sucht nicht den eigenen Vorteil, sie lässt sich nicht reizen und ist nicht nachtragend. (Hfa)

So wird dieser Vers fehlinterpretiert:
Um eine Haltung der Liebe und Vergebungsbereitschaft beizubehalten, sollten wir die ungesunden Verhaltensmuster, die destruktiven Entscheidungen, die jemand trifft oder getroffen hat, und die verletzenden oder schädlichen Interaktionen mit dieser Person ignorieren.

Und das bedeutet dieser Vers wirklich:

Bei diesem Vers geht es mehr um das „Aufzählen" oder „Festhalten" an Dingen, die uns angetan wurden. Es geht aber nicht darum, ein Verhalten, unter dessen Auswirkungen wir noch immer leiden, zu vergessen oder zu ignorieren. Selbst wenn wir das Geschehene vergeben können, kann es für die Heilung entscheidend sein, dass wir darüber sprechen, welche Auswirkungen dieses Verhaltens auf uns hat, und es so verarbeiten. Es gibt eine Frage, die wir uns hier stellen sollten: Bringe ich etwas aus der Vergangenheit zur Sprache, um jemanden zu verletzen oder um das zu verarbeiten, was er mir angetan hat, damit wir beide weiterkommen können?

Natürlich sollten wir sicherstellen, dass wir alte Probleme nicht immer wieder zur Sprache gebracht oder gegen die andere Person verwenden. Die Aussage „[die Liebe] ist nicht nachtragend" könnte laut griechischem Original auch so interpretiert werden, dass man das Beste vom anderen annimmt – es sei denn, man akzeptiert oder ermöglicht dadurch schädliches Verhalten beim anderen. Mit anderen Worten: Lebe dein Leben nicht so, dass du immer das Schlimmste von anderen annimmst oder erwartest, sondern habe eine realistische Sicht der Dinge. Ein neutestamentlicher Theologe fasst diesen Gedanken zusammen und sagt, dass wir nicht böse über andere denken sollten.[3] Stattdessen sollten wir klug und mit dem nötigen Unterscheidungsvermögen entscheiden, wann wir jemandem, der uns verletzt hat, wieder Zugang zu unserer Person gewähren können und wann wir weiter vorsichtig sein sollten. Ja, Gott weist uns zwar an, dass wir vergeben sollen, aber *Versöhnung* hängt von der Bereitschaft des Betreffenden ab, uns nicht weiter Schaden zuzufügen. Unser Ziel sollte es nicht sein, an dem Schmerz, den diese Person verursacht hat, festzuhalten, damit wir ihn später als Waffe gegen sie einsetzen können. Unser Ziel sollte es sein, uns eines Tages weniger auf das zu konzentrieren, was passiert ist, sondern vielmehr auf das, was wir dadurch gelernt haben – und was wir auch an andere weitergeben dürfen.

Wenn jemand diesen Vers heranzieht, um dich davon abzuhalten, notwendige Grenzen zu ziehen, kannst du freundlich und selbstbewusst antworten:

„Wusstest du, dass jede Verletzung im Grunde sowohl aus dem besteht, was passiert ist bzw. was uns angetan wurde, als auch aus den Auswirkungen dessen, was uns diese Handlungen emotional, körperlich oder finanziell kosten? Weil ich Gott gehorsam sein will, habe die Entscheidung getroffen, dir das zu vergeben, was geschehen ist. Aber gleichzeitig versuche ich zu verstehen, welche Auswirkungen das alles auf mich hatte. Wenn ich sage, dass ich das aufarbeite, was passiert ist, bedeutet das nicht, dass ich über das Geschehene Buch führe und es dann gegen dich verwende. Ich verarbeite nur die Auswirkungen des Schmerzes, um Heilung zu finden. Die Grenzen, die ich hier setze, sind also zutiefst biblisch, denn ich bemühe mich ja um Heilung."

1. PETRUS 3,1–2.5–6
Ebenso sollt ihr Ehefrauen euch euren Ehemännern unterordnen, auch dann, wenn sie nicht an die Botschaft Gottes glauben. Das Beispiel eures Lebens wird sie mehr überzeugen als alle Worte. Sie werden für Gott gewonnen werden, wenn sie sehen, wie ihr vorbildlich und in Ehrfurcht vor Gott lebt. ... Das ist auch die Schönheit, mit der die heiligen Frauen sich früher schmückten. Sie hofften auf Gott und ordneten sich ihren Ehemännern unter. So gehorchte Sara ihrem Mann Abraham und nannte ihn ihren Herrn. Ihr seid ihre Töchter, wenn ihr Gutes tut und vor nichts Angst habt.

So wird dieser Vers fehlinterpretiert:
Eine Ehefrau sollte immer den Wünschen, Sehnsüchten und
Anweisungen ihres Mannes gehorchen, auch wenn dies letztlich
schädlich, manipulativ, erniedrigend, dysfunktional oder kont-
rollierend ist oder gegen Gottes Absichten für die Ehe verstößt.
Um eine biblische und gottgefällige Ehe zu führen, sollten die
Wünsche und Bedürfnisse der Frau hinter denen des Mannes
zurückstehen.

Und das bedeutet dieser Vers wirklich:
Will man die Bibel auslegen und anschließend auch anwenden,
sollte man Passagen im größeren biblischen Kontext betrachten. Das ist in diesem Fall von entscheidender Bedeutung. Erstens sollten wir uns mit Unterordnung im Kontext der neuen
Identität beschäftigen, die wir durch Christus haben. Paulus
schreibt in Galater 3,28, dass keiner aufgrund seiner Identität besser ist als der andere. Es gibt weder Jude noch Grieche,
weder Mann noch Frau. Beide, Mann und Frau, sind voneinander abhängig (1. Korinther 11,11). Das bedeutet, dass wir die
Unterordnung aus dem Blickwinkel gleicher Menschenwürde
verstehen müssen. Unterordnung, die zu unwürdigem oder
erniedrigendem Verhalten führt, ist inakzeptabel. Die christliche Seelsorgerin Leslie Vernick drückt das so aus: „Gott liebt
Männer nicht mehr als Frauen oder Ehemänner mehr als Ehefrauen. Weder ist er ein Tyrann, noch billigt er das Verhalten
des Unterdrückers gegenüber den Unterdrückten. Er kümmert sich um die Schwachen, die Unterdrückten, die Geschun-
denen und die Niedergedrückten (Psalm 9,10; Psalm 34,19;
Psalm 146,7)."[4]
Wenn Petrus die Frauen auffordert, sich ihren Männern „unterzuordnen", bezieht er sich damit auf eine kulturelle antike
Regelung, nach der die Frau durch die Ehe verpflichtet war, sich
ihrem Mann unterzuordnen, was bedeutete, die Religion des
Mannes anzunehmen. Für die Christin ist dies jedoch äußerst

problematisch und unmöglich, wenn ihr Mann nicht mit Gott lebt.

Diese Frauen, die Jesus die Treue hielten, befanden sich in einer schwierigen Lage. Sie konnten sich nicht unterordnen und die Religion ihres Mannes annehmen, ohne dem einen wahren Gott den Rücken zu kehren. Da sie also die religiösen Überzeugungen und Praktiken ihrer Männer nicht annehmen konnten, mussten sie andere Wege finden, um Gott durch ihr Verhalten gegenüber ihren Männern zu ehren. Diese Stelle ist meines Erachtens eine Einladung, darüber nachzudenken, wie wir Gott am besten ehren *und* unserem Ehepartner gegenüber Zeugnis ablegen können. Aber noch einmal: Die Aufforderung zur Unterordnung ist kein Freibrief oder eine Einladung, das erniedrigende, verletzende oder demütigende Verhalten uns gegenüber zu akzeptieren und zu ertragen. Unterordnung sollte eine Frau niemals entmenschlichen, sondern immer die Würde und den Wert bewahren, die Gott den Frauen zuerkannt hat. Und Unterordnung sollte einen Mann nicht über eine Frau erheben, sondern ihn immer dazu bringen, eine dienende Haltung einzunehmen, indem er sich Gott täglich zur Verfügung stellt.

Wenn jemand diesen Vers heranzieht, um dich davon abzuhalten, notwendige Grenzen zu ziehen, kannst du freundlich und selbstbewusst antworten:

„Ich habe mich verpflichtet, so zu leben, dass Gott geehrt wird. Daher möchte ich, dass es seine Worte sind, die deutlich machen, warum diese Grenze biblisch korrekt und persönlich notwendig ist. Unterwerfung, die zu unwürdigem oder erniedrigendem Verhalten führt, ist inakzeptabel – das kann man aus Galater 3,28 und 1. Korinther 11,11 schließen. In Hebräer 13,4 heißt es: ‚Haltet die Ehe in Ehren und bleibt einander treu! Gott wird Menschen, die unzüchtig leben und die Ehe brechen, ganz sicher richten.‘ Es steht mir nicht zu, über dich zu urteilen, aber es liegt in meiner Verantwortung, mich davor zu schützen, durch deine Entscheidungen erniedrigt, betrogen und zerstört zu werden. Dein Verhalten steht nicht im Einklang mit dem Verhalten, das Gott von uns erwartet.

In letzter Zeit stimmt deine Version der Wahrheit nicht länger mit den Fakten überein. Das soll kein Vorwurf sein, aber es basiert auch nicht auf reinen Vermutungen oder Meinungen. Es basiert auf deinem Verhalten, dem, was tatsächlich geschehen ist. Daher wird diese Grenze so lange bestehen, bis ich mir sicher bin, dass ich dir wieder vertrauen kann und nicht die Einzige bin, der die Unverletzbarkeit dieser Ehe noch etwas bedeutet, sondern dass sie auch dir noch wichtig ist."

NOCH EINE LETZTE ANMERKUNG

Diese Verse sind nur der Anfang, wenn wir die Wahrheit dessen, was wir in der Bibel lesen können, in unseren Beziehungen umsetzen wollen. Eines ist ganz wichtig: Gott befürwortet oder duldet niemals Missbrauch oder Misshandlung. Punkt. Sein Wort schenkt Leben und ist eine Leuchte für unsere Füße, die uns den nächsten Schritt zeigt, den wir unter seiner Liebe, seiner Korrektur und seinem Schutz tun können. Gottes Wort wird uns auch manchmal zeigen, wo wir selbst Fehler begangen haben. Daher sollten wir bereit sein, unser Denken und Handeln zu ändern, wenn er uns das zu verstehen gibt. Aber: Es gibt einen Unterschied zwischen „überführt sein", was uns dazu bewegen sollte, uns Jesus wieder zuzuwenden, und einer Verurteilung, die uns das Gefühl gibt, dass wir aus Scham vor Jesus davonlaufen müssten. Die Bibel sollte auch nicht als Waffe gegen uns eingesetzt werden oder dazu dienen, uns das Leben schwerzumachen oder uns zu beschämen. Vielmehr soll sie uns heilen. In Psalm 107,20 heißt es: „Er schickte ihnen sein befreiendes Wort und heilte sie, er bewahrte sie vor dem sicheren Tod" (NGÜ). Wenn du jemals das Gefühl hast, dass ein Vers gegen dich verwendet wird, dann nimm dir die Zeit, seine Bedeutung zu ergründen. Tausche dich mit jemandem aus, der die Bibel gut kennt; sprich mit einem christlichen Seelsorger; frage deinen Pastor; schau in Bibelkommentaren nach, in denen dir erfahrene Theologen helfen, Verse und ihren Kontext zu verstehen, und bitte Gott, dir seine Absichten und das, was ihm wichtig ist, durch die Kraft des Heiligen Geistes aufzuschließen. Schau dir dann an, worum es grundsätzlich in diesem Vers geht – und schau dann auch in die Evangelien, um zu sehen, wie Jesus dieses Prinzip in seinem Umgang mit anderen Menschen gehandhabt hat.

Hol dir Hilfe

Einigen von euch wird dieses Buch genau das geben, was ihr braucht, um eine schwierige Situation oder eine zerrüttete Beziehung zu bewältigen. Aber für einige könnte dieses Buch der erste Schritt zur Heilung sein oder zu der Erkenntnis, dass ihr euch aus einer unsicheren oder unhaltbaren Beziehung lösen müsst. Da ich keine ausgebildete Seelsorgerin bin und dieses Buch keine Therapie ersetzt, solltest du dir bewusst machen, dass es einige schwierige Situationen im Leben gibt, bei denen du einen erfahrenen Seelsorger heranziehen solltest, der dir hilft, sie zu bewältigen. Bitte sei ehrlich zu dir selbst, wenn es darum geht, ob du eine Therapie brauchst oder nicht. Ich bin so dankbar für die Fachleute, die mich liebevoll durch meine dunkelsten Tage geführt haben. Es war mir immer wichtig, dass die professionellen Seelsorger, die ich kennengelernt habe, eine tiefe persönliche Beziehung zu Jesus haben und verstehen, dass der Kampf sowohl im sichtbaren als auch im geistlichen Bereich geführt werden sollte. Wenn du einen christlichen Seelsorger in deiner Nähe finden willst, kann dir der Deutsche Dachverband für Christliche Beratung und Seelsorge (acc-deutschland.org) bestimmt weiterhelfen.

Ich bete für dich.
Lysa

Wichtige Anmerkungen
zum Thema „Missbrauch"

Ich habe großes Mitgefühl mit jedem, der mit dieser harten Realität konfrontiert ist. Ich wollte diese Informationen zur Verfügung stellen, um Klarheit darüber zu schaffen, was Missbrauch ist und wie man möglicherweise Hilfe bekommt, wenn man sich in einer Missbrauchssituation befindet.

In einem Artikel in *Psychology Today* fand ich die folgende Definition von „Missbrauch":

Im Rahmen von Familien zeigt sich Missbrauch in Verhaltensnuancen und ist emotional komplex. Bei emotionalem und körperlichem Missbrauch spielt immer die Dynamik von Macht und Kontrolle eine zentrale Rolle.

Missbrauch kann sich körperlich (stoßen, schubsen, ergreifen, den Weg versperren, ohrfeigen, schlagen, kratzen, Prellungen, Verbrennungen, Schnittwunden, andere Verletzungen, Knochenbrüche, Frakturen, Schädigung von Organen, dauerhafte Verletzungen oder sogar Mord), sexuell (anzügliche Flirtversuche, unsittliche Angebote, unerwünschtes oder unangemessenes Festhalten, küssen, berühren von Geschlechtsorganen, Oralverkehr oder jede Form von gewaltsamen sexuellen Handlungen) oder emotional (Vernachlässigung, Belästigung, Beschämung, Bedrohung, böswillige Streiche, Erpressung, ungerechte Bestrafung, grausame oder erniedrigende Aufgaben, Einsperren, Verlassen) äußern.[1]

Welche Äußerungen finden wir in der Bibel über Missbrauch und wie kann in diesem Kontext Vergebung aussehen? Schauen wir uns noch einmal an, was Paulus an Timotheus schrieb:

Außerdem sollst du wissen, Timotheus, dass in den letzten Tagen der Welt schwere Zeiten kommen werden. Denn die Menschen werden nur sich selbst und ihr Geld lieben. Sie werden stolz und eingebildet sein, Gott verachten und ihren Eltern ungehorsam und undankbar begegnen. Nichts wird ihnen heilig sein. Sie werden lieblos sein und zur Vergebung nicht bereit; sie werden andere verleumden und keine Selbstbeherrschung kennen; sie werden grausam sein und vom Guten nichts wissen wollen. Sie werden ihre Freunde verraten, leichtsinnig handeln, sich aufspielen und ihr Vergnügen mehr lieben als Gott. Sie werden so tun, als seien sie fromm, doch die Kraft Gottes, die sie verändern könnte, werden sie ablehnen. Von solchen Leuten halte dich fern! 2. Timotheus 3,1–5

Ich bin dankbar für Verse wie diese. Hier wird nämlich klar und deutlich gesagt, dass wir uns von Menschen fernhalten sollen, die andere misshandeln und missbrauchen. Aber wie das genau umgesetzt werden kann, ist gar nicht so einfach. Es ist unmöglich, eine allgemeine, pauschale Formel für schwierige Beziehungen aufzustellen. Es gibt so viele Faktoren, die mit Menschen besprochen werden müssen, die darin geschult sind, Gefahren zu erkennen und Menschen in missbräuchlichen Situationen dabei zu helfen, für sich herauszufinden, was zu tun ist und wie es zu tun ist.

Hier ein paar Dinge, die zu beachten sind:

- Es ist gut, ein paar Menschen zu haben, die mit unserem Leben vertraut sind, und Lebensfragen mit christlichen Mentoren und guten Freunden zu besprechen. Hier ist ein Vers, der dir hilft, die weisen Menschen in deinem Leben zu erkennen:

Wer von euch klug ist und Gottes Wege begreift, soll so leben, dass seine guten Taten sichtbar werden, und dabei freundlich und weise sein. Wenn ihr aber von bitterem Neid und selbstsüchtigem Ehrgeiz erfüllt seid, dann rühmt euch nicht damit, weise zu sein. Das wäre eine Lüge! Denn Neid und Selbstsucht haben nichts mit der Weisheit von Gott zu tun, sondern sie sind irdisch, gottlos und teuflischen Ursprungs. Denn wo Eifersucht und selbstsüchtiger Ehrgeiz herrschen, führt das in die Zerstörung und bewirkt alle möglichen schlechten Taten. Aber die Weisheit, die von Gott kommt, ist vor allem rein. Sie sucht den Frieden, ist freundlich und bereit, nachzugeben. Sie zeichnet sich durch Barmherzigkeit und gute Taten aus. Sie ist unparteiisch und immer aufrichtig. Und für die, die Frieden stiften, sät Gott die Frucht, die man dann ernten kann: Gerechtigkeit. Jakobus 3,13–18

- Diese vertrauenswürdigen Freunde und christlichen Mentoren, die uns beraten, können uns helfen, Verhaltensweisen zu erkennen, die eine Grenze überschreiten und mit einem professionellen Seelsorger verarbeitet werden sollten, der sich mit diesen Themen auskennt. In dringenden Situationen sollten sogar die Behörden in Kenntnis gesetzt werden.

Wenn du einen professionellen christlichen Seelsorger in deiner Nähe suchst, findest du auf der Webseite des Deutschen Dachverbands für Christliche Beratung und Seelsorge (acc-deutschland.org) Empfehlungen. Vielleicht hat auch deine Kirche eine Liste mit christlichen Seelsorgern, die sie empfehlen.

Du sollst wissen, dass du geliebt wirst, dass du nicht allein bist und dass du das nicht ohne Unterstützung durchstehen musst. Denk daran: Der Mensch, der dir wehtut, braucht Hilfe, die ihm aber nur ausgebildete Fachleute geben können. Die richtigen Behörden einzuschalten, ist nicht herzlos oder respektlos. Es ist tatsächlich zu deiner Sicherheit und zu der des anderen.

Danksagung

Auf diesen Seiten sind die Fingerabdrücke so vieler Menschen zu finden. Ich würde ein ganzes Buch brauchen, um allen angemessen zu danken ... Den Menschen, die den Weg mit mir gegangen sind, die für mich gebetet haben, diese Botschaft mit mir verarbeitet und sogar ihre eigenen Erfahrungen eingebracht haben, die in dieses Buch eingeflossen sind. Ich werde euch für eure Freundschaft und für die Ehre, mein Leben mit euch teilen zu dürfen, für immer dankbar sein.

Danke auch an das Team, das tagein, tagaus an diesem Buch gearbeitet hat. Ihr habt mir nicht nur geholfen, die richtigen Worte zu finden, sondern auch, die Botschaft entsprechend zu leben.

Ich stieß auf Widerstand und ihr habt mir den Rücken gestärkt.

Ich hatte Zweifel, ihr habt mir Zuversicht gegeben.

Ich war so unsicher, ihr habt mir zugenickt und wart begeistert von diesem Buch.

Ich hatte verworrene Sätze geschrieben und Zeitsprünge eingebaut, ihr habt mir mit eurer Erfahrung als Lektoren geholfen.

Ich hatte Schreibfehler und verdrehte Metaphern in den Rechner getippt, ihr habt sie mit Smileys korrigiert.

Ich hatte theologische und therapeutische Fragen, ihr hattet gut recherchierte Antworten.

Ich hatte unstrukturierte Dokumente, ihr habt mir das wunderbare Google Docs gezeigt.

Ich hatte Schreibblockaden, weil ich zu viel nachdachte, ihr habt mir mit Gesprächen und Brainstorming und euren besten Ideen weitergeholfen.

Ich habe euch so gern. Ich liebe es, mit euch zusammenzuarbeiten, das Leben gemeinsam anzugehen, ehrlich über unsere Kämpfe zu sprechen, während wir gemeinsam lernen, und unsere Siege zusammen zu feiern. Und ich liebe es wirklich, dass wir den Weg zu dieser Botschaft gefunden und sie durchgearbeitet haben ... gemeinsam.

Hope, Michael, Taylor

Meredith, Leah, Shae, Joel, Amanda, Madi, Kaley, Meghan

Tori, Alison, Kelsie, Micaela, Anna, Haley, Victoria, Melanie, Morgan, Claire

Barb, Glynnis, Lisa

Jim Cress

Janet, Janene, Mark, Tim, Erica, Don, MacKenzie, John, Meg, Emily

Candace, Mel, Lisa W.

Und ein besonderes Dankeschön an meine Lesegruppe, die die erste Version des Manuskripts gelesen und mir geholfen hat, ein lesenswertes Buch daraus zu machen.

Anmerkungen

Alle Internetseiten wurden zuletzt abgerufen am 30.09.2024.

Kapitel 2: Die Probleme, mit der wir alle kämpfen, beim Namen nennen

1 Ludwig Koehler et al.: *The Hebrew and Aramaic Lexicon of the Old Testament.* Leiden: E. J. Brill, 1994–2000. S. 649.

2 B. Pick: „Precepts, the Six Hundred and Thirteen". In: *Cyclopedia of Biblical, Theological, and Ecclesiastical Literature.* New York: Harper & Brothers, 1894. S. 494. Um das klarzustellen: Die 613 Gesetze schließen auch Regeln mit ein, die sowohl Segen als auch Strafe nach sich ziehen. Das ist ein ganz wichtiger Hinweis darauf, dass Gottes Grenzen nicht nur Strafen sind, sondern auch Leitplanken für das Leben, das er uns schenken will.

3 „What Is Iniquity? Its Meaning and Importance in the Bible". Christianity. com, 13. März 2019, https://www.christianity.com/wiki/sin/what-is-iniquity-meaning-and-importance-in-the-bible.html

Kapitel 3: Es geht nicht um die Probleme, sondern um das, wofür sie stehen

1 Luis Villareal: „Counseling Hispanics". In: *Healing for the City: Counseling in the Urban Setting.* Eugene,OR: Wipf and Stock Publishers, 2002. S. 220.

2 Derek Kidner: *Proverbs: An Introduction and Commentary. Tyndale Old Testament Commentaries 17.* Downers Grove, IL: InterVarsity Press, 1964. S. 118.

3 „Proverbs 17:18, REV Bible Commentary". *REV Bible*, Stand 19. Mai 2022, https://www.revisedenglishversion.com/Proverbs/chapter17/18

Kapitel 4: Gott nimmt die Überschreitung von Grenzen sehr ernst – und wir sollten das auch tun

1 G. K. Beale: *The Temple and the Church's Mission: A Biblical Theology of the Dwelling Place of God.* D. A. Carson, Hrg.: *New Studies in Biblical Theology 17,* Downers Grove, IL: InterVarsity Press, 2004. S. 69.

Kapitel 5: Du machst das schon richtig gut

1 Trauma: Mit diesem Begriff sind sowohl die Tat als auch die Auswirkungen eines zutiefst schmerzlichen oder aufwühlenden Erlebnisses gemeint.

2 Christopher Wanjek: „Stress Causes Headaches, Scientists Confirm". In: *Live Science*, 19. Februar 2014, https://www.livescience.com/43507-stress-causes-headaches.html

3 Gary L. Thomas: *When to Walk Away: Finding Freedom from Toxic People*. Grand Rapids, MI: Zondervan, 2019. S. 13.

Kapitel 6: Vielleicht werden sie nie erkennen, dass deine Grenzen etwas Gutes sind

4 *APA Dictionary of Psychology*, unter dem Stichwort „emotional maturity". *American Psychological Association*, Stand 19. Mai 2022, https://dictionary.apa.org/emotional-maturity

5 Ebd., https://dictionary.apa.org/emotional-immaturity

6 John H. Elliott: *1 Peter: A New Translation with Introduction and Commentary, Anchor Bible*, Band 37B. New Haven: Yale University Press, 2008. S. 853.

7 Ebd., S. 853.

8 Rick Brannan, Hrg.: *Lexham Research Lexicon of the Greek New Testament*. Lexham Research Lexicons. Bellingham, WA: Lexham Press, 2020.

9 Franco Montanari: *The Brill Dictionary of Ancient Greek*. Madeleine Goh and Chad Schroeder, Hrgs. Leiden: Brill, 2015.

Kapitel 7: Du brauchst dir das, was andere sagen, nicht zu eigen zu machen

1 Lysa TerKeurst: *Uninvited: Living Loved When You Feel Less Than, Left Out, and Lonely*. Nashville: Thomas Nelson, 2016. S. 259.

Kapitel 8: Bei einer gesunden Beziehung geht es nicht darum, den anderen glücklich zu machen

1 David W. Pao: *Colossians and Philemon*. In: *Zondervan Exegetical Commentary on the New Testament*. Grand Rapids, MI: Zondervan, 2012. S. 173.

2 In Kolosser 3,5 werden noch mehr schlechte Kleidungsstücke erwähnt wie zum Beispiel Unmoral. Dies würde auch belegen, dass die Frau, von der ich weiter oben erzählt habe, gar nicht so verkehrt lag, als sie das Pornografie-Problem angesprochen hat.

Kapitel 9: Wovor habe ich nur solche Angst?

1 Origenes: „De Principiis". In: *Fathers of the Third Century: Tertullian, Part Fourth; Minucius Felix; Commodian; Origen, Parts First and Second*. Alexander Roberts, James Donaldson und A. Cleveland Coxe, Hrgs., übersetzt von Frederick Crombie: *The Ante-Nicene Fathers 4*. Buffalo, NY: Christian Literature Company, 1885. S. 313–314.

Kapitel 10: Kann eine Trennung auch etwas Gutes haben?

1   Wayne Jackson: „The Separation of Paul and Barnabas". In: *Christian Courier*, Stand 19. Mai 2022, https://christiancourier.com/articles/the-separation-of-paul-and-barnabas

2   Gary L. Thomas: *When to Walk Away: Finding Freedom from Toxic People.* Grand Rapids, MI: Zondervan, 2019. S. 20–21.

Kapitel 11: Ich gebe nicht auf – ich akzeptiere nur die Realität

1   Lysa TerKeurst: *Forgiving What You Can't Forget: Discover How to Move On, Make Peace with Painful Memories, and Create a Life That's Beautiful Again.* Nashville: Thomas Nelson, 2020.

2   Leslie Vernick: „Topic: Is This an Emotionally Destructive Relationship?". *Leslie Vernick: Relationship Truth Unfiltered*, 13. Juni 2011. https://leslievernick.com/blog/topic-is-this-an-emotionally-destructive-relationship

3   Leslie Vernick: „How Do I Heal and What Do I Do About My Marriage?". *Leslie Vernick: Relationship Truth Unfiltered*, 21. Juli 2021. https://leslievernick.com/blog/how-do-i-heal-and-what-do-i-do-about-my-marriage

4   C. H. Spurgeon: *Feathers for Arrows.* London: Passmore & Alabaster, 1870. S. 124–125.

5   Irenäus: *Gegen die Häresien.* 4. Buch, Kapitel 20,7. Die deutsche Übersetzung folgt: https://bkv.unifr.ch/de/works/cpg-1306/versions/gegen-die-haresien-bkv/divisions/4

6   Peter Scazzero: *Emotionally Healthy Spirituality: It's Impossible to Be Spiritually Mature While Remaining Emotionally Immature.* Grand Rapids, MI: Zondervan, 2017. S. 26.

Kapitel 12: Unzählige kleine Beerdigungen

1   Nach der englischen Bibelübertragung „The Message".

Schlussgedanken: Eine Bibel, ein Ring und ein Gott, der uns nie verlässt

1   Word Guru, E-Mail-Newsletter, wordguru.co. Deutsch nach: https://de.pons.com/übersetzung-2/latein-deutsch/pungere

Hilfreiche Weisheiten, wenn unsere Grenzen hinterfragt werden

1   Colin G. Kruse: *John: An Introduction and Commentary*, 2. Aufl. Eckhard J. Schnabel: *Tyndale New Testament Commentaries 4.* London: InterVarsity Press, 2017. S. 371.

2   *Ellicott's Commentary for English Readers.* Siehe „Galatians 6:5", Bible Hub, Stand 19. Mai 2022, https://biblehub.com/galatians/6-5.htm

3   Roy E. Ciampa und Brian S. Rosner: *The First Letter to the Corinthians. Pillar New Testament Commentary.* Grand Rapids, MI: William B. Eerdmans Publishing, 2010. S. 647.

4   Leslie Vernick: „How Do I Heal and What Do I Do About My Marriage?".
     Leslie Vernick: Relationship Truth Unfiltered, 21. Juli 2021. https://lesliever-
     nick.com/blog/how-do-i-heal-and-what-do-i-do-about-my-marriage

Wichtige Anmerkungen zum Thema „Missbrauch"

1   Blake Griffin Edwards: „Secret Dynamics of Emotional, Sexual, and
     Physical Abuse". In: *Psychology Today*, 23. Februar 2019. https://www.
     psychologytoday.com/us/blog/progress-notes/201902/secret-dynamics-
     of-emotional-sexual-and-physical-abuse

Wieder hoffen und den Blick nach vorne richten

„Dieses Buch ist so ermutigend! Jede Andacht trifft direkt ins Herz."

Leserstimme

Trotz des Schmerzes, an dem man keine Schuld trägt, der Veränderung, die man nicht gewollt oder geplant hat, trotz der neuen Lebensbedingungen, die man nicht hat kommen sehen, kann das Leben doch wunderschön sein. Jede Lebensgeschichte enthält fröhliche, aber auch traurige Kapitel. Doch wer mit Gott unterwegs ist, der weiß: Er begleitet unsere Geschichte mit viel Liebe. Lysa TerKeurst zeigt, dass Gott hinter den Kulissen immer am Werk ist und aus unserem Leben etwas Wunderschönes machen kann, wenn wir an ihm festhalten.

Die ermutigenden Andachten sind für alle gedacht, die eine Portion Hoffnung gebrauchen können. Sie flüstern uns zu: Gib nicht auf!

GerthMedien

Lysa TerKeurst • Hoffnung trotz allem
Gebunden • 320 Seiten • ISBN 978-3-95734-827-2

Gott hat dich lieb und passt auf dich auf

Für Kinder ist das Leben aufregend und spannend. Immer wieder gibt es Veränderungen – mal kleinere, mal größere. Doch manche davon sind auch mit Ängsten und Sorgen verbunden. Wie können Kinder lernen, dass sie sich in ungewohnten und unsicheren Situationen nicht zu fürchten brauchen? Diese Geschichte möchte dabei helfen. Denn auch der kleine Fuchs und sein Freund, das kleine Samenkorn, erleben Veränderungen. Das passt ihnen gar nicht. Dabei werden sie mit unbekannten Situationen konfrontiert und müssen lernen, mit ihren Ängsten umzugehen …

Diese sensibel erzählte und liebevoll illustrierte Geschichte zeigt Kindern, dass am Ende wirklich alles gut ausgeht. Denn Gott hat versprochen, dass er immer auf uns aufpassen wird!

Lysa TerKeurst • Alles wird gut
Gebunden • 32 Seiten • ISBN 978-3-95734-156-3